U0519919

梁漱溟论东西文化

东西文化及其哲学

梁漱溟 著

图书在版编目(CIP)数据

梁漱溟论东西文化:全5种/梁漱溟著.—北京:商务印书馆,2023
ISBN 978-7-100-22818-3

Ⅰ.①梁… Ⅱ.①梁… Ⅲ.①东西文化—研究 Ⅳ.①G04

中国国家版本馆 CIP 数据核字(2023)第 155504 号

权利保留,侵权必究。

梁漱溟论东西文化
(全5种)

梁漱溟 著

商 务 印 书 馆 出 版
(北京王府井大街36号 邮政编码100710)
商 务 印 书 馆 发 行
北京市白帆印务有限公司印刷
ISBN 978-7-100-22818-3

2023年10月第1版	开本 880×1230 1/32
2023年10月北京第1次印刷	印张 67½ 插页 21

定价:248.00元

> 独立思考 表里如一

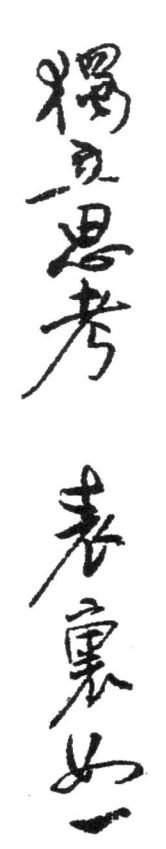

在 1975 年 3 月 28 日致香港友人周植曾先生信中，梁漱溟先生提到：

    我以拒不批孔，政治上受到孤立，但我的态度是独立思考和表里如一，无所畏惧，一切听其自然发展。

独立思考，表里如一，这八个字是梁漱溟先生始终坚守的座右铭。

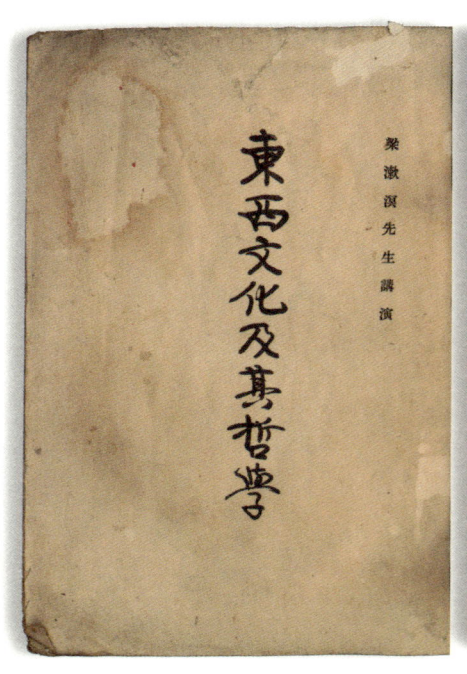

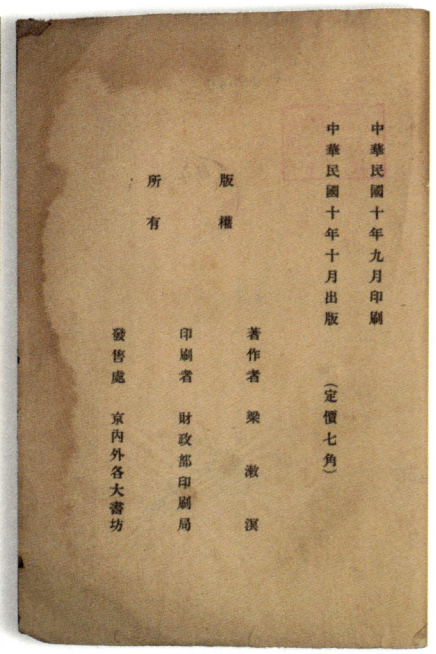

左：《东西文化及其哲学》第一版封面，1921年，财政部印刷局

右：《东西文化及其哲学》第一版版权页

東西文化及其哲學

梁漱溟先生講演

陳政 羅常培 編錄

第一章 緒論

漱溟承山東教育廳之約至此地講演，是很榮幸的。本來去年教育廳約過我一次，我已從上海首途過值皖直戰爭火車不通行，所以我又折回去沒有得來。今年復承此約終究得來，似乎我們今日之會並非偶然。今日在大雨的時候承大家來聽在我對於大家的意思應當聲謝！

此次預備講演的題目是：「東西文化及其哲學」。這個題目看起來似乎很浮誇堂皇好看；而我實在很不願意如此引導大家喜歡說浮誇的門面，大而無當的話，或者等我講完之後大家可以曉得我不是喜歡說大的堂皇的門面話。大概社會上喜歡說好聽的門面的很多；這實在是我們所不願意的。去年放暑假的時候北京大學的蔡子民先生還有幾位教授都要到歐美去教職員開歡送會，那時候我記得有幾位演說他們所說的話大牛都帶一點希望這幾位先生將中國的文化帶到歐美而將西洋文化帶回來的意思。我當時聽到他們幾位都有此種言論，於是我就問大家：「你們方幾對於蔡先生同別位

著者告白二

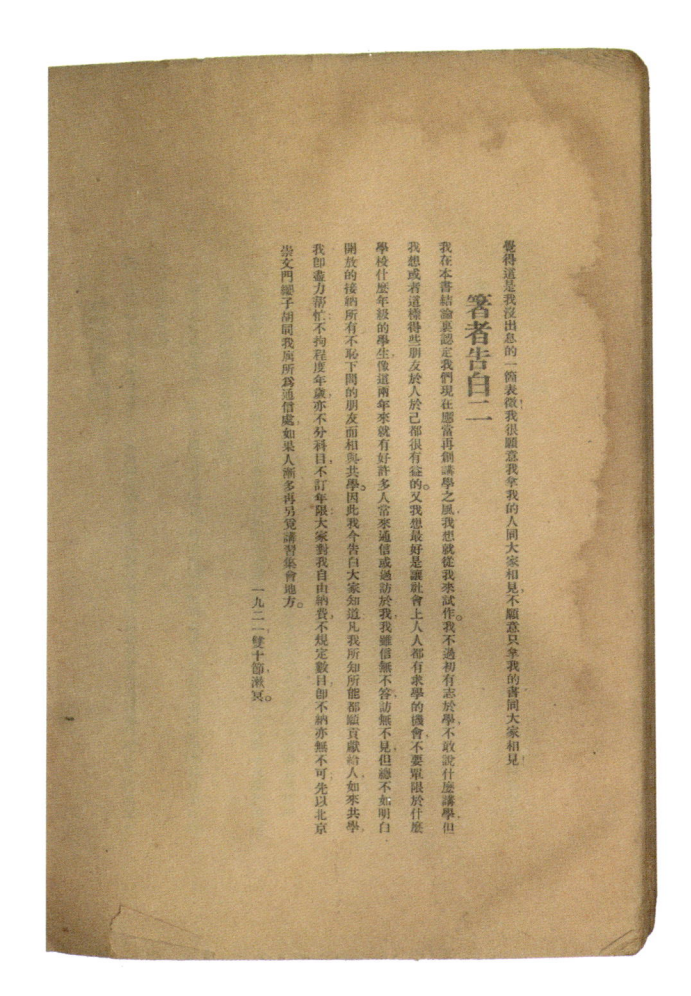

覺得這是我說出息的一簡表徵我很顧意我拿我的人間大家相見不顧意只拿我的書同大家相見

我在本書結論裏認定我們現在應當再倡講學之風我想就從我來試作我不過初有志於學不敢說什麽講學但我想或者這樣得些朋友於人於己都很有益的又我想最好是讓社會上人人都有求學的機會不要限限於什麽學校什麽年級的學生徵道兩年來就有好許多人常來通信或過訪於我雖信無不答訪無不見但憖不能明白開於的接晤所有不恥下問的朋友而與共學因此我今告白大家知道凡我所能貢獻給人如來共學我卽盡力辭忙不拘程度不分科目不訂年限大家對我自由納費不規定數目卽不納亦無不可先以北京當文門緞子胡同我寓所爲通信處如累人漸多再另覓講習集會地方。

一九二一雙十節漱冥。

梁漱溟先生在北京大学执教期间（1921年）与哲学系同学合影。右起黄庆（艮庸）、梁漱溟、朱谦之、叶麐

梁漱溟先生对与哲学系同学合影（前一图）的说明文字：

　　这是我同我三个顶好的朋友叶麐、朱谦之、黄庆的照像。他们都是北大的学生，却四人年纪皆在二十几岁，差不许多。我们相与并无所谓先生和学生，只是朋友，而且是小孩子般的朋友。四人性格、思想、见解并不相同，几乎一个人是一个样子，所以议论每多不合，但是总觉得彼此相对是第一乐事。当我们相熟半年多后，就是今年四五月间，我有翻然改变态度的事，决定要作孔家的生活，而把这些年来预备要作佛家生活的心愿断然放弃，于是辞脱大学讲席，要离开北京到山东滨县乡间去住一年半。最先就同他们发表这个意思，适其时，朱谦之要到西湖去，叶麐便约我们同照一像，即这个像片。照像之后，我就出京到山东去了，因此这个像片要算我改变态度的一个纪念。现在这本书是我改变态度的宣言，所以我郑重的把他印在这书的前面。

十年九月漱溟记

此《东西文化及其哲学》一书,原为一九二〇年我在北京大学的讲演,经同学陈政所笔录者。一九二一年暑期应山东教育厅邀,讲演于济南,由罗常培同学任笔录,临末以暑假届满,罗君聘南开中学不克终竟其事,书内临末论及世界未来文化之必第五章实由我撰写成之,付印出版时用陈罗二君之名,而笔墨实出三人之手也。间首忽,五十八年矣。

一九七八年十二月廿日

梁漱溟先生1978年为旧著《东西文化及其哲学》题记

北京大学教师与1918年哲学门毕业生合影。前排教师左起康宝忠、崔适、陈映璜、马叙伦、蔡元培、陈独秀、梁漱溟、陈汉章，中排左四为学生冯友兰，左七胡鸣盛，后排左二黄文弼，左五孙本文

梁漱溟先生1919年与友人合影于中山公园。右起张申府、梁漱溟、李大钊、雷国能

歷史博物館來人訪我並出示贈此像片拍照於中山公園，時間約在一九一九年夏季，立於我右側者為張申府，左側為李守常，更左為雷國能。

一九七九年十一月廿六日 漱溟識

梁漱溟先生1979年为与友人在中山公园的合影题记

目 录

第三版自序 ·· 1

第八版自序 ·· 5

第一章　绪论 ·· 8

　　一般人对这问题的意思 ································ 8

　　以为这问题还远的不对 ································ 11

　　随便持调和论的不对 ·································· 18

　　以为无从研究的不对 ·································· 24

　　我研究这问题的经过 ·································· 24

第二章　如何是东方化？如何是西方化？（上）·········· 27

　　我们所要求的答案 ···································· 27

　　西方化问题的答案一 ·································· 28

　　西方化问题的答案二 ·································· 31

　　西方化问题的答案三 ·································· 32

　　西方化问题的答案四 ·································· 35

　　我求答案的方法 ······································ 36

　　我对于西方化问题的答案 ······························ 37

答案讲明的第一步 ·············· 38
　　西方化的科学色彩 ·············· 39
　　西方化的德谟克拉西精神 ·········· 48
　　结果西方化的面目如此 ············ 58

第三章　如何是东方化？如何是西方化？（下） ··· 60
　　答案讲明的第二步 ·············· 60
　　客观说法的未是 ··············· 61
　　生活的说明 ················· 66
　　人生三种问题 ················ 70
　　人生的三路向 ················ 72
　　中国文化问题印度文化问题之答案的提出 ··· 75
　　答案讲明的第三步 ·············· 75
　　答案讲明的第四步 ·············· 80
　　西方人精神的剖看 ·············· 83
　　中国文化的略说 ··············· 85
　　印度文化的略说 ··············· 87

第四章　西洋中国印度三方哲学之比观 ······ 90
　　三方思想情势简表 ·············· 90
　　现量比量直觉三作用之说明 ·········· 92
　　西洋哲学之情势 ··············· 98
　　罗素的意思 ················· 102
　　柏格森的意思 ················ 103

目 录

印度哲学的情势	105
佛教的形而上学方法	108
西洋印度两方哲学之动机不同	114
宗教问题之研究	116
宗教是否必要之研究	122
宗教之真必要所在	129
宗教是否可能之研究	136
宗教的真可能所在	140
印度文明之所由产生	145
中国哲学之情势	146
中国形而上学的大意	150
孔子对于生之赞美	154
孔子之不认定的态度	156
孔子之一任直觉	159
孔子所谓仁是什么？	160
孔家性善的理	166
孔子之不计较利害的态度	167
礼运大同说之可疑	172
孔子生活之乐	174
孔子之宗教	177
试说从来的中国人生活	190
西洋人生哲学	196

三方生活之真解 ································· 199
第五章　世界未来之文化与我们今日应持的态度 ············ 203
　　我们推论未来文化的态度 ························· 203
　　事实的变迁 ····································· 203
　　经济改正之必要 ································· 207
　　因经济改正而致文化变迁 ························· 210
　　见解的变迁 ····································· 212
　　态度的变迁 ····································· 221
　　倭铿的态度 ····································· 224
　　罗素的态度 ····································· 227
　　社会主义之变迁 ································· 231
　　克鲁泡特金的态度 ······························· 232
　　泰戈尔的态度 ··································· 233
　　对世界未来文化的推测 ··························· 239
　　就生活三方面推说未来文化 ······················· 243
　　一般对未来文化的误看 ··························· 248
　　世界文化三期重现说 ····························· 249
　　我们现在应持的态度 ····························· 252
　　我提出的态度 ··································· 263
　　今日应再创讲学之风 ····························· 265
　　世界的态度 ····································· 267

补遗 ··· 268

自序	270
著者告白一	274
著者告白二	276
1980年著者跋记	277
附录一 《东西文化及其哲学》导言	278
附录二 我对人类心理认识前后转变不同	294
商务印书馆1999年版编后	310

第三版自序

我很感谢我这本讲演录发表后,得承许多位师友和未及识面的朋友给我以批评诲示。但惜我很少——自然不是绝没有——能从这许多批评诲示里,领取什么益处或什么启发。我对大家的批评诲示自始至终一概没有作答;这一半是为大家的批评诲示好像没有能引起我作答的兴味。不过我将来会当作一次总答的。

我虽没能从诸师友处得着启发,但我自己则既有许多悔悟。在这许多悔悟中,此时只能提出两个重要地方;在这两个地方也只能消极的表明知悔的意思,不能积极的提出新见解。现在我分叙如后。

头一个重要的悔悟是在本书第四章讲孔家哲学所说"中庸"是走双的路之一段。这一段的大意是补订上文,单明孔家走一任直觉随感而应的路还未是,而实于此一路外更有一理智拣择的路;如所谓"极高明而道中庸"便是要从过与不及里拣择着走。这样便是我所谓双的路;原文表示双的路云:

(一)似可说是由乎内的,一任直觉的,直对前境的,自

然流行而求中的,只是一往的;

(二) 似可说是兼顾外的,兼用理智的,离开前境的,有所拣择而求中的,一往一返的。

我从这个见解所以随后批评宋学明学,就说:

"宋学虽未参取佛老,却亦不甚得孔家之旨;据我所见,其失似在忽于照看外边而专从事于内里生活;而其从事内里生活又取途穷理于外,于是乃更失矣。……及明代而阳明先生兴,始祛穷理于外之弊而归本直觉——他叫良知;然犹忽于照看外边,所谓格物者实属于照看外边一面,如阳明所说虽救朱子之失,自己亦未为得。"

所有前后这许多话我现在都愿意取消。但我尚不能知这些话果有是处,抑全无是处。当初我说这些话时,原自犹疑未有决断,到现在我还是犹疑未有决断;不过当初疑其或是,现在疑其或非罢了。从前疑其或是,现在疑其或非,这自有所悟有所悔;而我兹所痛切悔悟的实在当时不应该以未能自信的话来发表;或者发表,也要作疑词,不应该作决定语。以决定语来发表未能自信的见解,这全出于强撑门面之意,欺弄不学的人。孔学是个"恳切为己"之学;怀强撑门面之意发挥恳切为己之学,这是我现在最痛自悔悟的。所以我头一桩先声明取消这一段话或取消这一段话之决定语气。

又附此声明的,所谓双的路一层意思我暂不能定其是非,但在本书叙释双的路后,所说:"像墨家的兼爱,佛家的慈悲,殆皆任情所至,不知自反,都是所谓贤者过之;而不肖者的纵欲不返,也都是一任直觉的。所以必不可只走前一路,致因性之所偏而益偏,而要以'格物''慎独''毋自欺'为之先为之本,即是走第二路;《中庸》上说过慎独才说到中和者此也。……"今则知其全是错的。墨家的兼爱,不肖者的纵欲都不是一任直觉。我当时所怀抱"格物"的解释,也同许多前人一样,以自己预有的一点意思装入"格物"一名词之下,不是解释格物。"慎独"是怎么一回事,当时并未晓得,所说自无是处;现在可以略晓得,今年在山东讲演"孔家旨趣"曾经讲到。至于格物则至今不能得其的解;我宁阙疑,不愿随便讲。

第二个重要的悔悟是在本书第四章末尾,说:"西洋生活是直觉运用理智,中国生活是理智运用直觉,印度生活是理智运用现量"之一段。这一段的意思我虽至今没有改动,但这一段的话不曾说妥当,则我在当时已一再声明:"这话乍看似很不通……但我为表我的意思不得不说这种拙笨不通的话;……""读者幸善会其意,而无以词害意。"不料我一再声明的仍未得大家的留意,而由这一段不妥当的说话竟致许多人也跟着把"直觉"、"理智"一些名词滥用误用,贻误非浅;这是我书出版后,自己最欺疚难安的事。现在更郑重声明,所有这一段话我今愿意一概取消,请大家不要引用他或讨论他。

　　再本书第一次印于山东，第二次印于北京，第三次第四次均印于上海商务印书馆；今为第五次印，而称为三版者，盖单就商务印书馆之版而说。

11 年 10 月漱溟记

第八版自序

我这书于民国十年秋间出版后,不久便有几处颇知自悔。所以于十一年付三版时曾为自序一篇特致声明。其后所悔更多,不只是于某处某处晓得有错误,而是觉悟得根本有一种不对。于是在十五年春间即函请商务印书馆停版不印。所以近两三年来外间久已觅不到此书了。

这书的思想差不多是归宗儒家,所以其中关于儒家的说明自属重要;而后来别有新悟,自悔前差的,亦都是在此一方面为多。总说起来,大概不外两个根本点:一是当时所根据以解释儒家思想的心理学见解错误;一是当时解释儒家的话没有方法,或云方法错误。

大凡是一个伦理学派或一个伦理思想家都必有他所据为基础的一种心理学。所有他在伦理学上的思想主张无非从他对于人类心理抱如是见解而来。而我在此书中谈到儒家思想,尤其喜用现在心理学的话为之解释。自今看去,却大半都错了。盖当时于儒家的人类心理观实未曾认得清,便杂取滥引现在一般的心理学作依据,而不以为非;殊不知其适为根本不相容的两样东西。

至于所引各派心理学,彼此脉路各异,亦殊不可并为一谈;则又错误中的错误了。十二年以后始于此有悟,知非批评现在的心理学,而阐明儒家的人类心理观,不能谈儒家的人生思想。十三四五年积渐有悟,乃一面将这书停版,一面拟写成《人心与人生》一书;欲待《人心与人生》出版再将这书复版。因为这书所病非是零星差误,要改订直无从下手,只能两书同时出版,以后作救正前作。

其他一点根本不对的,所谓解释儒家的话没有方法,其觉悟更早于此,十一年的三版自序固已露其端。序文所云"……我当时所怀抱'格物'的解释亦同许多前人一样,以自己预有的一点意思装入'格物'一名词之下……"便是。大凡一种为人崇奉的古书,类如宗教中的经典或有其同等权威者,其注解训释都是歧异纷乱不过。不惟是种种不同,直是互相违反,茫无凭准。这一面由古人不可复起,古时社会一切事实背影不复存在,凡其立言之由,出语所指,均不易确定;或且中经作伪篡乱,错简讹夺,一切文字上待考证校订处,益滋纷淆;而一面由后人各就己意发挥,漫无方法准则,有意地或无意地附会牵和,委曲失真。仿佛听说有人考过《大学》格物的解释古今有几百种不同。试问若此,我们将何从置信?所以除史实上文字上应亟作考证校理功夫外,最要紧的便是大家相戒莫再随意讲,而试着谋一个讲解的方法以为准则。庶几不致于无从置信的几百种说外又添多一种;而糊涂有清明之望。我深自觉在这本书中所为儒家的讲说没有方法,实无以别于前人。因有《孔学绎旨》之作，期望着有点新的成功；曾于十二年至十三年间为北大哲学系讲过一个大概。所有这书中讲的不妥处亦是预备以新作来救正。

却不谓十五年以来，心思之用又别有在，两种新作到今十八年了，俱未得完成。而由近年心思所结成的《中国民族之前途》一书，却将次写定出版。是书观察中国民族之前途以中国人与西洋人之不同为主眼，而所谓中西之不同，全本乎这本书人生态度不同之说，所以两书可算相衔接的。因此，这本书现在有复版的必要。我尝于自己所见甚的，不免自赞自许的时候，有两句话说："百世以俟，不易吾言。"这本书中关于东西文化的核论与推测有其不可毁灭之点，纵有许多错误、偏颇、缺失，而大端已立，后之人可资以作进一步的研究。即上面之所谓根本不对的，其实亦自经过甘苦，不同浮泛；留以示人，正非无谓。不过《人心与人生》《孔学绎旨》既未得一同出版，只好先以此序叙明年来悔悟改作之意，俾读者知所注意而有别择；是亦不得已之一法。改作的内容新义，未获在这里向读者请教。实是有歉于衷！

18 年 6 月 21 日漱溟于北平清华园

第一章　绪论

漱溟承教育厅之约至此地讲演,是很荣幸的。本来,去年教育厅约过我一次,我已从上海首途,适值直皖战争,火车到徐州就不通行,所以,我又折回去没有得来。今年复承此约,终究得来,似乎我们今日之会并非偶然!今日在大雨的时候承大家来听,在我对于大家的意思应当声谢!

一般人对这问题的意思

此次预备讲演的题目是:"东西文化及其哲学。"这个题目看起来似乎很浮夸,堂皇好看,而我实在很不愿意如此引导大家喜欢说浮夸门面,大而无当的话。或者等我讲完之后,大家可以晓得我不是喜欢说大的堂皇的门面话。大概社会上喜欢说好听的门面话的很多,这实在是我们所不愿意的。去年将放暑假的时候,北京大学的蔡孑民先生还有几位教授都要到欧美去,教职员开欢送会。那时候我记得有几位演说,他们所说的话大半都带一点希望这几位先生将中国的文化带到欧美而将西洋文化带回来的意思。我当时听到他们几位都有此种言论,于是我就问大家:"你们方才对于蔡先生同别位先生的希望是大家所同的,但是我很想知道大家所谓将中国文化带到西方去是带什么东西呢?西方文化我姑且不问——而所谓中国文化究竟何所指呢?"当时的人却都没有话回答,及至散会后,陶孟和先生同胡适之先生笑着对我说:"你所提出的问题很好,但是天气很热,大家不好用思想。"我举此例就是证明大家喜欢说好听、门面、虚伪的话。如果不晓得中国文化是什么,又何必说他呢!如将"中国文化"当作单单是空空洞洞的名词而毫无意义,那么,他们所说的完全是虚伪,完全是应酬!非常无味,非常要不得!

大约两三年来,因为所谓文化运动的原故,我们时常可以在口头上听到、或在笔墨上看到"东西文化"这类名词。但是虽然人人说得很滥,而大家究竟有没有实在的观念呢?据我们看来,大家实在不晓得东西文化是何物,仅仅顺口去说罢了。大约自从杜威来到北京,常说东西文化应当调和;他对于北京大学勉励的话,也是如此。后来罗素从欧洲来,本来他自己对于西方文化很有反感,所以难免说中国文化如何的好。因此常有东西文化的口头说法在社会上流行。但是对于东西文化这个名词虽说的很滥,而实际上全不留意所谓东方化所谓西方化究竟是何物?此两种文化是否象大家所想象的有一样的价值,将来会成为一种调和呢?后来梁任公从欧洲回来,也很听到西洋人对于西洋文化反感的结果,对于中国文化有不知其所以然的一种羡慕。所以梁任公在他所作的《欧游心影录》里面也说到东西文化融合的话。于是大家都传染了一个意思，觉得东西文化一定会要调和的，而所期望的未来文化就是东西文化调和的产物。但又像是这种事业很大，总须俟诸将来，此刻我们是无从研究起的！

我当初研究这个问题是在民国六七年的时候。那时我很苦于没有人将东西文化并提着说，也没有人着眼到此地，以为如果有人说，就可以引起人研究，但是现在看来，虽然有人说而仍旧并没有人研究，在我研究的时候，很有朋友劝我，说这个问题范围太广，无从着手，如张崧年先生屠孝实先生都有此意。然而在我觉得上面所述的三个意思都是不对的。第一个意思，没有说出东西文化所以调和之道而断定其结果为调和，是全然不对的。第二个意思，觉得此问题很大，可以俟诸将来，也非常不对；因为这个问题并非很远的事情，虽然我们也晓得这件事的成功要在未来，而问题却是目前很急迫的问题！我们从此开始作起，或者才有解决——他们所说的调和我们现在姑且说作解决——之一日。所以这种事业虽远，而这个问题却不远的。第三个意思，以为问题范围太大，如哲学、政治制度、社会习惯、学术、文艺，以及起居、物质生活，凡是一民族生活的种种方面都在研究的范围之内，恐怕无从着手；这个意思也不对，实在并非没有方法研究。我们上来所述仅仅指出这三个意思的不对，以下再说这三个意思为什么不对。

第一章　绪论

以为这问题还远的不对

第一,我们先说这个问题是很急迫的问题,并非是很远的问题,可以俟诸将来再解决的。我们现在放开眼去看,所谓东西文化的问题,现在是怎样情形呢?我们所看见的,几乎世界上完全是西方化的世界!欧美等国完全是西方化的领域,固然不须说了。就是东方各国,凡能领受接纳西方化而又能运用的,方能使它的民族、国家站得住;凡来不及领受接纳西方化的即被西方化的强力所占领。前一种的国家,例如日本,因为领受接纳西方化,故能维持其国家之存在,并且能很强胜的立在世界上;后一种的国家,例如印度、朝鲜、安南、缅甸,都是没有来得及去采用西方化,结果遂为西方化的强力所占领。而惟一东方化发源地的中国也为西方化所压迫,差不多西方化撞进门来已竟好几十年,使秉受东方化很久的中国人,也不能不改变生活,采用西方化!几乎我们现在的生活,无论精神方面、社会方面和物质方面,都充满了西方化,这是无法否认的。所以这个问题的现状,并非东方化与西方化对垒的战争,完全是西方化对于东方化绝对的胜利,绝对的压服!这个问题此刻要问:东方化究竟能否存在?

再其次,我们来看秉受东方化最久,浸润于东方化最深的中国国民对于西方化的压迫历来是用怎样的方法去对付呢?西方化对于这块土地发展的步骤是怎样呢？据我们所观察，中国自从明朝徐光启翻译《几何原本》，李之藻翻译《谈天》，西方化才输到中国来。这类学问本来完全是理智方面的东西，而中国人对于理智方面很少创造，所以对于这类学问的输入并不发生冲突。直到清康熙时，西方的天文、数学输入亦还是如此。后来到咸同年间，因西方化的输入，大家看见西洋火炮、铁甲、声、光、化、电的奇妙，因为此种是中国所不会的，我们不可不采取它的长处，将此种学来。此时对于西方化的态度亦仅此而已。所以，那时曾文正、李文忠等创办上海制造局，在制造局内译书，在北洋练海军，马尾办船政。这种态度差不多有几十年之久，直到光绪二十几年仍是如此。所以这时代名臣的奏议，通人的著作，书院的文课，考试的闱墨以及所谓时务书一类，都想将西洋这种东西搬到中国来，这时候全然没有留意西洋这些东西并非凭空来的，却有它们的来源。它们的来源，就是西方的根本文化。有西方的根本文化，才产生西洋火炮、铁甲、声、光、化、电这些东西；这些东西对于东方从来的文化是不相容的。他们全然没有留意此点，以为西洋这些东西好象一个瓜，我们仅将瓜蔓截断，就可以搬过来！如此的轻轻一改变，不单这些东西搬不过来，并且使中国旧有的文化步骤也全乱了——我方才说这些东西与东方从来的文化是不相容的。他们本来没有见到文化的问题，仅只看见外面的结果，以为将此种结果调换改动，中国就可以富强，而不知道全不成功的！及至甲午之役，海军全体覆没，于是大家始晓得火炮、铁甲、声、光、化、电,不是如此可以拿过来的,这些东西后面还有根本的东西。乃提倡废科举,兴学校,建铁路,办实业。此种思想盛行于当时,于是有戊戌之变法不成而继之以庚子的事变,于是变法的声更盛。这种运动的结果,科举废,学校兴,大家又逐渐着意到政治制度上面,以为西方化之所以为西方化,不单在办实业、兴学校,而在西洋的立宪制度、代议制度。于是大家又群趋于政治制度一方面,所以有立宪论与革命论两派。在主张立宪论的以为假使我们的主张可以实现,则对于西洋文化的规模就完全有了,而可以同日本一样,变成很强盛的国家。——革命论的意思也是如此。这时的态度既着目在政治制度一点,所以革命论家奔走革命,立宪论家请求开国会,设谘议局,预备立宪。后来的结果,立宪论的主张逐渐实现;而革命论的主张也在辛亥年成功。此种政治的改革虽然不能说将西方的政治制度当真采用,而确是一个改变;此时所用的政体绝非中国固有的政治制度。但是这种改革的结果,西洋的政治制度实际上仍不能在中国实现,虽然革命有十年之久,而因为中国人不会运用,所以这种政治制度始终没有安设在中国。于是大家乃有更进一步的觉悟,以为政治的改革仍是枝叶,还有更根本的问题在后头。假使不从更根本的地方作起,则所有种种作法都是不中用的,乃至所有西洋文化,都不能领受接纳的。此种觉悟的时期很难显明的划分出来,而稍微显著的一点,不能不算《新青年》陈独秀他们几位先生。他们的意思要想将种种枝叶抛开,直截了当去求最后的根本。所谓根本就是整个的西方文化——是整个文化不相同的问题。如果单采用此种政治制度是不成功的,须根本的通盘换过才可。而最根本的就是伦理思想——人生哲学——所以陈先生在他所作的《吾人之最后觉悟》一文中以为种种改革通用不着,现在觉得最根本的在伦理思想。对此种根本所在不能改革,则所有改革皆无效用。到了这时才发现了西方化的根本的所在,中国不单火炮、铁甲、声、光、化、电、政治制度不及西方,乃至道德都不对的!这是两方问题接触最后不能不问到的一点,我们也不能不叹服陈先生头脑的明利!因为大家对于两种文化的不同都容易马糊,而陈先生很能认清其不同,并且见到西方化是整个的东西,不能枝枝节节零碎来看!这时候因为有此种觉悟,大家提倡此时最应做的莫过于思想之改革,——文化运动。经他们几位提倡了四五年,将风气开辟,于是大家都以为现在最要紧的是思想之改革——文化运动——不是政治的问题。我们看见当时最注重政治问题的如梁任公一辈人到此刻大家都弃掉了政治的生涯而趋重学术思想的改革方面。如梁任公林宗孟等所组织的新学会的宣言书,实在是我们很好的参证的材料,足以证明大家对于西方文化态度的改变!

到了此时,已然问到两文化最后的根本了。现在对于东西文化的问题,差不多是要问:西方化对于东方化,是否要连根拔掉?中国人对于西方化的输入,态度逐渐变迁,东方化对于西方化步步的退让,西方化对于东方化的节节斩伐!到了最后的问题是已将枝叶去掉,要向咽喉去着刀!而将中国化根本打倒!我们很欢迎此种问题，因为从前枝枝节节的做去，实在徒劳无功。此时问到根本，正是要下解决的时候，非有此种解决，中国民族不会打出一条活路来！所以此种问题并非远大事业，是明明对于中国人逼着讨一个解决！中国人是否要将中国化连根的抛弃？本来秉受东方化的民族不只一个，却是日本人很早就采用西方化，所以此刻对此问题并不成问题；而印度、安南、朝鲜、缅甸，皆为西方化之强力所占领，对于此问题也不十分急迫，因为他们国家的生活是由别人指挥着去做。现在中国，无论如何还算是在很困难的境遇里自己可以自谋——对于自己的生活要自己做主。因为要自谋的缘故，所以对于政治采用某种，文化采用某种还要自决。所以别的民族不感受东西文化问题的急迫，而单单对中国人逼讨一个解决！可见这个问题在中国绝不是远的问题而是很急迫的问题了。

照以上所说，东方文化与西方文化之接触，逐渐问到最后的根本；对付的态度起先是枝枝节节的，而此刻晓得要从根本上下解决。此种从根本上下解决的意思，从前很少有人谈及。前三四年只看见我的朋友李守常先生作了一篇《东西文明之根本异点》的文章。他在这篇文章里面，大要以为东方文明之根本精神在静，西方文明之根本精神在动。——而他说：

"苟不将静止的精神根本的扫荡，或将物质的生活一切屏绝，长此沉延在此矛盾现象中以为生活，其结果必蹈于自杀，盖以半死不活之人驾行飞艇，使发昏带醉之人御摩托车，人固死于艇车之下，车亦毁于其人之手。以英雄政治、贤人政治之理想施行民主政治，以肃静无哗唯诺一致之心理希望代议政治，以万世一系一成不变之观念运用自由宪法，其国之政治固以阢陧不宁，此种政治之妙用亦必毁于若而国中。总之守静的态度持静的观念，以临动的生活，必至人身与器物，国家与制度都归于粉碎，世间最可怖之事莫过于斯矣。"

李先生的话说的很痛快！他很觉得东西文化根本之不同，如果做中国式的生活就须完全做中国式的生活；如果做西方式的生活就须完全做西方式的生活；矛盾的现象是不能行，并且非常可怕的。所以这个问题并不是很远而可以俟诸未来的问题，确是很急迫而单单对于中国人逼讨一个解决的问题。我们处在此种形势之下逼迫得很紧，实在无从闪避，应当从速谋应付的方法。应付的方法大约不外三条路：

（一）倘然东方化与西方化果真不并立而又无可通，到今日要绝其根株，那么，我们须要自觉的如何彻底的改革，赶快应付上去，不要与东方化同归于尽；

（二）倘然东方化受西方化的压迫不足虑，东方化确要翻身的，那么，与今日之局面如何求其通，亦须有真实的解决积极的做去，不要作梦发呆卒致倾覆；

（三）倘然东方化与西方化果有调和融通之道，那也一定不是现在这种"参用西法"可以算数的，须要赶快有个清楚、明白的解决，好打开一条活路，绝不能有疲缓的态度。

这三条路究竟哪一条路对，我们不得而知，而无论开辟出哪条路来，我们非有根本的解绝不成，绝非马糊含混可以过去的。李君的话我们看去实在很对，我们历年所以不能使所采用的西方化的政治制度实际的安设在我们国家社会的原故，全然不是某一个人的罪过，全然不是零碎的问题；虽然前清皇室宣布立宪之无真意，袁项城帝制自为之野心，以及近年来"军阀"之捣乱，不能不算一种梗阻而却不能算正面的原因。其正面的原因，在于中国一般国民始终不能克服这梗阻，而所以不能克服梗阻的原故，因为中国人民在此种西方化政治制度之下仍旧保持在东方化的政治制度底下所抱的态度。东方化的态度，根本上与西方化刺谬；此种态度不改，西方化的政治制度绝对不会安设上去！甚或不到将西方化创造此种政治制度的意思全然消没不止！我们这几年的痛苦全在于此，并非零碎的一端，是很大的根本问题。此刻我们非从根本上下解决不可。是怎样可以使根本态度上有采用西方化的精神，能通盘受用西方化？李君所说虽然很急迫，而其文章之归结还是希望调和融通，而怎样调和融通，他也没有说出来，仍就俟诸未来，此点差不多是李君自己的矛盾。我以为这种事业虽然要在未来成就，而问题却不在未来，实在是目前很急迫的问题啊！

随便持调和论的不对

第二,我们所要说的,就是,我们从如此的情形看出这个问题的真际究竟在什么地方?换言之,就是,东方化还是要连根的拔去,还是可以翻身呢?此处所谓翻身,不仅说中国人仍旧使用东方化而已,大约假使东方化可以翻身亦是同西方化一样,成一种世界的文化——现在西方化所谓科学(science)和"德谟克拉西"之二物,是无论世界上哪一地方人皆不能自外的。所以,此刻问题直截了当的,就是东方化可否翻身成为一种世界文化?如果不能成为世界文化则根本不能存在;若仍可以存在,当然不能仅只使用于中国而须成为世界文化。但是从大概情形来看,仅能看出东方化将绝根株的状况,而看不出翻身之道。照我们以前所说东方化的现状,一般头脑明利的人都觉得东方化不能存留;假如采用西方化,非根本排斥东方化不可。近三四年来如陈仲甫等几位先生全持此种论调,从前的人虽然想采用西方化,而对于自己根本的文化没有下彻底的攻击。陈先生他们几位的见解,实在见的很到,我们可以说是对的;譬如陈先生在他所作的《吾人最后之觉悟》一文里面,主张我们现在应将一切问题撇开,直接的改革伦理思想,因此他将中国伦理思想最根本的孔子教化,痛下攻击!他在另外一篇文章里说道:

> "倘吾人以中国之法，孔子之道，足以组织吾之国家，支配吾之社会，使适于今日世界之生存，则凡十余年来之变法维新、流血革命、设国会、改法律及一切新政治、新教育无一非多事，应悉废罢，万一欲建设新国家新社会，则对于此新国家新社会不可相容之孔教，不可不有彻底之觉悟，勇猛之决心，否则不塞不流，不止不行。"

陈君这段话也可以说是痛快之至，在当时只有他看的如此之清楚！

东方文化的两大支，是中国化和印度化。以上所说是对于中国化。对于印度化，如李守常先生说：印度"厌世的人生观不合于宇宙进化之理"，则又是将印度化一笔勾销了！李先生是主张将"静的精神"根本扫荡的，而他所以诠释东方文化者即此四字，就是根本不要东方化了！这种主张从根本上不要东方化是很对的；而不能说出所以然，就胡乱主张两文化将来必能融通，实在不对。

现在我们进一层替他们两位发挥未尽的意思：据我们看，所谓一家文化不过是一个民族生活的种种方面。总括起来，不外三方面：

> （一）精神生活方面，如宗教、哲学、科学、艺术等是。宗教、文艺是偏于情感的，哲学、科学是偏于理智的。

（二）社会生活方面，我们对于周围的人——家族、朋友、社会、国家、世界——之间的生活方法都属于社会生活一方面，如社会组织，伦理习惯，政治制度及经济关系是。

（三）物质生活方面，如饮食、起居种种享用，人类对于自然界求生存的各种是。

我们人类的生活大致不外此三方面，所谓文化可从此三方面来下观察。如果就此三方面观察东西文化，我们所得到的结果：第一，精神生活方面，东方人的宗教——虽然中国与印度不同——是很盛的，而西方人的宗教则大受批评打击；东方的哲学还是古代的形而上学，而西洋人对于形而上学差不多弃去不讲；即不然，而前途却是很危险的。此种现象，的确是西洋人比我们多进了一步的结果。西洋人对于宗教和形而上学的批评，我们实在不能否认，中国人比较起来，明明还在未进状态的。第二，社会生活方面，西洋比中国进步更为显然。东方所有的政治制度也是西方古代所有的制度，而西方却早已改变了；至于家庭、社会，中国也的确是古代文化未进的样子，比西洋少走了一步！第三，物质生活方面，东方之不及西方尤不待言。我们只会点极黑暗的油灯，而西洋用电灯；我们的交通上只有很笨的骡车，而西洋人用火车飞艇。可见物质方面的不济更为显著了！由此看来，所谓文化只有此三方面，而此三方面中东方化都不及西方化，那么，东方化明明是未进的文化，而西方化是既进的文化。所谓未进的文化大可以不必提起,单采用既进的文化好了!我记得有一位常乃德先生说西方化与东方化不能相提并论,东方化之与西方化是一古一今的;是一前一后的;一是未进的,一是既进的。照我们从生活三方面观察所得的结果看来,常君这种论调是不错的。我们看东方文化和哲学,都是一成不变的,历久如一的,所有几千年后的文化和哲学,还是几千年前的文化,几千年前的哲学。一切今人所有的,都是古人之遗;一切后人所作,都是古人之余;然则东方化即古化。西方化便不然;思想逐日的翻新,文化随时辟创,一切都是后来居上,非复旧有,然则西方化就是新化。一古一今不能平等而观,是很对的。假使说东方化能翻身,即是说古化能大行于今后未来之世界;这话谁敢信呢？一般人或以为东方在政治制度,社会的风俗习惯,以及物质的享用虽不及西方人,而精神方面比西方人要有长处的。这种说法不单旧派人如此,几乎有些新派的人亦有此种意思。但是我要反问一句:现在对于东西文化的问题既然问到最后的根本,不是已然看出中国人的精神生活方面、宗教、哲学、道德、艺术根本上不对么？不是要做思想的改革,哲学的更新么？怎样又可以说精神方面中国人有长处呢？所以一般人的意思,全然不对！而胡适之先生作《中国哲学史大纲》亦持很客套的态度,在《中国哲学史大纲》的导言上说:

"世界上的哲学,大概可分为东西两支。东支又分印度、中国两系。西支也分希腊、犹太两系。初起的时候,这四系都可算独立发生的。到汉以后犹太系加入希腊系成了欧洲的中古哲学。印度系加入中国系成了中国的中古哲学。到了近代印度系的势力渐衰,儒家复起,遂产生了中国近世的哲学。历宋、元、明、清,直到如今。欧洲思想渐渐脱离犹太系的势力,遂产生了欧洲的近古哲学。到了今日这两大支的哲学互相接触互相影响,五十年后一百年后或竟能发生一种世界的哲学也未可知。"

胡先生这样将东方与西洋两派哲学相提并论,同样尊重的说话,实在太客套了!我们试看中国的哲学,是否已经经过西洋哲学的那样批评呢?照胡先生所讲的中国古代哲学,在今日哲学界可有什么价值呢?恐怕仅只做古董看着好玩而已!虽然《中国哲学史大纲》的后半部还没有作出来,而胡先生的论调却是略闻一二的。像这种堂皇冠冕的话恐怕还是故相揶揄呢!所以大家一般人所说精神方面比较西方有长处的说法,实在是很含混不清,极糊涂、无辨别的观念,没有存在的余地!

论到此处可以看出,大家意思要将东西文化调和融通,另开一种局面作为世界的新文化,只能算是迷离含混的希望,而非明白确切的论断。像这样糊涂、疲缓、不真切的态度全然不对!既然没有晓得东方文化是什么价值,如何能希望两文化调和融通呢?如要调和融通总须说出可以调和融通之道,若说不出道理来,那么,何所据而知道可以调和融通呢?大概大家的毛病,因为西洋经大战的影响对于他们本有的文化发生反感,所以对于东方文化有不知其所以然的羡慕,譬如杜威罗素两先生很不看轻中国的文化,而总觉得东西文化将来会调和融通的。大家听了于是就自以为东方化是有价值了。但假使问他们如何调和融通,他们两先生其实也说不出道理来。又梁任公先生到欧洲也受这种影响,在《欧游心影录》上面说,西洋人对他说"西方化已经破产,正要等到中国的文化来救我们,你何必又到我们欧洲来找药方呢!"他偶然对他们谈到中国古代的话,例如孔子的"不患寡而患不均"、"四海之内皆弟兄也"以及墨子的"兼爱",西洋人都叹服钦佩以为中国文化可宝贵。梁先生又说柏格森倭铿等人的哲学都为一种翻转的现象,是要走禅宗的路而尚未走通的。如此种种挖扬中国文明。其实任公所说,没有一句话是对的!他所说的中国古话,西洋人也会说,假使中国的东西仅只同西方化一样便算可贵,则仍是不及人家,毫无可贵!中国化如有可贵,必在其特别之点,必须有特别之点才能见长!他们总觉得旁人对我称赞的,我们与人家相同的,就是可宝贵的;这样的对于中国人文化的推尊,适见中国文明的不济,完全是糊涂的、不通的!我们断然不能这样糊糊涂涂的就算了事,非要真下一个比较解决不可!

所以照我们看这个问题,西洋人立在西方化上面看未来的文化是顺转,因为他们虽然觉得自己的文化很有毛病,但是没有到路绝走不通的地步,所以慢慢的拐弯就可以走上另一文化的路去;至于东方化现在已经撞在墙上无路可走,如果要开辟新局面必须翻转才行。所谓翻转自非努力奋斗不可,不是静等可以成功的。如果对于这个问题没有根本的解决,打开一条活路,是没有办法的!因此我们对于第二种意思——调和融通的论调——不知其何所见而云然?

以为无从研究的不对

第三个意思以为这问题太大,范围太宽,无从研究起,也是不对的。但是如何研究法,要到后文再说,此处仅只先说这种意思是不对的。现在且略说我为什么注意此问题,和我研究的经过,同时亦即所以对答第三个意思。他们所说的无法研究,还是由于大家的疲缓、劣钝;如果对于此问题觉得是迫切的,当真要求解决,自然自己会要寻出一条路来!

我研究这问题的经过

我对于此问题特别有要求,不肯放松,因为我的生性对于我的生活、行事,非常不肯随便,不肯做一种不十分妥当的生活,未定十分准确的行事。如果做了,就是对的,就没有问题的;假使有一个人对于我所做的生活不以为然,我即不能放松,一定要参考对面人的意见，如果他的见解对，我就自己改变；如果他的见解是错误，我才可以放下。因为我对于生活如此认真，所以我的生活与思想见解是成一整个的，思想见解到哪里就做到哪里。如我在当初见得佛家生活是对的，我即刻不食肉不娶妻要作他那样生活，八九年来如一日。而今所见不同，生活亦改。因此别的很随便度他生活的人可以没有思想见解；而我若是没有确实心安的主见，就不能生活的！所以旁人对于这个问题自己没有主见并不要紧，而我对于此问题假使没有解决，我就不晓得作何种的生活才好！

我研究这个问题的经过，是从民国六年蔡子民先生约我到大学去讲印度哲学。但是我的意思，不到大学则已，如果要到大学作学术一方面的事情，就不能随便做个教员便了，一定要对于释迦孔子两家的学术至少负一个讲明的责任。所以我第一日到大学，就问蔡先生他们对于孔子持什么态度？蔡先生沉吟的答道：我们也不反对孔子。我说：我不仅是不反对而已，我此来除替释迦孔子去发挥外更不作旁的事！而我这种发挥是经过斟酌解决的，非盲目的。后来晤陈仲甫先生时，我也是如此说。但是自任大学讲席之后因编讲义之故，对于此意，亦未得十分发挥。到民国七年，我曾在北京大学日刊登了一个广告，征求研究东方学的人，在广告上说：据我的看法，东方化和西方化都是世界的文化，中国为东方文化之发源地；北京大学复为中国最高之学府；故对于东方文化不能不有点贡献，如北京大学不能有贡献，谁则负贡献之责者？但是这种征求的结果，并没有好多的人；虽有几个人，也非常不中用。我仅只在哲学研究所开了一个"孔子哲学研究会"将我的意思略微讲了一个梗概。后来丁父艰遂中途搁置。到民国八年，有一位江苏的何墨君同朋友来访问我对于东西文化问题的意见。当时曾向何君略述；何君都用笔记录，但并未发表。后来我作一篇希望大家对于此问题应加以注意的文章，即发表于《唯识述义》前面的。民国九年即去年夏季经这里教育厅长袁先生约我来鲁讲演，我即预备讲演此问题而因直皖战争没有得来。九年秋季却在大学开始讲演此问题已有记录草稿一本。今年复到此地与大家研究，算是我对于此问题的第二次讲演。我自己对于东西文化问题研究之经历大概如此。

第二章　如何是东方化？
　　　　如何是西方化？（上）

我们所要求的答案

我们现在平静的对于东西文化下一种观察，究竟什么是东方化，什么是西方化呢？纯以好知的心理去研究他们各自的样子。这其间第一先来考究西方化：如何是西方化？但是我们假如拿此问题问人，大家仓卒之间一定答不出来；或者答的时候列举许多西方的政治制度、社会风尚、学术思想等等。无奈此种列举很难周备，即使周备，而所举的愈多，愈没有一个明了正确的"西方化"观念。因为我们所问的，要求把许多说不尽的西方化归缩到一句两句话，可以表的出他来。使那许多东西成了一个很有意思的一个东西，跃然于我们的心目中，才算是将我们的问题答对了。像这一种的答对固然很难，但是不如此答对即不能算数。凡是能照这样答对的，我们都可以拿来看；此种答案求其合格很难，但是无论什么人的心目中，总都有他自己的意思。我记得王壬秋先生在《中国学报》的序里批评西方化说："工商之为耳",我们姑且不论他的话对不对,而在他是用一句话表出以为西方化不过如此。同光之间曾文正、李文忠等对于西方化所看到的,他们虽然没说出口来,而他们心目中的西方化观念,即在坚甲利兵之一点。光宣间的一般人心目中专认得政治制度一点,以为是即西方化。他们这些观察无论眼光对不对,而都算是对于我们问题的答案。大体说来自然不周洽不明白确切,而各人的意思都有一点对,可以供我们参考;无论如何不对,都是我们最合格、最对的西方化观念的一个影子。我们不要笑他们的不对,我们试翻过来看的时候,究竟有哪一个人说的对呢?我实在没有看见哪一个人说的对!照我看来,东西的学者、教授,对于西方化的观察,实在也不见得怎么样高明,也同王壬秋先生差不到哪里去!我现在将我所看见他们对于西方化的答案一一加以批评;因为我们指明别人的不对,才能看见我们自己的答案之所以对!

西方化问题的答案一

前两年中国在日本的留学生所组织的丙辰学会,请早稻田哲学教授金子马治来讲演。他讲演的题目就是"东西文明之比较",我们且看他对于此问题的意思是怎样呢?他有扼要的一句答案:"西洋文明是势能(power)之文明。"这话怎么讲呢?原

第二章 如何是东方化？如何是西方化？（上）

文说：

"余在十年前有欧洲之行，其时亦得有兴味之经验。欧游以前，予足迹未尝出国门一步，至是登程西航，渐离祖国。途中小泊香港，登陆游览，乃大惊骇。盖所见之物，几无不与在祖国所习者异也。据在座之贵国某君言，香港本一硗确之小岛，贵国人以废物视之，及入英人之手，辛苦经营遂成良港。予至香港时，所见者已非濯濯之石山，而为人工所成之良港。予之所惊骇不置者，盖在于是。日本诸港大都因天然之形势略施人工所成，香港则异是，观其全体几于绝出人工，非复自然之原物。此余所不得不叹服者。试观某市街所谓石山者已草木丛生欣欣向荣，皆英人所种也。初虽历次失败，然英人以不屈不挠之精神利用科学之方法，竭力经营，卒成今日青青之观。予在国内时所驯习之自然，此处杳不可见，所接于目者，独有人力之迹。……知所谓欧人征服自然，而东洋人放任自然之说果不妄也。"

他次段又寻这西方文明的来源说："若谓今日欧洲之文明为征服自然之文明，而征服自然所用之武器为自然科学者，当知此自然科学渊源实在于希腊……盖希腊国小山多，土地硗瘠，食物不丰，故多行商小亚细亚以勤劳求生活。欧式文明之源实肇于此。"此外还有许多话，无非专明征服自然之一义，又把征服自然的原因归到地理的关系上去，发明出各科学"以为利用厚生之资"，所以叫他做势能（power）之文明。金子君这个说法，错是不错。征服自然诚然是西方化的特色。还有北聆吉教授的议论，差不多也是这个意思。我留心看去大家说这样的话很多很多，恐怕早已是众人公认的了。英国的历史家巴克尔（Buckle）所作著名的《英国文明史》（*History of Civilization in England*）上说："欧洲地理的形势是适宜于人的控制天然，这是欧洲文明发展的主因。"就是金子君自己也说这是欧洲人原有的话，他实地看去，相信他果然不妄。可见这原有定论的，在欧美是一种很普遍的见解。民国八年杜威先生到北京，北京大学哲学研究会有一天晚间为杜威先生开欢迎会，杜威先生的演说也只说西方人是征服自然，东方人是与自然融洽，此即两方文化不同之所在。当金子马治持这种见解的时候，曾去请教他的先辈米久博士，米久博士对于他的见解也很同意。所以我们对于这些话不能否认。因为明明是不可掩的事实。只是他们说的太简单了！对于西方化实在有很大的忽略，不配作我们所要求的答案。我们且举最容易看见的那西方社会上特异的彩色，如所谓"自由"、"平等"——"德谟克拉西"的倾向——也是征服自然可以包括了的么？如果单去看他那物质上的灿烂，而蔑视社会生活的方面，又与同光间"坚甲利兵"的见解有何高下呢？况且我们要去表明西方化须要表出他那特别精神来，这"征服自然"一件事原是一切文化的通性，把野草乱长的荒地开垦了去种五谷；把树林砍了盖房屋，做桌椅；山没有路走便开山;河不能过去便造船;但有这一点文化已经就是征服自然。何况东方文化又何止此呢?然则东西两方面的征服自然不过是程度之差,这"征服自然"四字,哪里就能表出西方文化特别的精神呢?如此种种说来,显见得金子教授的说法不值得采用。我们还须别觅周全正确的答案。至于他议论中错误之点亦尚多。随后再去批评。

西方化问题的答案二

北聆吉氏"东西文化之融合"的说法也是说西方化"征服自然",似乎不必再费一番评论。但他实与金子有大不相同的地方不能不说:金子君说"日本诸港略施人工","香港全体几于绝出人工",显然说这征服自然是程度有等差罢了。北聆吉氏却能说明他们是两异的精神。他的原文录在书后,读者可以去参看。他那文共分五段,段段都表示两异对待的说法。如:

> 第一段"西洋文化——征服自然——不能融和其自我于自然之中以与自然共相游乐。"
> 第二段"凡东洋诸民族皆有一共同与西洋民族不同之点,即不欲制御自然征服自然,而欲与自然融合与自然游乐是也。"

第三段"东西文化之差别可云一为积极的、一为消极的。"

第四段"自然之制服,境遇之改造,为西洋人努力所向之方。与自然融和,对于所与之境遇之满足,为东洋人优游之境地。此二者皆为人间文化意志所向之标的。"

第五段"吾人一面努力于境遇之制服与改造,一面亦须……于自己精神之修养。"单向前者以为努力,则人类将成一劳动机关,仅以后者为能事,则亦不能自立于生存竞争之场中。

他这话里虽然也有错误之点,如把东洋民族统归到"与自然融合与游乐"而不留意最重要的印度民族并不如此。然却把两异的精神总算表白的很明了。金子君只说"以言东洋文明欲求其与势能对待之特质则亦曰顺自然爱和平而已"。这"顺自然"三字哪里表得出"对待之特质",况且与文化的本义不符,哪里有所谓顺自然的文化呢?北聆吉的眼光很留意到两方思想的不同,谈一谈哲学主义伦理观念,不专去看那物质方面,所以这征服自然说到他手里,果然是西方化的特异处了。只是仍旧有那很大的忽略,还是不周全正确。

西方化问题的答案三

我民国七年(1918)夏间在北京大学提倡研究东方化,就先存了西方化的观察而后才发的。因为不晓得自己的意思对不对，约我的朋友张崧年君一天晚上在茶楼谈谈。张君看西洋书看的很多，故此每事请教他。我当时叙说我的意见，就是我观察西方化有两样特长，所有西方化的特长都尽于此。我对这两样东西完全承认，所以我的提倡东方化与旧头脑的拒绝西方化不同。所谓两样东西是什么呢？一个便是科学的方法，一个便是人的个性申展，社会性发达。前一个是西方学术上特别的精神，后一个是西方社会上特别的精神。张君听着似乎不甚注意，但我自信很坚，并且反觉得是独有的见解了。过些日子李君守常借一本《东洋文明论》与我看。是日本人若宫卯之助译的美国人闹克斯（George William Knox）的书，原名"*The Spirit of the Orient*"。这书虽说是论东方文明的，却寻不着一句中肯的话。所谓东方的精神（spirit）全然没有。但最末一章题目是"东西文明之融合"，也是主张融合论的。他那里边有一大段却大谈论西洋的精神，一个是科学，一个是自由。他先说近世文明发达到今天这样，他们欧美人的进步，实在是因为这两样东西。后又说日本人的胜利——指战胜俄国说——也都是因为这两样东西。乃知道我的观察原也是早有人说过的。到民国九年看见《新青年》六卷一号陈独秀君的《本志罪案之答辩书》说他们杂志同人所有的罪案不过是拥护德赛两位先生——Democracy，Science——罢了。西洋能从黑暗到光明世界的，就是这两位先生，他们认定可以救治中国政治、道德、学术、思想，一切黑暗的也只有这两位先生。我常说中国讲维新讲西学几十年乃至于革命共和其实都是些不中不西的人,说许多不中不西的话,作许多不中不西的事。他们只有枝枝节节的西方化,零零碎碎的西方东西,并没把这些东西看通窍,领会到那一贯的精神。只有近年《新青年》一班人才算主张西方化主张到家。现在陈君这个话就是把他们看通了的窍指示把大家了。记得过几天的《时事新报》某君,对陈君这话有段批评,仿佛是说以德赛两先生括举西方潮流,所见很对,但是近年的势力还有一位斐先生——斐络索斐(Philosophy)云云。某君这个话不很对,因为这里所说的赛先生是指科学思想,亦可说是科学主义的哲学,正指哲学耳。然则我们如果问如何是西方化?就答作"西方化即是赛恩斯、德谟克拉西两精神的文化"对不对呢?这个答法很对,很好,比那"征服自然"说精彩得多,把征服自然说所忽略的都切实表明出来,毫无遗憾了。但只仍有两个很重要的不称心的地方:

> 第一个是我们前头证明西方化与东方化对看,"征服自然"实在是他一个特异处,而现在我们这答法没有能表示出来。虽然说到科学,但所表的是科学方法的精神现于学术思想上的,不是表他那征服自然的特[异]采见诸物质生活的。所以很是一个缺点。
> 第二个是我们现在答作"塞恩斯"、"德谟克拉西"两精神的文化,这两种精神有彼此相属的关系没有呢?把他算做一种精神成不成呢?我们想了许久讲不出那相属的关系,不

能算作一种精神。但我们说话时候非双举两种不可,很象没考究到家的样子。究竟这两种东西有他那共同一本的源泉可得没有呢?必要得着他那共同的源泉作一个更深澈更明醒的答案,方始满意。

如此说来我们还得再去寻求圆满的说法。

西方化问题的答案四

我们试看李守常君的说法如何呢?他的说法没有这双举两精神的毛病,却是括举一个精神的。他文内通以西洋文明为动的文明,与东洋静的文明对称,这动的文明就是他的答法了。所以,他原文开口头一句就说:

> "东西文明有根本不同之点,即东洋文明主静西洋文明主动是也。"

李君这话真可谓"一语破的"了。我们细想去东西文明果然是这个样子。"动的文明"四字当真有笼罩一切的手段。那么,就采用这个答案好么?虽然好,但只看上去未免太浑括了。所以李君于根本异点之外又列举了许多异点去补明:

> 一为自然的,一为人为的;一为安息的,一为战争的;一为消极的,一为积极的;一为依赖的,一为独立的;一为苟安的,一为突进的,一为因袭的,一为创造的;一为保守的,一为进步的;一为直觉的,一为理智的;一为空想的,一为体验的;一为艺术的,一为科学的;一为精神的,一为物质的;一为灵的,一为肉的,一为向天的,一为立地的;一为自然支配人间的,一为人间征服自然的。

李君又于此外枚举许多饮食、嗜好之不同,起居什物之不同,又去观于思想,观于宗教,观于伦理,观于政治,一样一样都数到。我们统观他的说法,是一种平列的开示,不是一种因果相属的讲明。有显豁的指点,没有深刻的探讨。这个可以证出"动的文明"的说法,不克当我们所求西方种种精神的共同源泉之任。李君列举那些异点前七样可以说是出于"动"的精神,若如直觉与理智,空想与体验,艺术与科学,精神与物质,灵与肉,向天与立地,似很难以"动"、"静"两个字作分判,彼此间象没甚联属关系。我们所求贯串统率的共同源泉,一个更深澈更明醒的说法,李君还没能给我们。

我求答案的方法

这时候不必再批评别人了。不批评看不出长短,多批评也浪费笔墨。我以为我们去求一家文化的根本或源泉有个方法。你且看文化是什么东西呢？不过是那一民族生活的样法罢了。生活又是什么呢？生活就是没尽的意欲（will）——此所谓"意欲"与叔本华所谓"意欲"略相近，——和那不断的满足与不满足罢了。通是个民族通是个生活，何以他那表现出来的生活样法成了两异的采色？不过是他那为生活样法最初本因的意欲分出两异的方向，所以发挥出来的便两样罢了。然则你要去求一家文化的根本或源泉，你只要去看文化的根原的意欲，这家的方向如何与他家的不同。你要去寻这方向怎样不同，你只要他已知的特异采色推他那原出发点，不难一目了然。

我对于西方化问题的答案

以上的话自须加上说明，并辩白我这观察文化的方法为何与人不同，然后再适用到实际上去答我们的问题，才得明白。但现在为行文的方便，且留到次章解说东方化的时候一堆比较着去说。此处只单举一个对于西方化的答案专讲讲西方化。

如何是西方化？西方化是以意欲向前要求为其根本精神的。

或说：西方化是由意欲向前要求的精神产生"塞恩斯"与"德谟克拉西"两大异采的文化。

一家民族的文化原是有趋往的活东西，不是摆在那里的死东西。所以，我的说法是要表出他那种活形势来，而李君那个"动的"、"静的"字样却是把没来由没趋向一副呆板的面目加到那种文化上去。——静固是呆面目，而动也是，譬如时辰表便是呆面目的动。一家民族的文化不是孤立绝缘的，是处于一个总关系中的。譬如一幅画里面的一山一石，是在全画上占一个位置的，不是四无关系的。从已往到未来，人类全体的文化是一个整东西，现在一家民族的文化，便是这全文化中占一个位置的。所以我的说法在一句很简单的答案中已经把一家文化在文化中的地位、关系、前途、希望统通表定了。而李君那一动一静的说法，只表出东西两家是各别的东西，却没有替他们于总关系中求个位置所在，这些话请看完我的全书自明。

现在且去讲明我的答案。我们可以用四步的讲法。先从西方各种文物抽出他那共同的特异采色，是为一步；复从这些特异的采色寻出他那一本的源泉。这便是二步；然后以这一本的精神揽总去看西方化的来历是不是如此，是为三步；复分别按之各种事物是不是如此，这便是四步。前二步是一往，后两步是一反。

答案讲明的第一步

我们为什么要举出那"精神"、"异采"来作答呢？因为我们所要知道某家文化是如何的，就是要知道他那异于别家的地方。

必要知道他那异处，方是知道某家文化。倘若认不出他那特异处，那何所谓某家文化呢？某家的异点，他自己或不觉，对面人却很容易觉得。所以我们东方人看西方东西，那异点便刺目而来，原是容易知道的。譬如最初惹人注目的枪炮、铁甲舰、望远镜、显微镜、轮船、火车、电报、电话、电灯，同后来的无线电、飞行机以及洋货输入后的日常起居服御的东西，与我们本土的走内河还要翻的民船，一天走上数十里的骡车，以及油灯、蜡烛等等一切旧日东西比较真是异样的很！使我们眼光撩乱不知所云。然沉下心去一看虽然形形色色种种不同，却有个同的所在。

西方化的科学色彩

就是样样东西都带着征服自然的威风，为我们所不及。举凡一切物质方面的事物，无不如此。然则这征服自然便是他们的共同异采了。再去看他这些东西是怎样制作的，与我们向来制作东西的法子比比看。我们虽然也会打铁，炼钢，做火药，做木活，做石活，建筑房屋、桥梁，以及种种的制作工程，但是我们的制作工程都专靠那工匠心心传授的"手艺"。西方却一切要根据科学——用一种方法把许多零碎的经验，不全的知识，经营成学问，往前探讨，与"手艺"全然分开，而应付一切，解决一切的都凭科学，不在"手艺"。工业如此，农业也如此，不但讲究种地有许多分门别类的学问，不是单靠老农老圃的心传；甚至养鸡牧羊，我们看着极容易作的小事，也要入科学的范围，绝不仅凭个人的智慧去做。总而言之，两方比较，处处是科学与手艺对待。即如讲到医药，中国说是有医学，其实还是手艺。西医处方，一定的病有一定的药，无大出入；而中医的高手，他那运才施巧的地方都在开单用药上了。十个医生有十样不同的药方，并且可以十分悬殊。因为所治的病同能治的药，都是没有客观的凭准的。究竟病是什么？"病灶"在哪里？并不定要考定，只凭主观的病情观测罢了！（在中国医学书里始终没有讲到"病"这样东西。）某药是如何成分？起如何作用？并不追问。只拿温凉等字样去品定，究竟为温为凉，意见也参差的很。他那看病用药，哪能不十人十样呢？这种一定要求一个客观共认的确实知识的，便是科学的精神；这种全然蔑视客观准程规矩，而专要崇尚天才的，便是艺术的精神。大约在西方便是艺术也是科学化；而在东方便是科学也是艺术化。大家试去体验，自不难见，盖彼此各走一条路，极其所至必致如此。

科学求公例原则，要大家共认证实的；所以前人所有的今人都有得，其所贵便在新发明，而一步一步脚踏实地，逐步前进，当然今胜于古。艺术在乎天才秘巧，是个人独得的，前人的造诣，后人每觉赶不上，其所贵便在祖传秘诀，而自然要叹今不如古。既由师弟心传，结果必分立门户，学术上总不得建个共认的准则。第一步既没踏实，第二步何从前进，况且即这点师弟心传的东西有时还要失传，今不如古，也是必至的实情了。明白这科学艺术

第二章 如何是东方化？如何是西方化？（上）

的分途，西方人之所以喜新，而事实日新月异；东方人之所以好古，而事事几千年不见进步，自无足怪。我们前章中说西方的文物须要看他最新的而说为今化，东方的文物要求之往古而说为古化，也就是因为西方的文明是成就于科学之上；而东方则为艺术式的成就也。

西方人走上了科学的道，便事事都成了科学的。起首只是自然界的东西，其后种种的人事，上自国家大政，下至社会上琐碎问题，都有许多许多专门的学问，为先事的研究。因为他总要去求客观公认的知识，因果必至的道理，多分可靠的规矩，而绝不听凭个人的聪明小慧到临时去瞎碰。所以拿着一副科学方法，一样一样地都去组织成了学问。那一门一门学问的名目，中国人从来都不会听见说过。而在中国是无论大事小事，没有专讲他的科学，凡是读过四书五经的人，便什么理财司法都可做得，但凭你个人的心思手腕去对付就是了。虽然书史上边有许多关于某项事情——例如经济——的思想道理，但都是不成片段，没有组织的。而且这些思想道理多是为着应用而发，不谈应用的纯粹知识，简直没有。这句句都带应用意味的道理，只是术，算不得是学。凡是中国的学问大半是术非学，或说学术不分，离开园艺没有植物学，离开治病的方书没有病理学，更没有什么生理学解剖学。与西方把学独立于术之外而有学有术的，全然两个样子。虽直接说中国全然没有学问这样东西亦无不可，因为唯有有方法的乃可为学，虽然不限定必是科学方法而后可为学问的方法，但是说到方法，就是科学之流风而非艺术的味趣。西方既秉科学的精神，当然产生无数无边的学问。中国既秉艺术的精神当然产不出一门一样的学问来。而这个结果，学固然是不会有，术也同着不得发达。因为术都是从学产生出来的。生理学、病理学固非直接去治病的方书，而内科书外科书里治病的法子都根据于他而来。单讲治病的法子不讲根本的学问，何从讲出法子来呢？就是临床经验积累些个诀窍道理，无学为本，也是完全不中用的。中国一切的学术都是这样单讲法子的，其结果恰可借用古语是"不学无术"。既无学术可以准据，所以遇到问题只好取决自己那一时现于心上的见解罢了。从寻常小事到很大的事，都是如此。中国政治的尚人治，西方政治的尚法治，虽尚有别的来路，也就可以说是从这里流演出来的。申言之还是艺术化与科学化。

我们试再就知识本身去看，西方人的知识是与我们何等的不同。同一个病，在中医说是中风，西医说是脑出血。中医说是伤寒，西医说是肠窒扶斯。为什么这样相左？因为他们两家的话来历不同，或说他们同去观察一桩事而所操的方法不同。西医是解剖开脑袋肠子得到病灶所在而后说的，他的方法他的来历，就在检察实验。中医中风伤寒的话，窥其意，大约就是为风所中，为寒所伤之谓。但他操何方法由何来历而知其是为风所中、为寒所伤呢？因从外表望着象是如此。这种方法加以恶谥就是"猜想"，美其名亦可叫"直观"。这种要去检查实验的，便是科学的方法。这种只是猜想直观的，且就叫他作玄学的方法。（从古来讲玄学

第二章 如何是东方化？如何是西方化？（上）

的总多是这样，玄学是不是应当用这种方法，另一问题。）这其间很多不同，而头一桩可注意的：玄学总是不变更现状的看法，囫囵着看，整个着看，就拿那个东西当那个东西看；科学总是变更现状的看法，试换个样子来看，解析了看，不拿那个东西当那个东西看，却拿别的东西来作他看。譬如那个病人，中国只就着那个现状看。西方以为就着那个样看，看不出什么来的，要变更现状打开来看看，这就是怎样？这就是不拿他当整个人，不可分的人看，却看他是由别的东西——血肉筋骨所成的种种器官——合起来的。所以中医不要去求病灶，因他是认这整个的人病了。西医定要去求病灶，因他是认合成这人的某器官某部分病了。这两家不同的态度是无论什么时候总是秉持一贯的。且看中国药品总是自然界的原物，人参、白术、当归、红花……那一样药的性质怎样？作用怎样？都很难辨认，很难剖说，像是奥秘不测为用无尽的样子。因为他看他是整个的囫囵的一个东西，那性质效用都在那整个的药上。不认他是什么化学成份成功的东西，而去分析有效成份来用。所以性质就难分明，作用就不简单了。西药便多是把天然物分析检定来用，与此恰相反。因为这态度不同的原故，中国人虽然于医药上很用过一番心，讲医药的书比讲别的书——如农工政法——都多。而其间可认为确实知识的依旧很少很少。用心用差了路，即是方法不对。由玄学的方法去求知识而说出来的话，与由科学的方法去求知识而说出来的话，全然不能做同等看待。科学的方法所得的是知识，玄学的方法天然的不能得到知识，顶多算他是主观的意见而已。

我们再去看中国人无论讲什么总喜欢拿阴阳消长五行生克去说。医家对于病理药性的说明，尤其是这样。这种说法又是玄学的味道。他拿金、木、水、火、土来与五脏相配属，心属火，肝属木，脾属土，肺属金，肾属水。据《灵枢》、《素问》还有东西南北中五方，青黄赤白黑五色，酸甘苦辣咸五味，宫商角徵羽五音，以及什么五声、五谷、五数、五畜等等相配合。虽看着是谈资文料，实际似乎用不着，而不料也竟自拿来用。譬如这个人面色白润就说他肺经没病，因为肺属金，金应当是白色，现在肺现他的本色就无病。又姜若炮黑了用，就说可以入肾，因为肾属水其色黑。诸如此类，很多很多。这种奇绝的推理，异样的逻辑，西方绝对不能容，中国偏行之千多年！西方人讲学说理全都要步步踏实，于论理一毫不敢苟。中国人讲学说理必要讲到神乎其神，诡秘不可以理论，才算能事。若与西方比看，固是论理的缺乏而实在不只是论理的缺乏，竟是"非论理的精神"太发达了。非论理的精神是玄学的精神，而论理者便是科学所由成就。从论理来的是确实的知识，科学的知识；从非论理来的全不是知识，且尊称他是玄学的玄谈。但是他们的根本差异，且莫单看在东拉西扯联想比附与论理乖违。要晓得他所说话里的名辞(term)、思想中的观念、概念，本来同西方是全然两个样子的。西医说血就是循环的血罢了，说气就是呼吸的气罢了，说痰就是气管分枝里分泌的痰罢了。老老实实的指那一件东西，不疑不惑。而中医说的血不是血，说的气不是气,说的痰不是痰。乃至他所说的心肝脾肺,你若当他是循环器的心,呼吸器的肺……那就大错了,他都别有所指。所指的非复具体的东西,乃是某种意义的现象,而且不能给界说的。譬如他说这病在痰,其实非真就是痰,而别具一种意义;又如他说肝经有病,也非真是肝病了,乃别指一种现象为肝病耳。你想他把固定的具体的观念,变化到如此的流动抽象,能够说他只是头脑错乱而不是出乎一种特别精神么?因为他是以阴阳消长五行生克为他根本的道理,而"阴"、"阳"、"金"、"木"、"水"、"火"、"土"都是玄学的流动抽象的表号,所以把一切别的观念也都跟着变化了。为什么玄学必要用如此的观念?因为玄学所讲的,与科学所讲的全非一事。科学所讲的是多而且固定的现象(科学自以为是讲现象变化,其实不然,科学只讲固定不讲变化),玄学所讲的是一而变化、变化而一的本体。我们人素来所用的都是由前一项来的观念,或说观念的本性就是为表前一项用的。照他那样,一就不可以变化,变化就不可以一,所以非破除这种成规,不能挪到玄学上来用。破除观念的成规,与观念的制作不精纯,极相似而不同。大家却把中国学术,单看成制作不精纯一面了。当知中国人所用的有所指而无定实的观念,是玄学的态度,西方人所用的观念要明白而确定,是科学的方法。中国人既然无论讲什么,都喜欢拿阴阳等等来讲,其结果一切成了玄学化,有玄学而无科学(其玄学如何,另论。)。西方自然科学大兴以来,一切都成了科学化,其结果有科学而无玄学,除最近柏格森一流才来大大排斥科学的观念。中西两方在知识上面的不同，大约如此。

我们试再就两方思想上去看看。思想是什么？思想是知识的进一步。就着已知对于所未及知的宇宙或人生大小问题而抱的意见同态度。思想没有不具态度的，并且直以态度为中心。但我们现在所要去看的只在意见上，不在态度上。态度是情感，是意志，现在则要观察理性一面。思想既然跟着知识来，而照前边所说中国人于知识上面特别的无成就，西方人则特别的有成就。他们两方的"已知"很是相差，那所抱的思想自大大两样不待言了。中国人看见打雷就想有"雷公"，刮风就想有"风姨"，山有山神，河有河神，宇宙间一件一件的事物，天、地、日、月……都想有主宰的神祇。婚姻、子嗣、寿夭一切的祸福都想有前定的。冥冥中有主持的。生是投胎来的，死后有鬼，还要投生去。扰乱世界的人是恶魔降生。世乱是应当遭劫。在西方人他晓得风是怎样会起的，雷是怎样会响的，乃至种种，他便不抱这般思想而想是没有神了。长寿是卫生得宜，死是病没治好。无子定是身体有毛病。生非投胎，死亦无鬼。世乱是政治不得法，恶人不过是时会造成。前者因为知识既缺乏不明白这些现象的所以然，不免为初民思想之遗留，又加以他的风养，总爱于尚未检验得实的予以十分之肯定，于是就进一步而为有神有鬼等等思想了。后者因为知识既有成就，看出因果必至的事理，对于初民思想鄙薄的很，又加以他的习惯，不能与人以共见共闻的通不相信，于是就进一步而为无神无鬼等等思想了。什么叫知识缺乏？就是无科学。不检

第二章 如何是东方化？如何是西方化？（上）

验得实而就肯定的，是何凤养？就是"非科学"的凤养。然则中国的思想如是，其原因都在无科学与"非科学"了。什么叫知识有成就？就是有科学。不与人以共见就不相信，是何习惯？就是"科学"的习惯。然则西方思想如是，其原因都在有科学与"科学"了。（此处所说于两方思想尚未加是定，读者幸勿误会。）

所谓宗教，可以说就是思想之具一种特别态度的。什么态度？超越现实世界的信仰。思想而不含一种信仰态度的不能算，信仰而不是超越现实世界的也不能算。宗教既是如此的，则其势在西方人必致为宗教的反抗——不仅反对某一宗教而反对宗教本身——因为从科学的看法，要反对现实世界的超越，于是一面就有宗教终且废灭的推想，一面就有"非宗教"的宗教之创作，例如赫克尔（Haeckel）一元教之类。孔德（Comte）实兼有这两面的意思。可巧他们素来的基督教，又是一个很呆笨的宗教，奉那人格的上帝，如何站的住？只为人不单是理性，所以事实上不见就倒下来，而从西方人的理性方面去看，上帝却已不容于西方了。在虔诚信奉上帝一神几千年的西方人是如此，而在中国人从来并未奉上帝的。但他何曾有一点不是信奉上帝的意思呢？你问他为什么长一个鼻子两个眼睛两个耳朵？他说这是天所给人的。五谷丰熟得有饱饭吃，他感谢这是天赐的。有了大灾变，他说这是"天意"。上帝的思想反在中国了。可见有科学无科学的分别有这么大！

所谓哲学可以说就是思想之首尾衔贯自成一家言的。杜威先生在北京大学哲学研究会演说说：西方哲学家总要想把哲学做到科学的哲学。怎样才是"科学的哲学"自不易说，若宽泛着讲，现在西方无论哪一家哲学简直都是的。纯乎科学性格的罗素（Russell）固然是，即反科学派的柏格森也的的确确从科学来，不能说他不是因科学而成的哲学。我们对于哲学在后面别为一章，此处且不说了。

思想之关于社会生活的（从家人父子到国家世界）即是伦理思想，在西方也受科学影响很大。因其还现露一种别的重要异采，故我们于次段去说。

从上以来因为讲"如何是西方化？"的原故，比对着也把东方化或中国化略讲了些。但是我们现在说到此处，仍于西方化作一小结束道：

西方的学术思想，处处看去，都表现一种特别的色采，与我们截然两样，就是所谓"科学的精神"。

我曾翻到杜威先生的教育哲学讲演，谈到科学进步的影响之大。他就说："……所以我们可以说东方文化西方文化的区别即在于此。"虽然我还不以为"即在于此"，然而亦可见"科学"为区别东西化的重要条件是不错的了。以下再去看西方化之别一种特别色彩。

西方化的德谟克拉西精神

这西方学术思想上的特别，固已特别的很了。还有在吾人生活上一种更古怪的样法,叫中国人看了定要惊诧,舌拆不下的,只是最近十多年来已经同他相习,不十分惊怪了。我们试把我们假做个十多年前的"醇正中国人"来看,这大的国家竟可没有皇帝,竟可不要皇帝,这是何等怪事!假使非现在眼前,他简直不相信天地间会有这样事的。就是现在行之好几年了,而真正相信这件事是可能的,还未必有几个。他总想天下定要有个作主的人才成,否则岂有不闹哄的?闹哄起来谁能管呢?怎的竟自可不闹哄,这是他不能想象的,闹哄怎的可不必要有个人管,这也是他未从想象的。因此他对于这个闹哄无已的中国,总想非仍旧抬出个皇帝来,天下不会太平。中国人始终记念着要复辟,要帝制,复辟帝制并非少数党人的意思,是大家心理所同。他实在于他向来所走的路之外,想不出个别的路来。他向来所走的路是什么路?是一个人拿主意,并要拿无制限的主意,大家伙都听他的话,并要绝对的听话,如此的往前走,原也可以安然无事的走去,原也是一条路。所谓别的是什么路?是大家伙同拿主意,只拿有制限的主意;大家伙同要听话,只听这有制限的话。如此的往前走,可以从从容容的走去,也是一条路。凡是大家伙一同往前过活,总不外这两路,而这两条路的意向恰相背反。前者便是所谓独裁,所谓专制,而为我们向所走的路;后者便是所谓共和,所谓立宪,而为西方人所走的路,而我们方要学步,一时尚未得走上去的。就为这两方恰相背反的原故,所以看了要惊怪,并且直不得其解,以夙习于此的人,走如彼精神的路,全不合辙,八九年也不曾走得上去。

　　中国人看见西方的办法没有一个作主的人，是很惊怪了，还有看见个个人一般大小，全没个尊卑上下之分，也是顶可惊怪的。这固由于他相信天地间自然的秩序是分尊卑上下大小的，人事也当按照着这秩序来，但其实一个人间适用的道理的真根据还在他那切合应用上，不在看着可信。或者说：凡相信是一条道理的，必是用着合用。其所以相信尊卑上下是真理而以无尊卑上下为怪的，实为疑惑如果没个尊卑上下，这些人怎得安生？这种疑怪的意思与前头是一贯的。不过前头是疑没一个管人的人，即在上的人不成，后者是疑一切的人不安守等差不成，即是不安于卑下而受管不成。如果谁也不卑而平等一般起来，那便谁也不能管谁，谁也不管于谁，天下未有不乱的。如此而竟不乱，非他所能想象。几千年来维持中国社会安宁的就是尊卑大小四字。没有尊卑大小的社会，是他从来所没看见过的。原来照前所说，中国的办法，拿主意的与听话的，全然分开两事，而西方则拿主意的即是听话的，听话的即是拿主意的。因此，中国"治人者"与"治于人者"划然为两阶级，就生出所谓尊卑来了，也必要严尊卑而后那条路才走得下去；西方一个个人通是"治人者"，也通是"治于人者"，自无所谓尊卑上下而平等一般了。于是这严尊卑与尚平等遂为中西间之两异的精神。

　　尊卑是个名分而以权利不平等为其内容，而所谓平等的也不外权利的平等。所以所争实在权利。权利的有无，若自大家彼此间比对着看,便有平等不平等的问题,若自一个个人本身看,便有自由不自由的问题。照中国所走那条路,其结果是大家不平等,同时在个人也不得自由。因为照那样,虽然原意只是把大家伙一同往前过活的事,由一个人去作主拿主意,但其势必致一个个人的私生活,也由他作主而不由个个人自主了。非只公众的事交给他,我们无过问的权,就是个人的言论行动,也无自由处理的权了,这就叫不自由。虽然事实上尽可自由的很,那是他没管,并非我有权。本来那条路拿主意的若非拿无制限的主意,听话的若非绝对的听话,就要走不下去的,我们前边说的时候已经缀及。所以大家要注意看的:

第一层便是有权、无权打成两截;

第二层便是有权的无限有权,无权的无限无权。

这无限两个字很要紧,中国人是全然不理会这"限"的。"权利"、"自由"这种观念不但是他心目中从来所没有的,并且是至今看了不得其解的。他所谓权的通是威权的权。对于人能怎样怎样的权,正是同"权利"相刺谬的权。西方所谓"权利"、所谓"自由"原是要严"限"的,他却当作出限与不限了。于是他对于西方人的要求自由,总怀两种态度:一种是淡漠的很,不懂要这个作什么,一种是吃惊的很,以为这岂不乱天下!本来他经过的生活不觉有这需要,而这个也实足以破坏他走的路。在西方人那条路便不然了。他那条路本来因要求权利,护持自由,而后才辟出来的,而即走那条路也必可以尊重个人自由。因为这个时候大权本在大家伙自身，即是个个人，个个人不愿人干犯自家，还有什么问题？所以这可注意的也要分两层：

第一层便是公众的事大家都有参与做主的权；

第二层便是个人的事大家都无过问的权。

我们前边说的时候，拿主意要缀以只拿有制限的主意，听话要缀以只听这有制限的话，就是为此了。西方人来看中国人这般的不想要权利这般的不拿自由当回事，也大诧怪的，也是不得其解，这也为他的生活离了这个就不成的，故此看得异常亲切要紧。于是这放弃人权与爱重自由又为中西间两异的一端了。

原来中国人所以如此，西方人所以如彼的，都有他的根本，就是他们心里所有的观念。中国人不当他是一个立身天地的人。他当他是皇帝的臣民。他自己一身尚非己有，哪里还有什么自由可说呢？皇帝有生杀予夺之权，要他死他不敢不死，要他所有的东西，他不敢不拿出来，民间的女儿，皇帝随意选择成千的关在宫里。他们本不是一个"人"，原是皇帝所有的东西，他们是没有"自己"的。必要有了"人"的观念，必要有了"自己"的观念，才有所谓"自由"的。而西方人便是有了这个观念的，所以他要求自由，得到自由。大家彼此通是一个个的人，谁也不是谁所属有的东西；大家的事便大家一同来作主办，个人的事便自己来作主办，别人不得妨害。所谓"共和"、"平等"、"自由"不过如此而已，别无深解。他们本也同中国人一样屈伏在君主底下的，后来才觉醒，逐渐抬起头来，把君主不要了，或者虽还有，也同没有差不多,成功现在这个样子,而中国也来跟着学了。这种倾向我们叫他:"人的个性伸展。"因为以前的人通没有"自己",不成"个",现在的人方觉知有自己,渐成一个个的起来。然则两方所以一则如此一则如彼的,其根本是在人的个性伸展没伸展。

人的个性伸展没伸展,前边所说,不过是在社会生活最重要的一面——国家——表现出来的。其实从这一个根本点,种种方面都要表现出来。例如中国人除一面为皇帝的臣民之外,在亲子之间便是他父母的儿女,他父母所属有的东西。他父亲如果打死他,卖掉他都可以的。他的妻子是他父母配给他的,也差不多是他父母所属有的东西,夫妇之间作妻子的又是他丈夫所属有的东西,打他、饿他、卖掉他,很不算事。他自己没有自己的生活,只伺候他丈夫而已。乃至师徒之间学徒也差不多要为他师傅所属有的东西,他师傅都具有很大的权。这都是举其最著的地方,在这地方差不多对他都是无限有权,或无限无权。至其余的地方,也处处是要一方陵过,一方屈伏,只不致像这般无止境罢了。在西方全然不是这个样子。成年的儿子有他自己的志愿,作他自己的生活,不以孝养老子为事业。在法律上权利都是平等的,并不以老子儿子而异。父母不能加儿女以刑罚,至于婆婆打儿媳妇,更是他闻所未闻的了。儿女的婚姻由他们自己作主,因为是他们自己的事。夫妇之间各有各的财产,丈夫用了妻子的钱,要还的。妻子出门作什么事,丈夫并不能过问。一言不合,就要离婚,哪里可以打得?诸如此类,不须多数。总而言之,处处彼此相遇,总是同等。纵不同等两个人的自由必不能冒犯的。中国自从接触西化,向在屈伏地位的也一个个伸展起来,老辈人看了惊诧,心里头非常的不得宁帖。这就为这是西方化极特别的地方,或者比科学精神还惹人注意,因为切在我们生活上。

但是我们还要留意:西方的社会不可单看人的个性伸展一面,还有人的社会性发达一面。虽然个性伸展最足刺目而社会性发达的重要也不减。且可以说个性伸展与社会性发达并非两桩事,而要算一桩事的两面。一桩事是说什么?是说人类之社会生活的变动,这种变动从组织的分子上看便为个性伸展,从分子的组织上看便为社会性发达。变动的大关键要算在国家政治这层上,——就是指从前的政治是帝制独裁现在变为立宪共和,由此而人的个性伸展社会性发达起来,至今还在进行未已。我们试来看,从前人都屈伏在一个威权底下,听他指挥的,现在却起来自己出头作主,自然是个性伸展了,但所谓改建"共和"的,岂就是不听指挥,亦岂就是自己出头作主?还要大家来组织国家,共谋往前过活才行。这种组织的能力,共谋的方法,实是从前所没有的,现在有了,我们就谓之人的社会性的发达。粗着说,似可把破坏时期说作个性伸展,把建设时期说作社会性发达,其实是不然的。我们生活不能停顿的,新路能走上去就走新路,新路走不上去必然仍走旧路。不能说不走的。个性伸展的时候,如果非同时社会性发达,新路就走不上去;新路走不上去,即刻又循旧路走,所谓个性伸展的又不见了。个性、社会性要同时发展才成,如说个性伸展然后社会性发达,实在没有这样的事。所以谓个性伸展即指社会组织的不失个性,而所谓社会性发达亦即指个性不失的社会组织。怎么讲呢?要知所谓组织不是并合为一,是要虽合而不失掉自己的个性,也非是许多个合拢来,是要虽个性不失而协调若一。从前大家像是并合为一,在大范围里便失掉自己,又像是许多个合拢来,没有意思的协调,只是凑到了一处,实在是没有组织的。必到现在才算是大家来组织国家了。凡要往前走必须一个意向,从前的国家不容人人有他的意思而只就一个意思为意向走下去,那很简易的。现在人人要拿出他的意思来,所向不一,便走不得而要散伙的,所以非大家能来组织不可,由这组织而后各人的意思尽有而协调若一,可以走得下去。故尔,社会性的发达正要从个性不失的社会组织来看的。这时候实在是新滋长了一种能力,新换过了一副性格,不容忽略过去。但是此外还有极昭著的事实可为左证,因为从这么一变,社会上全然改观,就以中国而论:自从西方化进门,所有这些什么会,什么社,什么俱乐部、什么公司,什么团,什么党,东一个,西一个,或常设,或临时,大大小小,随处皆是,可是从前有的么?这一桩一桩都所谓"要大家来组织"的,不是社会性质发达的表现么?现在差不多不论什么目的,但是大家所共的总是集合起来协调着往前作。在今日一个个人彼此相需极切,全然不是从前各自在家里非亲非故不相往来的样子。中国人或者还不甚觉得,正为中国人不过才将开社会性发达的端,还没作到能力的长成性格的换过,所以这种生活总是作不来,一个会成立不几天就散伙,否则就是有名无实,或者内容腐败全不具备这种生活的精神,以致不但不觉相需,有时还深以有团体为痛苦了。这些事都可使我们把"社会性发达"这桩事看得更真切。

但还有一种重要的现象:就是这时候的人固然好集合,而家族反倒有解散的倾向。聚族而居的事要没有了。就是父子昆弟都不同住,所谓家的只是夫妇同他们的未成年的子女。这种现象自有种种因由,但今就目前所要说的去说。原来好多人聚在一起,但凡多少有点共同生活的关系,这其间关系的维持就不容易,若真是不析产更难了,于是有族长家长的制度,把家族很作成一个范围,而个人就埋没消失在里边。那大家作主大家听话的法治,在家人父子之间是行不去的,所以个性伸展起来,只有拆散一途,没法维持。从前实是拿家里行的制度推到国,国就成了大的家,君主就是大家长,可以行得去的;现在回过来拿组织国家的法子推到家,却不行了。虽是拆散而却要算社会性发达的表现。因为非组织的集合都将绝迹,以后凡有集合,总是自己意思组织的了。而且这时候以一个个人直接作组成国家、社会的单位,与从前"积家而成国"的不同,小范围(家)的打破,适以为大组织的密合,所以说为社会性发达应有的现象。现在的人似又倾向到更大之组织,因为国还是个小范围恐怕不免破除呢?虽然这种大组织要算是把近世人的生活样法又掉换过,不是顺着个性伸展走出来的,而象是翻转的样子,其实照我的解释,我还是认为个性伸展社会性发达,所以前边说为还在进行未已。此容后再谈。

因此西方人的伦理思想道德观念就与我们很不同了。最昭著的有两点：一则西方人极重对于社会的道德，就是公德，而中国人差不多不讲，所讲的都是这人对那人的道德，就是私德。譬如西方人所说对于家庭怎样，对社会怎样，对国家怎样，对世界怎样，都为他的生活不单是这人对那人的关系而重在个人对社会大家的关系。中国人讲五伦，君臣怎样，父子怎样，夫妇怎样，兄弟怎样，朋友怎样，都是他的生活单是这人对那人的关系，没有什么个人对社会大家的关系。（例如臣是对君有关系的，臣对国家实在没有直接关系。）这虽看不出冲突来却很重要，中国人只为没有那种的道德所以不会组织国家。一则中国人以服从事奉一个人为道德，臣对君，子对父，妇对夫，都是如此，所谓教忠教孝是也。而西方人简直不讲，并有相反的样子，君竟可不要。大约只有对多数人的服从没有对某个人的服从，去事奉人则更无其事。这便两方大相冲突起来，也还都为他们生活的路径不同的原故。

总而言之，据我看西方社会与我们不同所在，这"个性伸展社会性发达"八字足以尽之，不能复外，这样新异的色彩，给他个简单的名称便是"德谟克拉西"（democracy）。我心目中的德谟克拉西就是这般意思，不晓得的有什么出入没有。倘然不差，那么我们就说：

西方人的社会生活处处看去都表现一种特别色采，与我们截然两样的就是所谓"德谟克拉西的精神"。

所有的西方化通是这"德谟克拉西"与前头所说"科学"两精

神的结晶。分着说,自然是一则表见于社会生活上,一则表见于学术思想上,但其实学术思想、社会生活何能各别存立呢?所以这两种精神也就不相离的了。西方随便一桩事体常都寓有这两种精神。他的政治是德谟克拉西的政治,也是科学的政治。他的法律是德谟克拉西的法律,也是科学的法律。他的教育是德谟克拉西的教育,……诸如此类。又譬如宗教这样东西(指通常的说)固为科学精神所不容,也为德谟克拉西精神所不容。西方人的反宗教思想是出于科学的精神,还是德谟克拉西的精神是不能剖别的了。关于这两精神的话,细说起来没有完,我们就暂止于此。

这两样东西是西方化的特别所在,亦即西方化的长处所在,是人人看到的,并非我特有的见地。自这两年来新思想家所反复而道,不厌求详的总不过是这个,也并非我今天才说的。所可惜的,大家虽然比以前为能寻出条贯,认明面目,而只是在这点东西上说了又说,讲了又讲,却总不进一步去发问:

他——西方化——怎么会成功这个样子?这样东西——塞恩斯与德谟克拉西——是怎么被他得到的?

我们何可以竟不是这个样子?这样东西为什么中国不能产出来?

结果西方化的面目如此

而只是想把这两样东西引进来便了,以致弄得全不得法,贻误很大。(如第五章所说)要知道这只是西方化逐渐开发出来的面目还非他所从来的路向。我们要去学他,虽然不一定照他原路走一遍。但却定要持他那路向走才行,否则单学他的面目绝学不来的。并且要知道西方化之所以为西方化在彼不在此。不能以如此的面目为西方化,要以如彼的路向为西方化的。况也必要探索到底,把西方化兜根翻出,豁露眼前,明察不惑,然后方好商量怎样取舍。这时候不但学不来,也不能这般模模糊糊就去学的。我们将于次章中试去探索探索看。

第三章 如何是东方化？
　　　　如何是西方化？（下）

答案讲明的第二步

我们预定讲明西方化的四步，此刻已算把第一步就许多西方文物求其特异采色的事做到了。现在要进而作第二步更求诸特异采色之一本源泉。

若问"科学"与"德谟克拉西"是怎么被西方人得到的？或西方化怎么会成功这个样子？据我所闻大家总是持客观说法的多。例如巴克尔（Buckle）说的："欧洲地理的形势是适宜于人的控制天然。这是欧洲文明发展的主因。"又金子马治说的："尝试考之，自然科学独成于欧洲人之手者何故？何以不兴于东方？……据予所见希腊人虽为天才之民族，其发明自然科学应尚别有一原因。盖希腊国小山多，土地硗瘠，食物不丰，……以勤劳为生活，欧式文明之源实肇于此。"他又去请问米久博士，米久也说中国地大物博，无发明自然科学之必要，所以卒不能产生自然科学。

又如持马克思唯物史观的以为一切文物制度思想道德都随着经济状态而变迁。近来的陈启修胡汉民几位大唱其说。因此吾友李守常很恳切的忠告我讨论东西文化应当留意他客观的原因,诸如茅原山人的《人间生活史》等书可以去看看,因那书多是客观的说法。他自己的《东西文明之根本异点》便是如此的,后来又作了一篇《由经济上解释中国近代思想变动的原因》。胡适之君也有同样的告诫于我。他们的好意我极心领,只是我已经有成竹在胸。

客观说法的未是

这客观的说法,我们并不是全不承认的,我们固然是释迦慈氏之徒,不认客观,却不像诸君所想象的那种不认客观。只是像巴克尔,金子那种人文地理的说法未免太简易了。陈启修先生所述的那种唯物史观,似亦未妥。他们都当人类只是被动的,人类的文化只被动于环境的反射,全不认创造的活动,意志的趋往。其实文化这样东西点点俱是天才的创作,偶然的奇想,只有前前后后的"缘",并没有"因"的。这个话在夙习于科学的人,自然不敢说。他们守着科学讲求因果的夙习,总要求因的,而其所谓因的就是客观的因,如云只有主观的因更无他因,便不合他的意思,所以其结果必定持客观的说法了。但照他们所谓的因,原是没有，岂能硬去派定，恐怕真正的科学还要慎重些，实不如此呢！我们的意思只认主观的因，其余都是缘，就是诸君所指为因的。却是因无可讲，所可讲的只在缘，所以我们求缘的心，正不减于诸君的留意客观，不过把诸君的观念变变罢了。听说后来持唯物史观的人已经变过了，顾孟余先生所作《马克思学说》，其中批评唯物史观道：

"但是他所说的'旧社会秩序必要自己废除'，这'必要'究竟是什么意思呢？马克思自己说这个'必要'是论理的必要。因为社会的冲突是社会全体里头的一个'否认'（negation），这个'否认'一定又要产出另一个'否认'来。这是与黑格尔所说'人类历史之思辨性质'相称的。

但是马氏以后唯物史观的代表却不用这种黑格尔的名词了，他们也不说'论理的必要'了。他们只说这个必要是一种天然现象的因果关系。

以上两种意见都未认清社会科学的认识条件。社会科学里所研究的社会现象不是别的，乃是一种秩序之下的共同动作。这种共同动作是有组织的，有纪律的，有意志的。所以'唯物的历史观'所说的'旧社会秩序必要废除'这必要既不是论理的必要，又不是天然现象因果的必要，乃是宗旨的必要，因为社会秩序是方法，社会生活是宗旨。如果社会秩序与社会生活有冲突的时候，他的宗旨全失了。人要达到这个宗旨,所以起来改革社会秩序。换一句话说改革与否,并如何改革这是视人的意见而定的,并不是机械的被动的。"(《新青年》第六卷第五号)

这意思不是很同我们相近了么?

在金子教授、米久博士以什么"食物不丰,勤劳为活,所以要发明自然科学,征服自然"去说明科学的产生,觉得很合科学家说话的模样,其实是不衷于事实,极粗浅的臆说。我也没去研究科学史,然当初科学兴起并不是什么图谋生活、切在日需的学问,而是几何、天文、算术等抽象科学(abstract science),不是人所共见的么?此不独古希腊人为然,就是文艺复兴科学再起,也还是天文、算学、力学等等。这与"食物不丰,勤劳为活"连缀得上么?据文明史专家马尔文(Marvin)说:"科学之前进,是由数目形体抽象的概念进到具体的物象,如物理学等的。"王星拱君的《科学方法论》上说:"希腊的古科学所以中绝的原故,是因为他们单在他们所叫作理性的(rational)非功利的(disinterested)学术上做工夫,于人类生活太不相关。(按金子君的说话恰好与此相反)至于我们现在所享受所研究的科学,是在文艺复兴时代重行出世的。……那个时代的科学,完全以求正确的知识为目的。自文艺复兴算起,一直过好几百年科学在应用方面都没有若何的关系。所以有人说科学之发生原于求知而不原于应用。"照王君的下文所说,大意科学初起,全非为应用,而后来之日益发皇却要应用与理论并进的。王君又有《科学之起源和效果》一文大意不远。后又见某君所作讲科学的一文把这个意思颠倒过来,谓科学初起是为用,其后乃有求知的好尚。现在也无暇细论,但就我的意见简单说两句:迫促的境遇不是适于产生科学的缘法,倒要从容一点才行,单为用而不含求知的意思,其结果只能产生"手艺"、"技术"而不能产生"科学。"——中国即其好例。王君所论科学之起源原是泛论人类心理上之科学的基础,也不能答欧洲人何以独能创出科学的原故。若问这原故,待我后方去答。

若拿唯物史观来说明西方政治上社会上之"德谟克拉西"精神所从来,我并不十分反对,然却不是杜威先生的折衷说第三派。(见社会哲学与政治哲学讲演)我只要问:如中国,如印度有象欧洲那样不断变迁的经济现象么?如承认是没有的,而照经济现象变迁由于生产力发展的理,那么一定是两方面的发展大有钝利的不同了。可见还有个使生产力发展可钝可利的东西,而生产力不是什么最高的动因了。——马克思主义说生产力为最高动因。这所以使生产力发展可钝可利的在哪里呢?还在人类的精神方面。所谓"精神"与所谓"意识"其范围,大小差得很远。意识是很没力量的,精神是很有力量的,并且有完全的力量。唯物史观家以为意识是被决定的而无力决定别的,是我们承认的,但精神却非意识之比,讲唯物史观的把两名词混同着用,实在不对。这些话且不去细谈,直接说本题。原来生产力的发展是由于人的物质生活的欲求,而物质生活的欲求是人所不能自已的,由此而生产力的发展，经济现象的变迁，都非人的意识所能自由主张自由指挥的了。而在某种经济现象底下，人的意识倒不由得随着造作某种法律制度道德思想去应付他，于是唯物史观家就说人的意识不能把经济现象怎样，而他却能左右人的意识了。但其实这物质生活的欲求，难道不是出在精神上么？只为他像是没有问题——一定不易——所以不理会他，不以他为能决定生产力之发展罢了。但其实何尝全没问题呢？他也可有变动，由这变动至少也能决定生产力发展的钝利，经济现象变迁的缓促。我敢说：如果欧亚的交通不打开，中国人的精神还照千年来的样子不变，那中国社会的经济现象断不会有什么变迁，欧洲所谓"工业革新"(industrial revolution)的，断不会发生。又如果回族同欧人不去侵入印度，听着印度人去专作他那种精神生活，我们能想象他那经济现象怎样进步么？所以我以为人的精神是能决定经济现象的，但却非意识能去处置他。这个意思于唯物史观家初无冲突，不过加以补订而已。然就因此，我觉得西方社会上"德谟克拉西"精神所从来，还非单纯唯物史观家的说法所能说明，而待要寻他精神方面的原因。据我所见是欧洲人精神上有与我们不同的地方，由这个地方既直接的有产生"德谟克拉西"之道，而间接的使经济现象变迁以产生出如彼的制度似更有力。其故待后面去说。

现在我要说明自己的意见了。但且不去答对西方化的特别处所从来，现在先要说明我观察文化的方法(见第二章)，然后再解释适用这方法得的答案(见第二章)，则科学与"德谟克拉西"

的所从来自尔答对了。我这个人未尝学问,种种都是妄谈,都不免"强不知以为知",心里所有只是一点佛家的意思,我只是本着一点佛家的意思裁量一切,这观察文化的方法,也别无所本,完全是出于佛家思想。试且说来:

生活的说明

照我的意思——我为慎重起见,还不愿意说就是佛家或唯识家的意思,只说是我所得到的佛家的意思,——去说说生活是什么。生活就是"相续",唯识把"有情"——就是现在所谓生物——叫做"相续"。生活与"生活者"并不是两件事,要晓得离开生活没有生活者,或说只有生活没有生活者——生物。再明白的说,只有生活这件事,没有生活这件东西,所谓生物,只是生活。生活、生物非二,所以都可以叫作"相续"。生物或生活实不只以他的"根身"——"正报"——为范围,应统包他的"根身"、"器界"——"正报"、"依报"——为一整个的宇宙——唯识上所谓"真异熟果"——而没有范围的。这一个宇宙就是他的宇宙。盖各有各自的宇宙——我宇宙与他宇宙非一。抑此宇宙即是他——他与宇宙非二。照我们的意思,尽宇宙是一生活,只是生活,初无宇宙。由生活相续,故尔宇宙似乎恒在,其实宇宙是多的相续,不似一的宛在。宇宙实成于生活之上,托乎生活而存者也。

这样大的生活是生活的真象,生活的真解。但如此解释的生活非几句话说得清的,我们为我们的必需及省事起见,姑说至此处为止。

我们为我们的必需及省事起见,我们缩小了生活的范围,单就着生活的表层去说。那么,生活即是在某范围内的"事的相续"。这个"事"是什么?照我们的意思,一问一答即唯识家所谓一"见分"一"相分"——是为一"事"。一"事",一"事",又一"事"……如是涌出不已,是为"相续"。为什么这样连续的涌出不已?因为我们问之不已——追寻不已。一问即有一答——自己所为的答。问不已答不已,所以"事"之涌出不已。因此生活就成了无已的"相续"。这探问或追寻的工具其数有六:即眼、耳、鼻、舌、身、意。凡刹那间之一感觉或一念皆为一问一答的一"事"。在这些工具之后则有为此等工具所自产出而操之以事寻问者,我们叫他大潜力、或大要求、或大意欲——没尽的意欲。当乎这些工具之前的,则有殆成定局,在一期内——人的一生——不变更,虽还是要相续而转,而貌似坚顽重滞之宇宙——"真异熟果"。现在所谓小范围的生活——表层生活——就是这"大意欲"对于这"殆成定局之宇宙"的努力,用这六样工具居间活动所连续而发一问一答的"事"是也。所以,我们把生活叫作"事的相续"。

这个差不多成定局的宇宙——真异熟果——是由我们前此的自己而成功这样的;这个东西可以叫做"前此的我"或"已成的我",而现在的意欲就是"现在的我"。所以我们所说小范围生活的解释即是"现在的我"对于"前此的我"之一种奋斗努力。所谓"前此的我"或"已成的我"就是物质世界能为我们所得到的,如白色、声响、坚硬等皆感觉对他现出来的影子呈露我们之前者;而这时有一种看不见,听不到,摸不着的非物质的东西,就是所谓"现在的我",这个"现在的我"大家或谓之"心"或"精神",就是当下向前的一活动,是与"已成的我"——物质——相对待的。

从讲生活那段起,似乎偏于叙述及抽象,不像批评具体的问题有趣味,而却是很重要,是我们全书的中心。我们批评的方法即因此对于生活的见解而来。

我们现在将奋斗的意思再解释一下。照我们以前的解释,所谓生活就是用现在的我对于前此的我之奋斗,那么,什么叫做奋斗呢?因为凡是"现在的我"要求向前活动,都有"前此的我"为我当前的"碍",譬如我前面有块石头,挡着我过不去,我须用力将他搬开固然算是碍,就是我要走路,我要喝茶,这时我的肢体,同茶碗都算是碍;因为我的肢体,或茶碗都是所谓"器世间"——"前此的我"——是很笨重的东西,我如果要求如我的愿,使我肢体运动或将茶碗端到嘴边,必须努力变换这种"前此的我"的局面,否则是绝不会满意的;这种努力去改变"前此的我"的局面而结果有所取得,就是所谓奋斗。所以凡是一个用力都算是奋斗;我们的生活无时不用力,即是无时不奋斗,当前为碍的东西是我的一个难题;所谓奋斗就是应付困难,解决问题的。差不多一切"有情"——生物——的生活都是如此,并不单单是人类为然。即

第三章　如何是东方化？如何是西方化？（下）

如苍蝇所以长成六个足，许多眼睛，全都因为应付困难，所以逐渐将他已成的我变成这个模样，以求适应环境的。不过这种应付都是在意识以前的，是本能的生活。人的生活大半分也都是本能的生活，譬如小儿生下来就会吃乳、睡觉……这些都是用他"不学而能"的本能，去应付困难解决问题的。虽然具有意识的人类，固然半是用意识来支配自己，但与许多别的生物有的意识很微，有的简直没有意识的，其本能生活仍一般重要。总之无论为本能的或为有意识的向前努力，都谓之奋斗。

以上解释生活的话是很亲切真确的说法。但是这话还要有几层的修订才能妥贴；其应修订之点有三层：

（一）为碍的不单是物质世界——已成的我——就是，不仅是我自己的真异熟果。还有另外一个东西——就是其他的有情。譬如我将打猎所得的禽兽食肉剥皮。这时虽是对于其他有情的根身之一种改变局面，其实还是对于"已成的我"的奋斗；因为其他有情的根身实在就是我的器界——已成的我；所以这时为碍的并非另外的有情仍是我自己的"真异熟果"。真正为碍的是在其他有情的"他心"而不在其根身。譬如我要求他人之见爱，或提出一种意见要求旁人同我一致，这时为碍的即是"他心"；这才是真正的其他有情并非我的"已成的我"，而是彼之"现在的我"；这时他究竟对我同意与否尚不可知，我如果要求大家与我同意，就须陈诉我意，改造"他心"的局面，始能如我的愿，这亦即是奋斗。此应修订者一。

（二）为碍的不仅物质世界与"他心"，还有一种比较很深隐为人所不留意，而却亦时常遇见的，就是宇宙间一定的因果法则。这个法则是必须遵循而不能避免的，有如此的因，一定会有如彼的果；譬如吃砒霜的糖一定要死乃是因果必至之势，我爱吃砒霜糖而不愿意死，这时为碍的就是必至的自然律，是我所不能避免的。又如凡人皆愿生活而不愿老死，这时为碍的即在"凡生活皆须老死"之律也。此应修订者二。

（三）人类的生活细看起来还不能一律视为奋斗。自然由很细微的事情一直到很大的事情——如从抬手动脚一直到改造国家——无一不是奋斗，但有时也有例外。如乐极而歌，兴来而舞，乃至一切游戏、音乐、歌舞、诗文、绘画等等情感的活动，游艺的作品，差不多都是潜力之抒写，全非应付困难或解决问题，所以亦全非奋斗。我们说这些事与奋斗不同，不单单因为他们是自然的流露而非浮现于意识之上的活动，——不先浮现于意识之上而去活动的也有算是奋斗的。——也因为其本性和态度上全然不同。此应修订者三。

人生三种问题

这样一个根本的说法，加以三层修订，大体上可以说是妥贴的了。我们对于三方面文化的观察，以及世界未来文化的推测，

第三章 如何是东方化？如何是西方化？（下）

亦皆出于此。这时我们再来看，虽然每一"事"中的问都有一答，而所答的不一定使我们的要求满足。大约满足与否可分为下列四条来看：

（一）可满足者此即对于物质世界——已成的我——之奋斗；这时只有知识力量来不及的时候暂不能满足，而本是可以解决的问题。譬如当初的人要求上天，因为当时的知识力量不及所以不能满足，而自发明轻气球、飞行机之后也可以满足，可见这种性质上可以解决的要求终究是有法子想的。

（二）满足与否不可定者：如我意欲向前要求时为碍的在有情的"他心"，这全在我的宇宙范围之外，能予我满足与否是没有把握的。例如我要求旁人不要恨我，固然有时因为我表白诚恳可以变更旁人的"他心"，而有时无论如何表白，他仍旧恨我，或者口口声说不恨而心里照旧的恨。这时我的要求能满足与否是毫无一定，不能由我作主的，因为我只能制服他的身体而不能制服他的"他心"；只能听他来定这结果。

（三）绝对不能满足者：此即必须遵循的因果必至之势，是完全无法可想的。譬如生活要求永远不老死，花开要求永远不凋谢，这是无论如何做不到的，绝对不可能的，所以这种要求当然不能满足。

（四）此条与以上三条都不同，是无所谓满足与否，做到与否的。这种生活是很特异的，如歌舞音乐以及种种自然的情感发挥，全是无所谓满足与否，或做到做不到的。

人类的生活大致如此。而我们现在所研究的问题就是：文化并非别的，乃是人类生活的样法。那么，我们观察这个问题，如果将生活看透，对于生活的样法即文化，自然可以有分晓了。但是在这里还要有一句声明：文化与文明有别。所谓文明是我们在生活中的成绩品——譬如中国所制造的器皿和中国的政治制度等都是中国文明的一部分。生活中呆实的制作品算是文明，生活上抽象的样法是文化。不过文化与文明也可以说是一个东西的两方面，如一种政治制度亦可说是一民族的制作品——文明，亦可以说一民族生活的样法，——文化。

人生的三路向

以上已将生活的内容解释清楚，那么，生活即是一样的，为什么生活的样法不同呢？这时要晓得文明的不同就是成绩品的不同，而成绩品之不同则由其用力之所在不同，换言之就是某一民族对于某方面成功的多少不同；至于文化的不同纯乎是抽象样法的，进一步说就是生活中解决问题方法之不同。此种解决问题的方法——或生活的样法——有下列三种：

（一）本来的路向：就是奋力取得所要求的东西，设法满足他的要求；换一句话说就是奋斗的态度。遇到问题都是对于前面去下手,这种下手的结果就是改造局面,使其可以满足我们的要求,这是生活本来的路向。

(二)遇到问题不去要求解决,改造局面,就在这种境地上求我自己的满足。譬如屋小而漏,假使照本来的路向一定要求另换一间房屋,而持第二种路向的遇到这种问题,他并不要求另换一间房屋,而就在此种境地之下变换自己的意思而满足,并且一般的有兴趣。这时下手的地方并不在前面,眼睛并不望前看而向旁边看;他并不想奋斗的改造局面,而是回想的随遇而安。他所持应付问题的方法,只是自己意欲的调和罢了。

(三)走这条路向的人,其解决问题的方法与前两条路向都不同。遇到问题他就想根本取消这种问题或要求。这时他既不象第一条路向的改造局面,也不像第二条路向的变更自己的意思。只想根本上将此问题取消。这也是应付困难的一个方法,但是最违背生活本性。因为生活的本性是向前要求的。凡对于种种欲望都持禁欲态度的都归于这条路。

所有人类的生活大约不出这三个路径样法:(一)向前面要求;(二)对于自己的意思变换、调和、持中;(三)转身向后去要求;这是三个不同的路向。这三个不同的路向,非常重要,所有我们观察文化的说法都以此为根据。

说到此地,我们当初所说观察文化的方法那些话——见第二章——可以明白了。生活的根本在意欲而文化不过是生活之样法,那么,文化之所以不同由于意欲之所向不同是很明的。要求这个根本的方向,你只要从这一家文化的特异彩色,推求他的原出发点,自可一目了然。现在我们从第一步所求得的西方文化的三大特异彩色,去推看他所从来之意欲方向,即可一望而知他们所走是第一条路向——向前的路向:

(一)征服自然之异采 西方文化之物质生活方面现出征服自然之采色,不就是对于自然向前奋斗的态度吗?所谓灿烂的物质文明,不是对于环境要求改造的结果吗?

(二)科学方法的异采 科学方法要变更现状,打碎、分析来观察;不又是向前面下手克服对面的东西的态度吗?科学精神于种种观念、信仰之怀疑而打破扫荡,不是锐利迈往的结果吗?

(三)德谟克拉西的异采 德谟克拉西不是对于种种威权势力反抗奋斗争持出来的吗?这不是由人们对人们持向前要求的态度吗?

这西方化为向前的路向真是显明的很,我们在第二章里所下的西方化答案:"西方化是以意欲向前要求为根本精神的。"

就是由这样观察得到的。我们至此算是将预定四步讲法之第二步作到,点明西方化各种异采之一本源泉是在"向前要求"

的态度了。

中国文化问题印度文化问题之答案的提出

我们就此机会，把我们对于"如何是东方化？"的答案提出如下：

中国文化是以意欲自为调和、持中为其根本精神的。

印度文化是以意欲反身向后要求为其根本精神的。

质而言之，我观察的中国人是走第二条路向；印度人是走第三条路向。写在此处为的是好同西方的路向态度对照着看。至于这两个答案说明，还容说明西方化后再去讲。

答案讲明的第三步

现在我们总揽着西方文化来看他在事实上是不是由如我所观测那一条路向而来的？不错的。现在的西方文化，谁都知道其开辟来历是在"文艺复兴"，而所谓"文艺复兴"者更无其他解释，即是西方人从那时代采用我们所说"第一条路向"之谓也。原来西方人的生活，当古希腊罗马时代可以说是走"第一条路向"，到中世纪一千多年则转入"第三条路向"，比及"文艺复兴"乃又明白确定的归到第一条路上来，继续前人未尽之功，于是产生西洋近代之文明。其关键全在路向态度之明白确定,其改变路向之波折很为重要。我们要叙说一下。

西洋文化的渊源所自,世称"二希"——希腊(Hellenism)、希伯来(Hebrewism)。罗伯特生(Frederick Robertson)论希腊思想有数点甚为重要:(一)无间的奋斗;(二)现世主义;(三)美之崇拜;(四)人神之崇拜。可见他们是以现世幸福为人类之标的的,所以就努力往前去求他。这不是我们所说的"第一条路向"是什么?而希伯来思想是出于东方的——窃疑他还与印度有关系。他们与前叙希腊人的态度恰好相反,是不以现实幸福为标的——几乎专反对现世幸福,即所谓禁欲主义。他们是倾向于别一世界的——上帝、天国;全想出离这个世界而入那个世界。他们不顺着生活的路往前走,而翻身向后了,——即是我们所谓"第三条路"。西方自希腊人走第一条路就有许多科学、哲学、美术、文艺发生出来,成就的真是非常之大!接连着罗马顺此路向往下走,则又于政治、法律有所成就,却是到后来流为利己、肉欲的思想,风俗大敝,简直淫纵、骄奢、残忍、纷乱的不成样子!那么,才借着这种希伯来的宗教——基督教——来收拾挽救。这自然于补偏救弊上也有很好的效果,虽然不能使那个文明进益发展,却是维系保持之功实在也是很大。然而到后来他的流弊又见出来了。一千多年中因为人们都是系心天国不重现世,所以奄奄无生气,一切的文化都归并到宗教里去了。于是哲学成了宗教的奴隶;文艺、美术只须为宗教而存;科学被摈,迷信充塞,乃至也没有政治,也没有法律。这还不要紧,因为教权太盛的原故,教皇教会横恣无忌,腐败不堪,所以历史称为中古之黑暗时代!于是有"文艺复兴"、"宗教改革"的新潮流发生出来。所谓"文艺复兴"便是当时的人因为借着研究古希腊的文艺,引起希腊的思想、人生态度。把一副向天的面孔又回转到人类世界来了。而所谓"宗教改革",虽在当时去改革的人意思或在恢复初时宗教之旧,但其结果不能为希伯来的路向助势,却为第一条路向帮忙,与希腊潮流相表里。因为他是人们的觉醒,对于无理的教训,他要自己判断;对于腐败的威权,他要反抗不受,这实在是同于第一路向的。他不知不觉中也把厌绝现世倾向来世的格调改去了不少。譬如在以前布教的人不得婚娶,而现在改了可以婚娶。差不多后来的耶稣教性质逐渐变化,简直全成了第一路向的好帮手,无复第三路向之意味。勉励鼓舞人们的生活,使他们将希腊文明的旧绪,往前开展创造起来,成功今日的样子;而一面教权封建权之倒,复开发近世国家政治、社会组织之局面。总而言之,自文艺复兴起,人生之路向态度一变,才产生我们今日所谓西方文化。考究西方文化的人,不要单看那西方文化的征服自然、科学、德谟克拉西的面目,而须着眼在这人生态度,生活路向。要引进西方化到中国来,不能单搬运,摹取他的面目,必须根本从他的路向、态度入手。但是四五年来,大家只把科学方法,德谟克拉西的精神说来说去,总少提到此处。只有浙江的二蒋——蒋梦麟、蒋百里——先生先后出来说这个话。蒋梦麟先生在《新教育》第一卷第五号发表《改

变人生的态度》一文,盖本于霍夫丁氏(Hoffding)《近代哲学史》的意思而来。他这篇文章内有几段很警策的话:

"我生在这个世界,对于我的生活,必有一个态度;我的能力就从那方面用。人类有自觉心后就生这个态度。这个态度变迁,人类用力的方向也变迁。

罗马帝国灭亡,中古世起一千年中,欧洲在黑暗里边,那时候人民对于生活的态度是在空中求天国,这个世界是忘却了。所以这千年中这世界毫无进步。十五世纪之初文运复兴,这态度大变,中古世人的态度是神学的,是他世界的,文运复兴时代人的态度是这世界的,是承认这活泼泼的个人的,丹麦哲学家霍夫丁氏(Hoffding)著《近世哲学史》对于文运复兴说道:'文运复兴是一个时代,在这时代内中古世狭窄生活的观念是打破了。新天新地生出来,新能力发展起来。凡新时代必含两时期:(一)从旧势力里面解放出来;(二)新生活发展起来。……(Vol.1,p.3.)'

'文运复兴的起始是要求人类本性的权利,后来引到发展自然界的新观念和研究的新方法。(p.9.)'

这个人类的新态度,把做人的方向从基本上改变了成一个新人生观。这新人生观生出一个宇宙观;有这新人生观,所以这许多美术、哲学、文学蓬蓬勃勃的开放出来。有这新宇宙观,所以自然科学就讲究起来。人类生活的态度因为生

第三章 如何是东方化？如何是西方化？（下）

了基本的变迁，所以酿成文运复兴时代。

西洋人民自文运复兴时代改变生活的态度以后，一向从那方面走——从发展人类的本性和自然科学的方面走——愈演愈大，酿成十六世纪的'大改革'，十八世纪的'大光明'，十九世纪的'科学时代'，二十世纪的'平民主义'。

这回五四运动就是这解放的起点，改变你做人的态度，造成中国的文运复兴；解放感情，解放思想，要求人类本性的权利。这样做去我心目中见那活泼泼的青年，具丰富的红血轮，优美和乐的感情，敏捷锋利的思想，勇往直前把中国委靡不振的社会，糊糊涂涂的思想，畏畏缩缩的感情，都一一扫除。凡此等等若非从基本上改变生活的态度做起，东补烂壁，西糊破窗，愈补愈烂，愈糊愈破，怎么得了？"

蒋百里先生的话发表较晚二年，即现在出版的《欧洲文艺复兴史》，其所作导言一篇，在他书中为最精采，我们也采他一段：

"要之，文艺复兴实为人类精神之春雷。一震之下，万卉齐开。佳谷生矣，莠稗亦随之以出。一方则感情理知极其崇高；一方则嗜欲机诈极其狞恶，此固不必为历史讳者也。惟综合其繁变纷纭之结果，则有二事可以扼其纲：一曰人之发见；一曰世界之发见。（"The great achievement of the renaissance were the discovery of the world and the discovery of man")人之发见云者即人类自觉之谓。中世教权时代,则人与世界之间,间之以神;而人与神之间,间之以教会;此即教皇所以藏身之固也！有文艺复兴而人与世界乃直接交涉。有宗教改革,而人与神乃直接交涉。人也者,非神之罪人,尤非教会之奴隶,我有耳目,不能绝聪明；我有头脑,不能绝思想；我有良心,不能绝判断。此当时复古派所以名为人文派（humanism）也。"

"世界之发见云者,一为自然之享乐,动诸情者也。中世教会,以现世之快乐为魔,故有旅行瑞士,以其山水之美,而不敢仰视者；而不知此不敢仰视之故,即爱好之本能；无论何时何地,均可发展者也。一为自然之研究,则动诸知者也。中古宗教教义,以地球为中心,有异说则力破之；然事实不可诬也！有歌白尼之太阳学说,有哥伦布美洲之发见,于是世界之奇迹,在在足以启发人之好奇心；而旧教义之蔽智塞聪者益无以自存矣。"

此"人"与"世界"的发现说,真是明醒极了！然西洋人说这类话的亦既多矣。

答案讲明的第四步

以上算是证明西洋文化的总体,出于第一条路向,适如我们

第三章 如何是东方化？如何是西方化？（下）

所观测,即是第三步的讲明作到了。以下去作第四步。

征服自然这件事,明明是第一条的态度,直可以不必说,然我们还不妨说一说。征服自然是借着科学才作到的,尤重于经验科学。这经验科学是从英岛开发出来的,但是若不先有希腊传到大陆的抽象科学——为自然科学之母的科学——也不成功的。那么,希腊人之所以能产生科学是由爱美、爱秩序、以优游现世的态度,研究自然,来经营这种数理、几何、天文之类,差不多拿他作一种玩艺的。那么,到文艺复兴的时候,南欧大陆随伴着其他文艺又来接续弄这种科学,也因其有希腊人同样的态度才得成的。所以,我们可以说这种科学之创兴与再起而完成,都是基于第一条态度之上。到英国人——培根他们——一面凭借这个基础,一面又增进一个新意,不单以知识为一盘静的东西,而以知识为我们一种能力(knowledge is power),于是制驭自然、利用自然种种的实验科学就兴起来。此其向前改造环境的气派,岂不更是第一条的态度吗？而这征服自然的成功,物质文明的灿烂,其来历又有旁边一绝大力量助成他,就是经济现象的变迁,以"工业革新"为其大关键。所有种种的发现发明、制造创作因此而风涌蓬兴。科学知识与经济状况互为因果,奋汛澎湃以有今日之局。而求其生产力之进,经济现象之变,则又人类要求现世享用物质幸福为其本也。所以从种种方面看,皆适如我们所观测。

科学产生和完成的次第,才已说过,不必再提。这科学的方法和其精神又是从两种科学来的,尤其重要的是在英岛的这种科学。这种经验派实在对于以前的——希腊及大陆——方法,有绝大的补足和修订。所有旧相传习的种种观念、信仰,实借英人——洛克他们——来摧破打翻的。英国人的态度精神刚已说过,所以科学方法、科学精神又是出于第一条的态度,如我们所观测。

"德谟克拉西"又是怎样来的呢？这是由人类的觉醒——觉醒人类的本性——不埋没在宗教教会、罗马法皇、封建诸侯底下而解放出来。这个就是我们所说的"人的个性伸展,社会性发达"。他们是由觉醒人类的本性,来要求人类本性的权利；要做现世人的生活,不梦想他世神的生活。那么,自然在他眼前为他生活之碍的,要反抗排斥,得到他本性的权利而后已。次第逐渐的往前开展,如十七世纪的英国革命,十八世纪的美国的独立运动,法国的大革命。英国的民权自由思想实在开的最早,进步也稳健,在十三世纪就要求得"大宪章"（Magna Charta）,到这回十七世纪又跟宗教改革相关,即是清教徒克林威尔率国会军打败王军,威廉三世即位后裁可"权利法案"。英国这种奉新教的人也是为受王家旧教的压迫,才走出到美洲自谋生活的。那么,后来不堪英国的苛敛才起了独立运动卒以奋斗成功。这时候法国因为王权太大,人民的思想虽变而王与贵族与僧侣的横暴压迫,骄淫苛虐,不稍松缓,看见美国的例,革命就骤然勃发起来。所谓在事前思想之变则卢梭、福禄特尔,自由平等之说是也。这种思想的说法即近世政法上社会上"德谟克拉西"之源,而他们的大革命,又是实际上使这种精神实现之大事件。这种政治、法律及其他社会生活样法之变迁自然得力于同时经济现象之变迁的很大;像经济史观家所说的很详细,我们不去叙说。但是这直接的动力、间接的动力,不都是由第一条态度来的么?

西方人精神的剖看

现在我们的第四步又做到,所有讲明西方化的四步都作完了。我们的观测,我们的答案,总算一点没有错,并且说的很明白清楚。而在最后收束处,还要指点大家去看一回。看什么呢?就是看这时候的人——开辟产出现在西方化的人——他的精神上心理上是怎么一回事。就是去解剖这重走第一条路的人精神、心理,而认清他:

> 第一,要注意重新提出这态度的"重"字。这态度原来从前曾经走过的,现在又重新拿出来,实在与从前大有不同了!头一次是无意中走上去的;而这时——从黑暗觉醒时——是有意选择取舍而走的。他撇弃第三条路而取第一条路是经过批评判断的心理而来的。在头一次走上去的人因为未经批评判别,可以无意中得之,亦可以无意中失之!而重新采取这条路的人,他是要一直走下去不放手的,除非

把这一条路走到尽头不能再走,才可以转弯。本来希腊人——第一次走这条路的人的理性方面就非常发达,头脑明睿清晰,而此刻重新有意走这条路的人于所谓批评、选择更看出他心理方面理智的活动。

第二,要注意这时的人从头起就先认识了"自己",认识了"我",而自为肯定;如昏蒙模糊中开眼看看自己站身所在一般,所谓人类觉醒,其根本就在这点地方。这对于"自己"、"我"的认识肯定。这个清醒,又是理智的活动。

第三,要注意这时的人有了"我"就要为"我"而向前要求,向前要求都是由为"我"而来,一面又认识了他眼前面的自然界。所谓向前要求,就是向着自然界要求种种东西以自奉享。这时候他心理方面又是理智的活动。在直觉中"我"与其所处的宇宙自然是混然不分的,而在这时节被他打成两截,再也合拢不来,一直到而今,皆理智的活动为之也。

第四,要注意这时的人因其为"我",对于自然宇宙固是取对待、利用、要求、征服的态度,而对于对面旁边的人也差不多是如此的态度。虽然"自由"、"平等"、"德谟克拉西",是从此才得到的,然而在情感中是不分的我与人,此刻又被分别"我"、"他"的理智的活动打断了!

总而言之,近世西方人的心理方面,理智的活动太强太盛,实为显著之特点。在他所成就的文明上,辟创科学哲学,为人类其他任何民族于知识、思想二事所不能及其万一者。不但知识思想的量数上无人及他,精细深奥上也无人及他。然而他们精神上也因此受了伤,生活上吃了苦,这是十九世纪以来暴露不可掩的事实!这个话,待末尾批评各方文化时再说。

我们讲西方化讲到此处也就可以止了,如何是西方化其事已明。回过头来一看我们所批评为不对的那些答案,也未尝不各有所见,竟不妨都可以说是对的了。以下我们来说一说东方文化。

我们来看东方文化的时节,第一就先发觉中国文化印度文化太两样。所谓东方文化的不能混东方诸民族之文化而概括称之,至少,亦是至多,要分中国、印度两文化而各别称之。世以欧洲、中国、印度为文化三大系是不错的。我想我们讲这两支文化,不用各别去作那四步讲法了,只须拿西方化同他们比较着看,又拿他们自己互为比较着看,就也可以看得很明的。

中国文化的略说

我们先来拿西方化的面目同中国化的面目比较着看:第一项,西方化物质生活方面的征服自然,中国是没有的,不及的;第二项,西方化学术思想方面的科学方法,中国又是没有的;第三项,西方化社会生活方面的"德谟克拉西",中国又是没有的。几乎就着三方面看去中国都是不济,只露出消极的面目很难寻着积极的面目。于是我们就要问：中国文化之根本路向，还是与西方化同路，而因走的慢没得西方的成绩呢？还是与西方各走一路，别有成就，非只这消极的面目而自有其积极的面目呢？有人——大多数的人——就以为中国是单纯的不及西方，西方人进化的快，路走出去的远，而中国人迟钝不进化，比人家少走了一大半。我起初看时也是这样想。例如，征服自然一事；在人类未进化时，知识未开，不能征服自然，愈未进化的愈不会征服自然，愈进化的也愈能征服自然；中国人的征服自然远不及西方化，不是中国人在文化的路线上比西方人差一大半是什么？科学方法是人类知识走出个眉目产生的，要既进化后，才从宗教玄学里解放出来的。虽然孔德（Comte）分宗教、玄学、科学三期的话不很对，受人的指摘，而科学之发生在后，是不诬的。中国既尚未出宗教、玄学的圈，显然是比科学大盛的西方又少走一大段路。人的个性伸展又是从各种威权底下解放出来的，那么，又是西方人已走到地点，中国人没有走到。差不多人类文化可以看作一条路线，西方人走了八九十里，中国人只到二三十里，这不是很明的吗？但其实不然。我可以断言假使西方化不同我们接触，中国是完全闭关与外间不通风的，就是再走三百年、五百年、一千年也断不会有这些轮船、火车、飞行艇、科学方法和"德谟克拉西"精神产生出来。这句话就是说：中国人不是同西方人走一条路线。因为走的慢，比人家慢了几十里路。若是同一路线而少走些路，那么，慢慢的走终究有一天赶的上；若是各自走到别的路线上去，别一方向上去，那么,无论走好久,也不会走到那西方人所达到的地点上去的!中国实在是如后一说,质而言之,中国人另有他的路向态度与西方人不同的,就是他所走并非第一条向前要求的路向态度。中国人的思想是安分、知足、寡欲、摄生,而绝没有提倡要求物质享乐的;却亦没有印度的禁欲思想(和尚道士的不娶妻、尚苦行是印度文化的摹仿,非中国原有的)。不论境遇如何他都可以满足安受,并不定要求改造一个局面,像我们第二章里所叙东西人士所观察,东方文化无征服自然态度而为与自然融洽游乐的,实在不差。这就是什么?即所谓人类生活的第二条路向态度是也。他持这种态度,当然不能有什么征服自然的魄力,那轮船、火车、飞行艇就无论如何不会产生。他持这种态度,对于积重的威权把持者,要容忍礼让,哪里能奋斗争持而从其中得个解放呢?那德谟克拉西实在无论如何不会在中国出现!他持这种态度,对于自然,根本不为解析打碎的观察,而走入玄学直观的路,如我们第二章所说;又不为制驭自然之想,当然无论如何产生不出科学来。凡此种种都是消极的证明中国文化不是西方一路,而确是第二条路向态度。若问中国人走这条路有何成就,这要等待第四五章去说,到那时才能指出中国文化的精神及其优长所在。

印度文化的略说

我们再看印度文化,与中国文化同样的没有西方文化的成就，这是很明的。那么，要问：他是与西方同走一条路而迟钝不及呢，抑另有他的路向态度与西方人不同呢？又要问：他如果与西方人不同其路向，那么与中国人同其路向不同呢？我们就来看他一看：其物质文明之无成就，与社会生活之不进化，不但不及西方且直不如中国。他的文化中俱无甚可说，惟一独盛的只有宗教之一物。而哲学、文学、科学、艺术附属之。于生活三方面成了精神生活的畸形发展，而于精神生活各方面又为宗教的畸形发达，这实在特别古怪之至！所以他与西方人非一条线而自有其所趋之方向不待说，而与中国亦绝非一路。世界民族盖未有渴热于宗教如印度人者，世界宗教之奇盛与最进步未有过于印度之上者；而世界民族亦未有冷淡于宗教如中国人者，中国既不自产宗教，而外来宗教也必变其面目，或于精神上不生若何关系。（佛教则变其面目，耶教则始终未打入中国精神之中心，与其哲学文学发生影响。）又科学方法在中国简直没有，而在印度，那"因明学"、"唯识学"秉一种严刻的理智态度，走科学的路，这个不同绝不容轻忽看过，所以印度与中国实非一路而是大两样的。原来印度人既不像西方人的要求幸福，也不像中国人的安遇知足，他是努力于解脱这个生活的；既非向前，又非持中，乃是翻转向后，即我们所谓第三条路向。这个态度是别地方所没有，或不盛的，而在印度这个地方差不多是好多的家数，不同的派别之所共同一致。从邃古的时候，这种出世的意思，就发生而普遍，其宗计流别多不可数，而从高的佛法一直到下愚的牛狗外道莫不如此。他们要求解脱种种方法都用到了,在印度古代典籍所载的:自饿不食,投入寒渊,赴火炙灼,赤身裸露,学着牛狗,龁草吃粪,在道上等车来轧死,上山去找老虎,如是种种离奇可笑;但也可见他们的那种精神了!由此看来,印度人的出世人生态度甚为显明实在不容否认的。而中国康长素、谭嗣同、梁任公一班人都只发挥佛教慈悲勇猛的精神而不谈出世,这实在不对。因为印度的人生态度既明明是出世一途,我们现在就不能替古人隐讳,因为自己不愿意,就不承认他!此外还有现在谈印度文明的人,因为西洋人很崇拜印度的诗人泰谷尔(Tagore),推他为印度文明的代表,于是也随声附和起来;其实泰谷尔的态度虽不能说他无所本,而他实与印度人本来的面目不同,实在不能作印度文明之代表。去年我的朋友许季上先生到印度去,看见他们还是做那种出世的生活,可见印度的人生态度不待寻求,明明白白是走第三条路向,我们不可讳言。我们在这里仅指明印度文化的来历是出于第三条路向;至于印度人在这方面的成就及其文化之价值所在,也俟第四第五两章再为讲明。

第四章　西洋中国印度三方哲学之比观

平常人往往喜欢说：西洋文明是物质文明，东方文明是精神文明。这种话自然很浅薄，因为西洋人在精神生活及社会生活方面所成就的很大，绝不止是物质文明而已，而东方人的精神生活也不见得就都好，抑实有不及西洋人之点。然而却也没有方法否认大家的意思，因为假使东方文化有成就，其所成就的还是在精神方面，所以大家的观察也未尝不对。因此我们对于中国文化及印度文化之积极面目须在本章讲精神方面时才能表白。还有中国文化与孔家，印度文化与佛教，其关系重要密切非同寻常，所以我们要观察两方文化，自不能不观察孔家与佛教，因此也必须从哲学方面来讲。

三方思想情势简表

我们现在要先声明两句话，将本章所讲的范围指定。本章的范围是讲思想。思想是什么？我们在第二章里已经说过：思想就是知识的进一步——就是从已有的知识,发生添出来的意思。所以思想的范围很广,诸如哲学宗教等等都包括在内。所谓哲学就是有系统的思想,首尾衔贯成一家言的;所谓宗教就是思想含一种特别态度,并且由此态度发生一种行为的。至于哲学所包亦甚宽,如形而上学、认识论、人生哲学皆属之。现在将它序列如下:

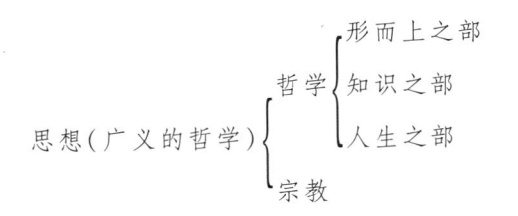

$$\text{思想(广义的哲学)} \begin{cases} \text{哲学} \begin{cases} \text{形而上之部} \\ \text{知识之部} \\ \text{人生之部} \end{cases} \\ \text{宗教} \end{cases}$$

本章的范围就是讲明我们所观察的西洋、中国、印度三方思想的四项情形而推论其形势。现在为讲说便利起见,将观察所得,列为下表*

目别		西洋方面	中国方面	印度方面
宗教		初于思想甚有势力,后遭批评失势,自身逐渐变化以应时需。	素淡于此,后模仿它方,关系亦泛。	占思想之全部势力,且始终不坠,亦无变化。
哲学	形而上之部	初盛后遭批评,几至路绝。今犹在失势觅路中。	自成一种,与西洋印度者全非一物,势力甚普,且一成不变。	与西洋为同物,但研究之动机不同,随着宗教甚盛,且不变动。

续表

目别		西洋方面	中国方面	印度方面
哲学	知识之部	当其盛时,掩盖一切,为哲学之中心问题。	绝少注意,几可以说没有。	有研究,且颇细,但不盛。
	人生之部	不及前二部之盛,又粗浅。	最盛且微妙,与其形而上学相连,占中国哲学之全部。	归入宗教,几舍宗教别无人生思想,因此伦理念薄。

* 表中标点为编者所加。

我们将此表讲明,就可以知道三方精神生活之不同了。但在讲明此表之前,我要说一说我讲这个东西所用的工具——名词。因为这些名词稍微生一点,不加解释,很难明了,所以在这里将所用的名词略为讲明,以便大家对于后文容易了解。

我所用的名词就是唯识家研究知识所说的话。我所以要说它的原故,因为本章是讲三方思想的。我们以前曾经说过:思想就是知识的进一步,观察思想首宜观其方法,所以我们要先为知识之研究。我研究知识所用的方法就是根据于唯识学。所以我在讲明三方面的思想以前,不能不先讲明我观察所用的工具——唯识学的知识论;然后我的观察乃能进行。

现量比量直觉三作用之说明

唯识家讲知识所常用的名词就是"现量"、"比量"、"非量"

（参看我著的《印度哲学概论》及《唯识述议》）。我们观察知识，即要晓得知识如何构成的。知识之构成，照我们的意思，即由于此三量。此三量是心理方面的三种作用，一切知识皆成于此三种作用之上。我且将三量分别解说如下：

（一）现量　照唯识家原来的讲法，甚为繁难，我现在简单明了的指给大家看。所谓"现量"就是感觉（sensation）。譬如我喝茶时所尝到的茶味，或我看桌上的白布所得到的白色，都是"现量"。却是此处要声明，感觉时并不晓得什么是茶味和白色，只有由味觉和视觉所得到茶或白色的感觉而无茶味或白色所含的意义——知茶味或白色之意义另为一种作用——所以"现量"的作用只是单纯的感觉。此时我们所指的"现量"只是唯识家所谓对"性境"的那一种认识作用，不可超过或不及这个范围。"性境"——某范围的"性境"——是什么？照唯识家的解释，"性境"的第一条件是有影（亲相分）、有质（本质）；第二条件是影要如其质。若以我们普通的话来解释，如看见白布的"白"即是"性境"；"白"是我的影象，我所以觉得"白"是由视神经对于外界刺激而反射者；至于白布的自己，唯识家谓之"本质"。其是白非白我们无从而知，因为无论什么人不能不用眼睛看，用眼睛看时，所得即为我眼识之所变现，而非布之本质。盖吾人之觉官为对外探问之工具；每一感觉即一探问，而所感觉则其所为答或报告也。故白实出主观所造，非布固有。然必有布，始生白觉，故有影有质是"性境"第一条件。布的白否固不可知，而实有使我们生白影象之能力；所以我所生之白的影象，要如布之所刺激而变生，才没有错。假如对于能生黑的影象之本质的刺激而变生白的影象，就是误谬，即为影不如其质。影必如质是为"性境"的第二条件。我们现在所谓"现量"就是对"性境"的认识作用，按平常的话讲，就是感觉而加以严格之甄别的，——如普通所说盖多以非感觉滥误作感觉，故不得不严别之，其滥误暂不及举。此外还有一种"特殊现量"。"特殊现量"是什么？我们简单来说：就是看白布时并不变生白的影象，乃至虽有山河大地在前而无所见，此即所谓"特殊现量"。这是怎么一回事将来再讲明。又现量所认识者唯识家又谓之"自相"与后比量所认识之"共相"对称，——如后说。我们现在只要知道知识之所以成就赖于感觉——"现量"——者甚多。譬如我所有茶的知识皆由我以前感觉茶的颜色和味道为其端始，而后据以经营成功"茶"的观念。待茶之知识既成，固有别种心理作用而非单此一种作用，然凭藉于感觉——"现量"——者已经是很重大了。

（二）比量　"比量智"即是今所谓"理智"，也是我们心理方面去构成知识的一种作用。譬如我对于茶之知识是怎样得来构成的呢？就是看见，喝过多少次的茶，从所有非茶的东西——白水、菜汤、油、酒……分别开来，而从种种的茶——红茶、绿茶、清茶、浓茶……抽出其共同的意义，见了茶即能认识，这就是对于茶的概念最清晰、明白、确定的时候。如此构成概念之作用可分为简，综——分，合——两种作用。当构成茶的概念时；先将种种不同的茶连贯起来得其究竟共同之点,此为综的作用;同时即将茶与其余的东西分开,并且简别茶的各种颜色知其与茶不相干,此为简的作用;然当简别时,即综合时,实无先后。此种简综的作用即所谓"比量智"。我们构成知识第一须凭藉现量但如单凭藉现量——感觉——所得的仍不过杂多零乱的影象,毫没有一点头绪,所以必须还有比量智将种种感觉综合其所同、简别其所异,然后才能构成正确明了的概念。所以知识之成就,都借重于现量、比量的。此种认识作用所认识的是什么呢?就是意义——概念——即唯识家所谓"共相",而其境则所谓"独影境"也。"独影境"是有影无质的;当我心中作"茶"之一念时,其所缘念亦为一影象。然此影象无质为伴而与"见分"同种生;照直说,就是非藉于客观之物才变生的,而是我心所自生私有的。所以谓之"共相"者,因为这个茶的意义——概念——是多般之茶所共有的,故曰"共相"。然而对同一的白纸每次感觉一白,亦只可说前后相似,未可云同一,因为每次各有他的自相,故现量——感觉——所得曰"自相"。

（三）直觉——非量　知识是由于现量和比量构成的,这话本来不错。但是在现量与比量之间还应当有一种作用,单靠现量和比量是不成功的。因为照唯识家的说法,现量是无分别、无所得的;——除去影象之外,都是全然无所得,毫没有一点意义;如是从头一次见黑无所得,则累若干次仍无所得,这时间比量智岂非无从施其简、综的作用?所以在现量与比量中间,另外有一种作用，就是附于感觉——心王——之"受"、"想"二心所。"受"、"想"二心所是能得到一种不甚清楚而且说不出来的意味的，如此从第一次所得"黑"的意味积至许多次，经比量智之综合作用贯穿起来，同时即从白、黄、红、绿……种种意味简别清楚，如是比量得施其简、综的作用。然后才有抽象的意义出来。"受""想"二心所对于意味的认识就是直觉。故从现量的感觉到比量的抽象概念，中间还须有"直觉"之一阶段；单靠现量与比量是不成功的。这个话是我对于唯识家的修订。凡直觉所认识的只是一种意味精神、趋势或倾向。试举例以明之。譬如中国人讲究书法，我们看某人的书法第一次就可以认识得其意味，或精神；甚难以语人；然自己闭目沉想，固跃然也；此即是直觉的作用。此时感觉所认识的只一横一画之墨色。初不能体会及此意味，而比量当此第一次看时，绝无从施其综简作用，使无直觉则认识此意味者谁乎？我们平常观览名人书法或绘画时，实非单靠感觉只认识许多黑的笔画和许多不同的颜色，而在凭直觉以得到这些艺术品的美妙或气象恢宏的意味。这种意味，既不同乎呆静之感觉，且亦异乎固定之概念，实一种活形势也。至于直觉所认识的境是什么呢？他所认识的即所谓"带质境"。带质境是有影有质而影不如其质的。譬如我听见一种声音，当时即由直觉认识其妙的意味，这时为耳所不及闻之声音即是质，妙味即是影；但是这种影对于质的关系与现量及比量皆不同。盖现量所认识为性境，影象与见分非同种生，所以影须如其质，并不纯出主观，仍出客观；而比量所认识为独影境，影与见分同种生无质为伴，所以纯由主观生。至于直觉所认识为带质境，其影乃一半出于主观，一半出于客观，有声音为其质，故曰出于客观，然此妙味者实客观所本无而主观之所增，不可曰全出客观，不可曰性境；只得曰带质而已。（唯识家不承认客观，此特为一时便利，暂如此说之）譬如我们听见声音觉得甚妙，看见绘画觉得甚美，吃糖觉得好吃，其实在声音自身无所谓妙，绘画自身无所谓美，糖的自身无所谓好吃；所有美、妙、好吃等等意味都由人的直觉所妄添的。所以直觉就是"非量"，因为现量对于本质是不增不减的；比量亦是将如此种种的感觉加以简、综的作用而不增不减得出的抽象的意义，故此二者所得皆真，虽有时错，然非其本性；唯直觉横增于其实则本性既妄，故为非量。但是我们所以不用"非量"，而用直觉者，因为唯识家所谓"非量"系包括"似现量"与"似比量"而言，乃是消极的名词，否定的名词，表示不出于现量比量之外的一种特殊心理作用，故不如用直觉为当。又直觉可分为两种：一是附于感觉的，一是附于理智的。如听见声音而得到妙味等等，为附于感觉上的直觉。若如读诗文所得妙味，其妙味初不附于墨字之上，而附于理解命意之上，于是必藉附于理智之直觉而后能得之。然惟如认识"生活"及"我"时，才能见出第二种直觉的重要来，此待后说。

以上所说是构成知识的三种工具。一切知识都是由这三种作用构成。虽然各种知识所含的三种作用有成分轻重的不同，但是非要具备这三种作用不可，缺少一种就不能成功的。

西洋哲学之情势

我们对于构成知识的三种作用既然讲明，现在乃可来批评三方面的哲学。我们在前面所列的表分为宗教与哲学两类；哲学复分为形而上、知识、人生三部。对于西洋方面所开列者：其宗教起初于思想甚有势力，后遭批评失势，自身逐渐变化以应时需；形而上学起初很盛，后遭批评，几至路绝，今犹在失势觅路中；知识论则甚盛，有掩盖一切之势，为哲学之中心问题。我们就着这个表来说明，西洋的宗教为什么起初在思想界很有势，后来竟自受人批评而站不住呢？形而上学为什么起初很盛，后来几至路绝呢？这个原因就是因为于对知识的研究既盛，所以才将宗教及形而上学打倒。那么，这三方面——宗教、形而上学、知识论——的问题，其实可以说是一桩事情了。

大约一时代一地方，其思想起初发展的时候，实是种种方面并进的，没有一准的轨向；不过后来因为种种的关系，影响结果只向某一方向而发达，而这种思想就成了这一地方这一时代的特异面目。希腊的思想本来各方面全都很发达：有向外的研究，也有向内的研究；有对于自然的研究，也有对于人事的研究；有对于静体的研究，也有对于变化的研究。但是到了后来西洋只有偏于向外的，对于自然的、对于静体的一方面特别发达，而别种思想渐渐不提,这就因为西洋人所走是第一条路向。在第一条路向本来是向前看的,所以就作向外的研究;前面所遇就是自然,所以对于自然研究;自然乍看是一块静体,所以成静体的研究。自从希腊哲学的鼻祖泰理斯(Thales)起,就来究问宇宙的本体问题——研究宇宙是由什么材料成的,或说是水,或说是火,或说是气,种种。等到文艺复兴以后,他们既重走第一条路向,所以近世哲学还是一元多元、唯心唯物等等问题,仍旧接续古代的形而上学,总想探讨宇宙之本源、究竟。当时著名的哲学家如笛卡尔、斯宾诺莎、来勃尼兹、巴克莱等等所讨论发挥皆在此。即在今日之罗素所研究者虽方法大异,然其静的,向外的态度与所成就,犹在自然一面,则固不异。所以大家都说东方哲学多为人事的研究,西方哲学多为自然的研究——杜威先生亦曾说过这话——是不错的。并且也就因为西洋人这种研究哲学的态度,根本的使其哲学成功唯物的倾向。"物质"一观念在这种态度上盖不待构于思,出诸口,已先有了。然这都是后话,现在且讲西洋人从这个方面研究之变迁梗概。希腊先发明了几何学为他们最时尚的研究,他那种迹先的(apriori)(或译先天的)演绎法仿佛能赅治六合的样子,所以希腊的哲学家把推理看成万能的了。他们用他们这个方法关起门来,用不着考察实验,只要心理推究,就能发明许多学理——本来这种空洞的形式关系之研究是能行的。于是他们来研究形而上学的问题,仍旧是那一套法子,什么宇宙的实体本源如何如何,是有,是一,是二,是多,是物质的,是精神的,是真,是善美,是神,是恒久,是圆满无限,是不变,是迥异乎现象,乃至种种奇怪的事情,他们都以为能知道。在中世以宗教的权威无从脱此窠臼。而到近世来几个大哲,如适才所说笛卡尔诸人,因为他们都是接续希腊研究数理的大数学家,所以还是一个脾胃,讲这一套形而上学的话。他们是所谓大陆的理性派,以为天地间的理是自明的,是人的理性所本有,自会开发出来,推演出来,所以不觉得自己方法有什么不对。这种人实在太忽略了经验,他们不留意知识的方法和界限,贸然对这些问题下了许多主张,我们都叫他独断论。那时英岛对于知识方法有归纳法的贡献,成了所谓经验派,即如培根、霍布士、洛克、休谟皆属于此。他们才渐渐省察自古以来的错误。所以休谟说:科学是知识,形而上学的说话不是知识。因他的持论,知识来从印象,形而上学哪里有其印象呢?他这说法有是有不是,还未足服人。到康德出来解经验理性两派之争,认识论遂获大成,近世哲学对于往昔惟一的新形势才算确定如九鼎,而独断论于是绝迹。他的说法很精致,此不及述。他那意思,我们于现象世界以外固然是感觉不到而且判断所不能加,岂但迹后的无所凭据,根本上悟性就不能向那里用。所谓实体连有无都不能说,遑言其他。但他却也承认形而上学,他承认他是理性的观念。人的悟性不应那样用,而总不甘心,总要想去知道知道,这种需要就成了形而上学,这非复悟性的概念,而是理性的观念。这种承认,明明是承认他为臆谈! 等到孔德简直正式的加以否认了,即所谓他的人类知识分三时代说。他说是:神学、形而上学都属过来的东西，以后人的知识全是所谓实证的——即科学的，哲学也是科学的。神学形而上学虽不同，总要去讲绝对——想象一个整个的宇宙去讲他——这是无从讲的，无可讲的。本来这时期由自然科学的发达，容易使人以科学的所得解释哲学上的问题，所谓唯物思想种种俱兴，直到后来赫克尔一元哲学犹以此鸣一时。然谨慎的科学家，终觉科学之所以为科学在其方法，不在其所得结果，如彼所为，滥以科学中之观念适用到形而上学去，实自乖其根本，而且终究弄不成。所以如马胥（Mach）皮尔松（Pearson）潘加勒（Poincaré）都不再作这种似是而非的科学的哲学家，而批评他们不对。前者我们谓之素朴的自然主义哲学；后者我们谓之批评的自然主义哲学。至是形而上学即覆，形而上学的唯物思想以后亦不会复有，因此我们看西方的哲学形势固必为唯物的倾向，然而唯物的思想惟西洋产生之，亦惟西洋摧破之；在东方唯物论固不见盛，却亦无能铲除之者。此全得力于西洋所走路向之踏实稳妥，逐步寻到知识方法上来，所以才能有此结果。至如美国的实验主义家詹姆士、杜威等，其不要人研究形而上学，固一半是反对那一种方法，而一半是为形而上学的问题多半不成问题，求不出如果舍此说取彼说就要怎样的；两样说法——如唯心、唯物——名义迥异，归到实际并没有两样意味的，所以用不着研究。故詹姆士一面反对一元主义，一面说他的实际主义就是一个息止形而上学无谓纷争的方法。

罗素的意思

本来西洋人自古就研究这一套问题,现在弄的不好再谈,所以晚近数十年的哲学界岑寂的了不得!成了哲学的大衰歇。有些人就以为哲学只好当艺术看待,随各自的天才去作,不能求问题的定规是非解决。虽然以罗素这样严凝的理性家,到此也不能不持一种活动的态度。他以为古代的一元多元、唯心唯物等问题,现在还可以来讲,不过古人的方法不对,现在要讲哲学必须另外开辟一条方法。他的方法就在他的数理论理。以论理来治形而上学本来也有,像黑格尔(Hegel)同现在的布莱得雷(Bradley)。但罗素与他们大不同,罗素反对他们的论理而改革出一种新论理来。在他们都是由论理推论来取消,否定平常的经验现象,而证明本体是超绝;罗素以为这种消极的作法不对而且用不着,哲学应当试去讲明那些根本问题以为科学之基础,而不当否认现象,取消科学的。他就是要拿他的数理论理来拟构宇宙大概是怎样怎样,自己去建设出一个宇宙来,使现象得到解释,使科学得个安放。这个宇宙的"大概是",你也可以去拟构,我也可以去拟构,不应当让论理束缚我们,而应解放开,象海阔天空的样子容我们放步走去。他差不多觉得哲学正不要太呆定,留这地方容我们思想活动倒有趣。他这个方法自然比前人高明妥当的多,但按人类是要求真是真非的,只有这个宇宙的"大概是"我们不能满意。

柏格森的意思

此外当世还有一个人替形而上学开辟一条道路的就是柏格森。他着眼康德对于形而上学的批评,宣言说他的哲学方法是出乎康德对一般形而上学之反对之外的,是要把从康德以来被康德打断了的形而上学与科学再搭一个桥接通。但他怎能如此呢?我们倒要看看他。前已说过形而上学所以没法讲,一则是感觉不到,一则概念作用不能施,这两个难关有一不解除就不成功。他的方法即所谓直觉(intuition),都曾听说的了,要明了他那意味就在解除这两个难关。顷所谓感觉不到的,不是说感觉中没有宇宙,是说感觉中没有整个宇宙。整个的宇宙就是绝对,而一说到感觉已是能所对立了。整个宇宙当然不许感觉,感觉生来不能得整个宇宙。于是柏格森讲说他的直觉开口就标出能觉的我要加入所觉里头,不在所觉外边转,最后结句就点明可以说为全整的感验(intergal experience)。同时对于概念大加排斥,说概念不得事物自相,哲学上的两对反论调——如唯心唯物——都由此误生。如他那方法,两对反的意思通通没有了。他说:去讲哲学就是把从来习惯用思的方法翻过来,康德直以为智慧只是概念作用，除概念外更不会别的了，知识只是数学的，想造一大数学的网，把宇宙笼罩了。宇宙的本体不是固定的静体，是"生命"、是"绵延"，宇宙现象则在生活中之所现，为感觉与理智所认取而有似静体的，要认识本体非感觉理智所能办，必方生活的直觉才行，直觉时即生活时，浑融为一个，没有主客观的，可以称绝对。直觉所得自不能不用语音文字表出来，然一纳入理智的形式即全不对，所以讲形而上学要用流动的观念，不要用明晰固定的概念。此概念是诠释现象的。他这话是从来没有人说过的，迈越古人，独辟蹊径，叫人很难批评——罗素的批评很多无当，只是意气。然我们对他实难承认，因他的方法可疑。直觉是主观的，情感的，绝不是无私的，离却主观的，如何能得真呢？所以直觉实为非量如前已说。我们必要静观无私的才敢信任。

大家所加于形而上学之批评，宗教与神学也都不能避免，并且简直还不及形而上学或有方法可寻。所以宗教神学之命运，比形而上学更要到了绝地，不但人格的上帝说不过去，就是那种泛神论也是不通的。然宗教本是人类情志方面的产物，虽为理性所拒绝，并不能就倒下来。而同时宗教自己也就逐渐变化，把种种从前要人相信的道理慢慢都一句不提，只余下一个上帝的观念也化成很抽象的一点意思了。其态度无待孔德主张什么人道教，赫克尔主张什么一元教，倭铿主张什么精神生活，基督教家已竟倡言现世主义，所以为其教训的只是一个"爱"字，亦足以维系一时。只有神学恐怕无法维持。

我们讲西方情形至此为一段落。前表中所列宗教及形而上学,受批评失势和知识的研究为哲学中心问题,大抵如上。今后的宗教苟不得其在知识方面之基础,形而上学苟不得其研究途径,即不必求生存发展于人类未来之文化中!于是我们就此机会,来看东方的宗教和形而上学是如何情况呢?他是不是同西方宗教、古代形而上学陷于一样的谬误?他能不能解免大家的批评?其形而上学倘能解免大家的批评,那么,他所用的方法,是否可以较柏格森、罗素为能满意?东方文化,印度是以其宗教为中心的,中国是以形而上学为中心的,所以这个问题非常重要吃紧,傥然是求不出一条路来时,东方文化简直随着宗教形而上学成了文化的化石了!

印度哲学的情势

我们先来看印度的形而上学,他们所讨究的问题,大半与西洋形而上学的问题一般样子,喜欢讲宇宙本体。他们的家数宗派是很多,其顶著名的,有很丰富的哲学思想的,自为僧佉宗——数论派,吠檀多宗——梵天派;今西洋人研究他们的很不少。然而我们看他们实不能解免于批评,僧佉人所谓"自性"、"神我"差不多就是笛卡尔心物二元的样子,吠檀多人所谓"梵天"差不多就是斯宾诺莎泛神一元的样子,其为独断论是不可讳的。此外如吠世史迦派、尼耶也派、瑜伽派等或见解不同而价值不过如此，如吠世史迦之极微论亦元子论及 monads 说之流；或思想与前二宗不相远，如瑜伽派之与僧佉，所以都可不必细论。在佛教因为教法种种不一，思想似不一致，其后流传各处，分部开宗，又莫不自认为佛家思想，似乎很难得准据以为论断。然而终究有条理可寻，那么，我去寻得的结果则佛教固确乎不陷于古形而上学家之错误者也。试分叙于下：

（一）小乘佛教是绝口不谈形而上学的；

（二）大乘佛教是谈形而上学而开辟得法的；

（三）外国佛教谈形而上学，间或不得法，然佛教固不负其责的。

小乘佛教之不谈形而上学，多无人留意，我觉得这实是最大之事！小乘色、心并举乍看上去亦可曰物心二元，但其实是不然。从他那色与心彼此不相属，亦无所共属去说，应为物心二元，却是色、心都是所谓"有为法"，他们俱目为非真实的，哪里能以他为本体呢？又印度人之求宇宙本体，都是要解脱了以契合本体的；小乘是要解脱到"无为法"的，他所要解脱以去者正在色心，那么，色心不是他的本体是很明的。他既然解脱在"无为"又说"无为"是真常，那么，很象是本体喽。但他又不说"无为"为万有所自出，并且还说"无为"离色心而定有，那么，"无为"又怎能算他本体呢？要晓得小乘的说话实在不是在那里答对什么宇宙本体的问题，他只是将宇宙万有分门别类来看，至于万有归总一个的观念，他并没有。我们从种种方面看小乘的经论，非不繁博精微，但是绝口不谈形而上学的。这在小乘自己，固然可以免于批评，并且可以帮助大乘佛教，证明佛教于无论东西古时所不免之错误而竟无之。你要看印度当那时节，大家都各鸣一说的竞谈这项问题，而佛教起来插足于此社会，偏偏一句不谈，岂不是很可注意吗？这是什么原故他竟能如此？照我说这是小乘大乘都是佛说的一个证据。如果不是有意不提，以为后来再说之地，怎能恰好小乘预先就替后出的大乘留下地步，怎能单自坚决的不讨论大家讨论的问题？这在以小乘为佛说，以大乘为后出的人未必就信，但我很望他有番解释，莫忽略过去。在我的意思，佛的形而上学在当时不肯拿出来，拿出来不惟于其思想界没有好处，且恐益发糊涂胶固而不得开明。所以先说的小乘教只谈相对，不谈绝对，虽与当时思想问题不相切合而全然不顾；待大乘教才对他们讲说，这时候又只讲绝对，几不讲一句相对的话了。等到唯识学出来——他是从相对讲入绝对的——才把二者沟通，使后人明白佛教是怎么一回事。我不敢说印度大乘佛教都是讲唯识学的，但唯识家的方法也是他们的方法，则其讲形而上学不为独断。惟年代太久，或流至远方，浸失原来根本，那就不敢担保了。例如中国所开之华严宗等，又流到日本，为井上圆了辈所盛谈者，均难逃讥评，则所谓外国佛教，佛教固不负其责也。

佛教的形而上学方法

我们看唯识家所指明给我们的佛家形而上学方法是如何呢？这要细说就来不及，我们只能简单的告诉大家。他不像罗素舍去经验单走理智一路，也不像柏格森用那可疑的直觉；他依旧用人人信任的感觉，——他叫作现量。他平常讲知识的时节，只信任现量同比量是对的，由这两样东西能给我们确实可靠的知识，此外什么直觉、冥想等等都排斥，这态度与西方科学家一般无二。科学家经营他的科学，用的感觉和理智，也就是唯识家经营他的学问之所用的工具。你展开因明、唯识的书一看，就可以看见唯识家怎样的不许人超过感觉的说话，他同所谓"批评的自然派哲学"（critical naturalism）如皮耳松感觉主义一流绝相似。皮耳松所云：我们离感觉则一无所有，若说有一样东西超越感觉而是实在，那就不成话的，这就是唯识家头一步的议论。从这样态度岂不是形而上学就不能讲了么？不错的。唯识家原以具体的"宇宙"观念就是非量，再从这个上边去讲许多话，更是非量非量，他早把形而上学根本的不合，批评的很明白。然他却来讲形而上学，这也就可以看出他的讲形而上学与那糊涂乱讲的是不同了！

西洋人与唯识家既都从只认感觉理智，结果推翻形而上学，这时候唯识家又来重建形而上学岂不是要另辟方法么？不然的。

他还是牢固守着感觉一点也不变,而结果就可以产生他的形而上学。不过他说,我们要把感觉——他所谓现量——从直觉理智等作用分离出来而只留下他一种作用,自然而然就好了。从我们现在的感觉,到那能认识宇宙本体的现量,约之为两步:

(一)头一步现量　我们所以前边序列三种认识作用必要用现量的名称而不用感觉的名称,实在因为平常我们的感觉固然所对是"性境"不妨说为现量,而已竟牵混到别的作用一起,而不能分,以致一般人所谓感觉的差不多都是指着知觉(perception)说,所以不可再认同现量。现量是纯静观的;这在实验主义家从生物研究得的心理,必然不承认有什么纯静观的认识作用。这个不承认是很对的,我们的感觉器官本来是生活中之工具,其认识作用皆为一种有所为的活动,安得而为纯静观的。唯识家亦正为此而说日常生活虽无时不有现量而现量不可得,盖现量作用在平常甚暂甚微,但却非竟无。必须把这牵混入比非量之甚暂甚微的现量分离独立,暂者久之,微者著之——即是将有所为的态度去净而为无私的——纯静观——才好。倘能做到,便是这头一步的现量。以何为做到之验呢?就是看飞鸟,只见鸟(但不知其为鸟)而不见飞;看幡动,只见幡(但不知其为幡)而不见动。

(二)次一步现量　倘能做到头一步时就会慢慢到了这一步,这还是顺着那个来,不过比前更进一步的无私,更进一步的静观；然而无私静观亦至此不能再进了。这以何为验呢？就是眼前面的人和山河大地都没有了！空无所见！这空无所见就是见本体。在唯识家叫做"根本智证真如"。

这上边的话自须加以说明才行。原来照佛家说，我们人或其他生物眼前所对的宇宙——上天，下地，回头自己的躯体，——只是自己向前要求的一个回答。人或其他生物，你不要看他是安安静静老老实实的，他长的眼睛、鼻子、耳朵，你不要看他很端正文雅的，他实在是象饥饿的一般猛烈往前奔去，他那眼、耳、手、足一切器官实在都是一副家伙，极狞恶贪婪的在那里东寻西找。这自然太骂人，人都不能承认，自己觉得我并没有如此。要晓得这本来是不自知的，不浮现于意识上的，而藏在后边的；就是你躺在那里睡觉，一动不动，不知不识，还是奋勇的在那里活动。这个往前追求盖基于二执——我执、法执；当其向前求的时候盖即认有前面，认有自己，所谓求即攫来予我之态度。惟此所说认物认我与攫来云云，都不必果有此意而已经先存在了。我们意中的"我"，"法"，是粗暴有间断的，无关重要的，此处所说是指甚深隐细而念念相续永不间断的。这念念缘我，相续不断的是一最根本的作用叫作"末那识"——第七识。那东想西想时起时落的心并非根本的，重要的，他不过是往前生活所用工具之一；连同眼、耳、鼻、舌、身五觉官并称前六识。这眼耳等在人自然是六数，其实别的生物不一定这样，也许觉官少一两样，也许巧慧——第六识——不发达，几乎没有，所以最关重要的还是在第七识，大约有生命无生命是生物非生物之辨，就在此有二执与否。盖生命寄于向前活动，向前活动基于二执故也。当其运用六工具向前要求时，所碰到的实非别的，还是自己所现：眼见色，色即眼识现；耳闻声，声即耳识现；乃至意缘念，念即意识现。此即前面叙三量时所说无论现比非量——感觉、念虑——其影象皆由自己变现是也。影象之后尚有本质，则常人所指为客观的物质世界也。但其实不然。七识执什么以为我呢？七转识——七识并前六识——所变现影象何自来呢？与此之本质皆在阿赖耶识——第八识，照直说，这七识其所以为本质者——无论执我而缘内界或前求而缘外界——皆此阿赖耶识；乃至七识所自变现生者亦出于阿赖耶识。惟一的物件只此阿赖耶识，东看西看，上看下看，内看外看，所碰到的都是他。不过不单影象是随时变现，非恒在的东西，就是这内外的本质，你看他死呆呆的物质世界，实在也是迁流不息，相续而转。一块石头不是一块石头，是许多石头的相续。不单影象是随人变现各自不同，你眼识所现的红白属你，我眼识所现的红白属我；就是本质也非客观存在而是随人不同的，你的宇宙是你所现，我的宇宙是我所现。此时最可注意的，内外俱是一阿赖耶识而竟被我们打成两截，中间加了种种隔膜。这就是说在我们生活中——向前要求中——分成物我两事；而七识执我又自现影象则内里一重隔阻，前六识摄物又自现影象则外向一重隔阻，所以整个的宇宙，所谓绝对，自为我们感觉念虑所不能得到，当这些工具活动的时候,早已分成对立形势而且隔阻重重了。你要揭开重幕,直认惟一绝对本体,必须解放二执,则妄求自息,重幕自落,一体之义,才可实证。这就是唯识家所贡献于形而上学的方法。所以这头步二步都无非往这面做去:沉静！休歇！解放！所幸感觉器官上还有这一点暂而微的现量是真无私、纯静观的;只要你沉静、休歇、解放,其用自显。譬如头一步的现量就是私利的比非量都不起了,所以看飞动的东西不见飞动。飞动是一种形势、意味、倾向而已,并不是具体的东西,现量无从认识他。因为现量即感觉中只现那东西——或鸟或幡——的影象,这影象只是一张相片。当那东西在我眼前飞动假为一百刹那,我也就一百感觉相续而有一百影片相续现起。在每一影片其东西本是静的,那么,一百影片仍只有静的东西,其飞动始终不可见。必要同时有直觉等作用把这些影片贯串起来,飞动之势乃见,这与活动电影一理。所以不见飞动,为直觉不起独有现量之证。到次一步的现量是解放到家的时候才有的,那时不但虚的飞动形势没了,乃至连实的影片也没了,所以才空无所见。因为影片本是感觉所自现,感觉譬如一问,影片即其所自为之一答,你如不问,自没有答。当我们妄求时,感官为探问之具,遇到八识变的本质就生此影象;乃至得到大解放,无求即无问,什么本质影象也就没了,于是现量直证"真如"——即本体。这唯识上所谓"智与真如,平等平等","无分别智,不变而缘"。再转出"后得智"又来分别诸法自共相等,把无分别智——一名根本智——所证说出告诉我们,便是形而上学了。

　　大概意思如上已尽。在外人自未必都相信，在佛家的人也恐指摘我种种不对。但我的看法是如此，我认唯识家提出有形而上学的新方法，且比罗素、柏格森的方法为满意，为可信任。形而上学本来不能讲，现在他能来讲，这个大翻案只有他做到了。并且很奇怪，最近哲理的阐发，都予他不少的证明，两个相反对的柏格森、罗素都是他最大的帮忙的人。柏格森所操方法同他固不对，而所得的道理却多密合，这是为两方都是研究一个东西——生命、生物——的原故。罗素所走一路，用理智对外研究似与他不相干，而不料比柏格森还有更契合的地方。柏格森说"生命"、"绵延"是整的不可分的，这实在有点不对，因他堕于"常见"。罗素所主张，得到安斯坦相对论而证明的"事情相续说"却几于非断非常，把唯识家所说，一块石头不是一块石头，而是许多石头相续，和反对静体之义，都加以证明。我们常设想，起古唯识家于地下而一览西洋学说，他反对讲形而上学反对静体的物质在当日为外道小乘所不喻的，乃至种种主张在当日无论如何同人家讲亦不相信的，或自己要说没有说出来的，都有这许多人来帮忙，一定欢喜的不知所云。实在唯识学在今日讲，比古代容易得其解，但我断言唯识学的机运并未到；其故后详。

　　我们上面只说唯识家对于形而上学不可经验的开出一条经验的路来，至概念判断是否能使用，以及唯识家对于形而上学如何解决，都还不曾说。这话在《印度哲学概论》第三篇第三章讲知识之界限效用问题替他说的很详明，此处不能很多说。简单说：概念判断只用在相对而不能施于绝对，"绝对"不是一个念，昔人所问形而上学的问题都要取消。他在根本智，后得智中所得而告诉于我们的也没有别的，就是"不可说不可念"，例如：本体心物一多的问题，那么，就是非心非物、非一非多，乃至非有非无，乃至本体这句话就不对，凡有所说俱是戏论。若说也不妨，不过说了就不算，所以佛菩萨在大乘经论长篇大套谈他的形而上学，只是你不要当话听罢了。真正的形而上学如是如是。于是乎唯识家的大翻案文章是翻而不翻，翻过来之意与未翻原案还是相符顺的。

西洋印度两方哲学之动机不同

现在须要说明的有一桩事：何以西洋印度研究一样的问题而印度人单开辟出这条路来？请拿我前面所列的表中，西洋同印度的情形一比，便知不同。表云：印度形而上学与西洋为同物但研究之动机不同，随着宗教甚盛且不变动。盖两方惟一之不同只在研究的动机上，此不可不注意者。西洋人是什么动机？可以说作知识的动机，科学的动机；印度人是什么动机？可以说作行为的动机，宗教的动机。西洋人无论为希腊时或文艺复兴后，其研究哲学都是出于好知的意思，他们叫做"爱智"。印度人象是没有那样余闲,他情志上迫于一类问题而有一种宗教的行为,就是试着去解脱生活复其清净本体,因为这个原故,所以他们没有哲学只有宗教,全没想讲什么形而上学,只是要求他实行的目标。例如吠檀多人讲"梵天",他就要去实做梵天;僧佉人讲"自性"、"神我",他就要实做到神我、自性的各归其位;都不是在那里谈什么哲理。总而言之,他们的厌生活,求出世,是他们的动机所在。要出世出到哪里去呢? 那么,自然要想我本来是不如此的,宇宙本体是清净的,果如何斯为宇宙本体? 这是他们的问题之所在。于是就各出己见,这一家以为如何如何,那一家以为如何如何,并且把如何可以做到的路子训示人去做。在他自己实宗教而已,我们则从他的教训中抽取他的道理算做哲学。这与西方情形岂非大大不同!——一个是出于第一条路向,一个是走到第三条路向上去。从这不同,其结果先分出一方形而上学可以失势无人讲,而这一方则不能,因他这种行为是不能阻止的,则求本体讲本体无论如何不能罢手。然此犹结果之小者,其大结果,即一方无论如何不能辟得形而上学的方法,而一方则得以开辟出来也。这个道理并不难懂,就是我们在前所说的,你如果不止息要求,还拿六个工具去探问什么宇宙本体,无论怎样探求总是自己工具上的回报影象,没有法子得到本体。必得要象印度人厌弃生活来息止生活庶乎可望摸着息止生活的窍——解放二执——而实证本体,此则唯识家所以成功于印度也。于是要问:印度宗派甚多,皆有息止生活之法,佛家而外即没有得息止的吗? 诚然如是。印度各宗要求息止生活大抵原相近似,其方法,即他们所谓瑜伽者,亦若比同。但所似所同者自外面粗形式看耳,其实内容殊异,而此事差之毫厘,谬以千里,故卒惟佛教一家得之。假若此事不为人类的一种成功则已,苟得为一种成功则不可不知其为走第三条路之结果,而印度文明之所在也。

宗教问题之研究

我们既说到此处,该把宗教来讨论讨论。形而上学之成就,是印度人之小成就,假使印度人要有成就一定在宗教上,因为印度原只有宗教,而形而上学原是附属于其内的。并且我们上面说他研究形而上学的动机是在宗教、出世,却没有说出宗教、出世的动机在什么地方;此刻正好接续前边来讲宗教的动机,问他为什么要出世。我曾有一篇旧文章在少年中国学会的是宗教问题讲演,在那里面我曾指明印度宗教的动机,并从以论定宗教的必要。此刻可以拿来叙说,并将原来要讲明宗教的未尽之意补足之。

宗教是人类文化上很普遍很重要的一桩东西。但是从近代遭许多人批评之后,各人都拿自己的意思来解释宗教,你以为宗教是这样,他以为宗教是那样,以致一般人对宗教都是莫明其妙。所以我们现在对于宗教问题之解决实在是很紧要的。

我们现在要解决宗教的问题,头一句自然要问宗教究竟是何

第四章 西洋中国印度三方哲学之比观

物？知道了这层然后对于宗教的真妄利弊此后存在不存在的话方好去说，否则无从说起。差不多将"宗教是什么"弄明白了，各种问题便算已经解决了。绝不应明确的宗教观念未得到，便胡乱评断什么宗教的存废！

我们看好多的宗教，形形色色，千奇百怪，什么样子都有，很不一致。但我们要寻出他一致的地方，方能渐渐晓得宗教是怎么一回事，而有一个明白真确的"宗教"观念。这所谓一致的地方，就是所有宗教的共同必要条件。但若非是一致的，就不算宗教的必要条件，不过是某宗教或某项宗教的特殊现象罢了。断不应把这殊象认作"宗教"观念构成的一义。如此研究下去我们得到一个归结是：

> 所谓宗教的，都是以超绝于知识的事物，谋情志方面之安慰勖勉的。

我们就着众人所认为宗教的去研寻，寻到如此的结果。无论怎样高下不齐，种种的宗教，个个皆然，没有一个例外，除非那聚讼未决的孔教，或那立意辟创，未经公认的赫克尔一元教，倭铿精神生活等等，有些不合而已；这个不合，不但不能证明我们结论之非，反倒看出我们结论之是。孔家是否宗教之所以聚讼未决，正以他不甚合我们所说的，才招致人家疑问。换句话说，如果孔家亦合乎这结论，就不致聚讼不决了。这以见我们所说是深得宗教的本真——本来面目；而那赫克尔、倭铿，都是要变更宗教面目的，当然不会同我们就宗教本来面目寻出的说法相合。他之不合于我们，正为我们之吻合于宗教也。他们的说法都是拿着自己意思去说的，我们纯就客观的事实为材料而综合研寻的，其方法原不同。方法所以不同，因为我们只想知道宗教的真相，而他们则想开辟宗教。凡意在知道宗教真相的，我们的说法大约无疑问的了。至于孔教何以非宗教而似宗教，何以中国独缺乏宗教这样东西，与赫克尔、倭铿之徒何以立意谋宗教之辟创，俱待后面去解说。这结论分析开来可以作为两条——宗教的两条件：

（一）宗教必以对于人的情志方面之安慰勖勉，为他的事务；
（二）宗教必以对于人的知识之超外背反，立他的根据。

这两条件虽是从上头一句话分析出来的，也是就客观事实研寻出来如此，无论怎样高下不齐的宗教所共同一致的。我们试去讲明这两个条件，然后再合起来讲那一句总的。

对于人的情志方面加以勖勉，可以说无论高低或如何不同的宗教所作皆此一事，更无二事。例如极幼稚低等拜蛇、拜黄鼠狼乃至供奉火神河神瘟神种种，其仙神的有无，且无从说他，礼拜供奉的后效，能不能如他所期，也不得而知。却有一件是真的，就是他礼拜供奉了，他的心里便觉得安宁舒帖了，怀着希望可以往下生活了。这便所谓对情志的勖勉。便是程度高了许多的大宗教，如基督教等其礼拜祈祷，喊上帝，语其真际，也还是如此。乃至基督教所作用于托尔斯泰的，托尔斯泰所受用的基督教的，也还是如此。宗教除与人一勘慰之外，实不作别的事。此即大家所谓得到一个安心立命之处是也。在托尔斯泰固然当真得到一个安心立命之处，得到一个新生命，而其他基督教徒也未尝不可说是如此，在较高的宗教固然能给人一个安心立命之处，即其他若拜蛇拜鼠也何尝不是如此呢？不过各人所怀问题不同，得到的答也不同——情志知识的高下浅深不同，得到的安慰勘勉因之而差异，若其得安慰勘勉则无二致。在当初像是无路可走的样子，走不下去——生活不下去——的样子，现在是替他开出路来，现在走得下去了。质言之，不外使一个人的生活得以维持而不致溃裂横决，这是一切宗教之通点。宗教盖由此而起，由此而得在人类文化中占很重要一个位置，这个我们可以说是宗教在人类生活上之所以必要。（是否永远必要，将来占何位置，下文去说。）

对于人的知识作用处于超外背反的地位，可以说无论高低或如何不同的宗教所持皆此态度，更无二致。例如那蛇与鼠，在礼拜他们的，都说他们是大仙，具有特别能力。若照我们知识作用去论断，总说不下去，他便不得立足了。所以他总要求超绝于我们知识作用之外。又如那火神瘟神，我们并不曾看见，而要认他们是有，也是在超乎知识作用地方去立足。基督教的上帝，婆罗门的梵天……没有不是如此的。无论他们的说法怎样近情近理，他那最后根据所在，总若非吾人所与知，或为感觉所未接，或为理智所不喻。由此大家一说到宗教就离不了"超绝"同"神秘"两个意思。这两个意思实在是宗教的特质，最当注意的。我们试略加讲说：

（一）超绝　所谓超绝是怎么讲呢？我们可以说就是在现有的世界之外。什么是现有的世界呢？就是现在我们知识中的世界，——感觉所及理智所统的世界。宗教为什么定要这样呢？原来所以使他情志不宁的是现有的世界，在现有的世界没有法子想，那么，非求之现有世界之外不可了，只有冲出超离现有的世界才得勖慰了。那一切宗教所有的种种"神"、"仙"、"帝"、"天"……的观念都应于这个要求而出现的，都是在现有世界之外立足的。因此一切宗教多少总有出世的倾向——舍此（现有世界）就彼（超绝世界）的倾向。因为一切都是于现有世界之外别辟世界，而后藉之而得安慰也。"超绝"与"出世"实一事的两面，从知识方面看则曰超绝，从情志方面看则曰出世。

（二）神秘　所谓神秘是什么呢？大约一个观念或一个经验不容理智施其作用的都为神秘了。这只从反面去说他，他那积极的意味在各人心目中，不容说。宗教为什么定要这样呢？因为所以使他情志不宁的是理智清楚明了的观察。例如在危险情境的人愈将所处情境看的清，愈震摇不宁。托尔斯泰愈将人生无意义看的清，愈不能生活。这时候只有掉换一副非理性的心理，才得拯救他出于苦恼。这便是一切神秘的观念与经验所由兴，而一切宗教上的观念与经验莫非神秘的，也就是为此了。

第四章　西洋中国印度三方哲学之比观

超绝与神秘二点实为宗教所以异乎其他事物之处。吾人每言宗教时,殆即指此二点而说。故假使其事而非超绝神秘者即非吾人所谓宗教,毋宁别名以名之之为愈也。此类特别处:"感觉所未接","理智所不喻","超绝","神秘",可以统谓之"外乎理知"。理智不喻的固是外乎理知,感觉未接而去说具体东西,便也是理智不喻的了。若神秘固是理智不喻的,超绝尤非理智范围(理智中的东西皆非东西,而相关系之一点也,超绝则绝此关系也)。故一言以蔽之曰外乎理知。但理智是人所不能不信任的,宗教盖由此而受疑忌排斥,几乎失其文化上的位置。这一点我们可以说是宗教在人类生活上之所以难得稳帖和洽。

分言之,则"对于人的情志方面加以勖勉"与"对于人的知识作用超外"为宗教之二条件,合起来说则固一事也。一事唯何?即前头所标"以超绝于知识的事物谋情志方面之安慰勖勉"是已。此是一事不容分开。为情志方面之安慰勖勉其事尽有,然不走超绝于知识一条路则不算宗教;反之单是于知识为超外而不去谋情志方面之安慰勖勉者亦不是宗教。必"走超绝于知识的一条路以谋情志方面之勖慰"之一事乃为宗教。所有宗教皆此一事。特此一事之作法各有不同耳。或者是礼拜,或者是祈祷,或者祝颂,或者讽咏,或者清净,或者苦行,或者禁欲,或者瑜伽……种种数不尽。然通可谓之一事——对于出世间(超绝于现有世界之世界,现有的世界则吾人知识中之世界也,具如上说。)致其归依而有所事为是也。此一事作得一点则得一点之勖慰,而愈作亦愈远现世而趋近现世之超离。故此一事吾名之曰："出世之务"。宗教者出世之谓也。宗教之为宗教如此如此，我们并不曾有一丝增减于其间。我们既明宗教之为物如此，夫然后乃进问：若此其物者在后此世界其盛衰存废何如呢？我们还是要他好还是不要他好呢？我们试以前问为主，后问为副，而研求解答之。

若问宗教后此之命运，则我们仍宜分为二题以求其解答：（一）人类生活的情志方面果永有宗教的必要乎？（二）人类生活的知识方面果亦有宗教的可能乎？假使不必要，而又不可能，则宗教将无从维持于永久。假使既必要，而又可能，夫谁得而废之。此皆可两言而决者。若其虽必要而不可能，或虽可能而不必要，则其命运亦有可得而言者。

宗教是否必要之研究

人类生活的情志方面果永有宗教的必要乎？我们要看以前曾赖宗教去勘慰的情志都是如何样的情志，以后世界还有没有这些样的情志，这些样的情志是不是定要宗教才得勘慰。倘以后没有这些样情志，则宗教不必要。即有这样的情志，虽以前曾赖宗教勘慰，却非以后定要宗教而不能变更替换者，则宗教仍为不必要。至于以后人类生活迁异，有没有另样须要宗教勘慰的情志，则吾人未曾经验者亦不欲说他。吾人唯就现有，以后仍要有，又无别种办法者,而后说为宗教的必要。

我们就着一般宗教徒在他正需要、接受、信奉宗教的时节,看其情志是怎样的?再对着不信教的人在拒却宗教的时节看其情志是怎样的?结果我们看到前一种情志与后一种情志可以用"弱"、"强"两个字来表别他。所有前种的人他的情志都是弱的,他总自觉无能力,对付不了问题很不得意的,……所有后种的人他的情志都是强的,他总像气力有余样子,没有什么问题,很得意的……。大概教徒的情志方面都是如此"弱"的状态,不过因为问题不同,所以弱的有不同罢了。然则宗教是否即立足于人类情志之弱的一点上呢?不是的。如此状态有时而变的,不过当人类稚弱的时节如此,能力增进态度就改换了。虽改换却非宗教便要倒的。在以前人类文化幼稚的时候,见厄于自然,情志所系,问题所在,只不过图生存而已。而种种自然界的东西,都是他问题中对付不了的东西,于是这些东西几乎就莫不有神祇了。诸如天、地、山、川、风、云、雷、雨……的神是也。而其宗教之所务,自也不外祈年禳灾之类了。一旦文化增高,知识进步,渐渐能征服自然,这种自觉弱小必要仰赖于神的态度,就会改变。因为这是一个错误,或幻觉,人类并不弱小。(同后来征服自然最得意时节之自觉强大尊威一样幻妄,都是一时的不能常久,记得罗素从考算天文而说人类渺小,这虽与前之出于主观情志的"弱小"两样,但也不对,这怕是他们理性派的错误,但却非理性的错误,理性不会错误)宗教之所以在人类文化初期很盛,到了后来近世就衰微下来，所以在别的地方不受什么排斥而翻在宗教势强的欧洲大遭排斥，都是为人类情志方面转弱为强的原故。有人以为近世宗教的衰败，是受科学的攻击，其实不然。科学是知识，宗教是行为。知识并不能变更我们行为，行为是出于情志的。由科学进步而人类所获得之"得意"、"高兴"是打倒宗教的东西，却非科学能打倒宗教。反之，人若情志作用方盛时，无论什么不合理性的东西他都能承受的。如此我们看这样自觉弱小的情志在近世已经改变日后也不见得有了，（即有这类对自然问题因情志变了，也不走这宗教一途，）那么，宗教如果其必要只在此，也将为不必要了。但是我们看见只应于这种要求产生的宗教不必要罢了，只这种现在不必要的宗教倒了罢了，宗教并不因之而倒，因为人类情志还有别的问题在。

虽然好多宗教都是为生存问题祸福问题才有的，但这只是低等的动机，还有出于高等动机的。这高等动机的宗教，经过初期文化的印度西洋都有之。（唯中国无之，中国文化虽进而其宗教仍是出于低等动机——祸福之念，长生求仙之念——如文昌、吕祖之类，其较高之问题皆另走他途，不成功宗教）不过一宗教成立存在绝非一项动机，一项动机也怕不成宗教，所以很难分辨罢了。比较看去似乎还是基督教富于忏悔罪恶迁善爱人的意思，基督教徒颇非以生存祸福问题而生其信仰心者。我曾看见到一位陈先生（陈靖武先生的儿子），他本是讲宋学的，后来竟奉了基督教。他把他怎样奉教的原故说给我听。话很长，很有味，此时不及叙。简单扼要的说：他不是自觉弱小，他是自觉罪恶，他不是怯惧，他是愧恨，他不求生存富贵，他求美善光明。但是一个人自己没有法子没有力量将作过的罪恶涮除，将愧恨之心放下，顿得光明别开一新生命，登一新途程，成一新人格——这如勇士不能自举其身的一样——只有哀呼上帝拔我，才得自拔。他说上帝就在这里，宗教的必要就在此等处。我很相信他的话出于真情，大概各大宗教都能给人以这样的勖慰，不单是基督教。这在宗教以前所予人类帮助中是最大之一端，在以后也很像是必要。人类自觉弱小悁怯可以因文化增进而改变，但一个人的自觉罪恶而自恨，却不能因文化增进而没有了。（人类自觉生来就有罪恶这是会改变的，但一人作过罪恶而自恨，或且因文化之进而进。）除非他不自恨则已，当真自恨真无法解救。这时他自己固不自恕，即自恕也若不算数。即他所负罪的人恕他，也都不算数。只有求上帝恕他一切，才得如释重负，恍若上帝在旁帮他自新，才觉顿得光明。几乎舍此无他途或即走他途，也绝无如是伟力神效。然则宗教的必要是否即在此呢？还不是的。论起来，这样的情志，后此既不能没有，而对他的勖慰，舍宗教又无正相当的替代，诚然是必要了。但这必要是假的，是出于"幻情"。明是自己勖勉自己，而幻出一个上帝来。假使宗教的必要只在这幻的上边，也就薄弱的很了。（况且还有许多流弊危险，此处不谈）然而宗教的真必要，固还别有在。

照上边的这一例，已经渐渐感觉说话的人与听话的人所有材料——宇宙——同不同的问题。因为我亦曾有陈先生那样的材料,即我亦曾厌恨自己,几于自杀,所以对他所说的话得少分相喻。而大家若没尝过这味道的,就有难得相喻之感。但这还非难的,例如那某时期之托尔斯泰之宇宙便非我们大家一般人所有的了。(如有托尔斯泰的宇宙,其人便一托尔斯泰。)在那时他觉得"人生无意义"。虽然这五字你也认识,他也认识,仿佛没甚难解,其实都并不解。这五字不过是一符号唤起大家的"人生无意义"之感罢了,大家若没有此感,便如与瞎子说花怎的美观,简直不能相喻的。然聪明人,多情多欲的人多有此感,不过有强弱深浅之差。现在不管大家相喻到如何,姑且去说就是了。在托翁感觉人生无意义时节,他陷于非常之忧恼痛苦,不定那一时就会自杀。却一旦认识了基督寻到了上帝,重复得着人生意义,立时心安情慰而勉于人生。差不多同已死的人复得再生一般。这非宗教之力不及此。然则宗教的必要,就在对付这类问题的么?诚然宗教多能对付这类问题,而且有从这类问题产出的宗教。然还不定要宗教。这类问题——人生空虚无聊,人生究竟有何意义——也可径直走入否定人生一途,也可仍旧折回归还到勉于人生。由前一途径其结果固必为宗教;或长生的出世法如道教及印度几外道,或无生的出世法如佛教及印度几外道。由后一途其结果则不必为宗教如托翁所为者,尽可于人生中为人生之慰勉,如孔家暨后之宋明儒皆具此能力者也。(关于孔家者后边去说)并且我们很可以有法子保我们情志不陷于如此的境地,则宗教尤其用不着了。原来这样人生空虚无意义之感,还是一个错误。这因多情多欲,一味向前追求下去,处处认得太实,事事要有意义,而且要求太强,趣味太浓,计较太盛。将一个人生活的重心,全挪在外边。一旦这误以为实有的找不着了,便骤失其重心,情志大动摇起来,什么心肠都没有了。只是焦惶慌怖,苦恼杂集,一切生活都作不下去。在这茫无着落而急求着落的时候,很容易一误再误,抓着一个似是而非的东西便算把柄,如托翁盖其例也。在生活中的一件一件的事情,我们常辨别他的意义,评算他的价值,这因无意中随便立了个标的在,就着标的去说的。这种辨别评算成了习惯,挪到根本的人生问题,还持那种态度,硬要找他的意义价值结果。却不晓得别的事所以可评算,因他是较大关系之一点,而整个的人生则是一个独绝,更不关系于较大之关系,不应对之究问其价值意义结果之如何。始既恍若其有,继则恍若其无,旋又恍若得之者,其实皆幻觉也。此种辨别计较评算都是理智受了一种"为我的冲动"在那里起作用。一个人如果尽作这样的生活,实是苦极。而其结果必倦于人生,会要有人生空虚之感,竟致生活动摇,例今之罗素辈皆知此义。若于生活中比较的凭直觉而不用理智当可少愈,而尤莫妙于以理智运直觉使人涵泳于一"直觉的宇宙"中。凡倭铿所谓精神生活,罗素所谓灵性生活皆目此也(按两家于英语皆为 The life of spirit 字样而说法不尽同,时下译家对前多译称精神生活,对后多译称灵性生活,有个分别也好)。又若诸提倡艺术的人生态度者,或提倡艺术生活者,或提倡以美育代宗教者（此说之妥否另议），其所倾向盖莫不在此也。此其说过长，不能详论。我们且只说此种倾向几为今日大家所同，而且很可看清改造后的社会，那时人确然是这样生活无疑。这样生活作去，宗教当真有措而不用之势。并非这样生活太美满，没有什么使情志不宁的问题，是我与宇宙融合无间，要求计较之念销归乌有，根本使问题不生也。什么人生有意义无意义，空虚不空虚，短促不短促，他一概不晓得。这时是将倾欹在外边的重心挪了回来，稳如泰山，全无动摇。因此而致情志动摇者既没有，即无待宗教去勖慰，使宗教之必要在此，宗教将为不必要了。然宗教之必要固不在此，而别有在。

我们寻绎少年中国学会田汉君曾慕韩君争论宗教的信，他意思里所隐约指的宗教的必要，是能令我们情感丰富热烈，而生活勇猛奋发。我们看差不多大家都认悲悯爱人的怀抱，牺牲一己的精神，是宗教家的模样。这有没有相连的关系呢？似乎是有的。这种特殊的怀抱与精神，实出于一种特殊的宇宙观——不由理智的而为非理性的神秘的宇宙观。因他这种宇宙观是宗教式的宇宙观。所以多半是宗教家才得有此了。既然宗教家才得有此，此而必要，亦即宗教的必要了。我们看见有这种怀抱精神的人，他的生活很活泼奋发而安定不摇，可以说于他自己很必要的，而这样人于人群也很必要的。然则宗教的必要是不是在这里呢？这实非必要。我们觉得单就个人看，人的生活活泼奋发与温爱的态度是必要的，若"悲悯"、"牺牲"和田君所说的"白热"似无必要。

而生活活泼奋发与温爱的态度非必宗教才能给我们,这是很明白的。若就人群来看,虽然在现在我们很提倡悲悯、牺牲、热情,却恐一旦社会用不着。都因社会有病,社会制度不良,或者文化低时人力不能胜天行,才需要这样人。但这非长久如此,故尔救人的人,殊非永远的必要。假使宗教的必要不过如此,则宗教便也不得长久了。然宗教的必要固别有[所]在。

宗教之真必要所在

这一个个必要的鉴定也不能很详尽,我现在可以把宗教的真必要告诉大家了。这个话说出来似也不希奇,却待细细批评过,方晓得只有他是真的。从这真的必要才产出真的宗教,宗教之真,直到此才发现。这便是印度人——尤其是数论和佛教——所问的问题。我们看小乘经(如佛本行集经等)上边叙说佛当初是为什么出家,那就是代表本来的佛教是应于那种要求而起的。(所以说作"本来的佛教"是因大乘教便稍不同,但我并不说大乘是后来才有的。)照那经上的话大约可分作两种问题,却有一种是尤常常说的。均略为讲明如下:

经上叙说佛未出家时发见了人生上的问题,使他心动情摇,屏去左右,思维莫释,约计有四次。头一次略叙云:

> 太子出游，看诸耕人，赤体辛勤，被日炙背，尘土坌身，喘呷汗流。牛縻犁端，时时捶掣，犁楄砑领，鞅绳勒咽，血出下流，伤破皮肉。犁扬土拨之下皆有虫出，人犁过后，诸鸟雀竞飞吞啄取食。太子见已，生大忧愁，思念诸众生等有如是事。语诸左右悉各远离，我欲私行。即行到一阎浮树下，于草上跏趺而坐，谛心思维，便入禅定。

以后第二次便是于城东门遇老人，第三次是于城南门遇病人，第四次是于城西门遇死人，每次有遇皆屏人默坐，惨切忧思，不能去怀，大约便都是问题所在了。这四次中头一次是一种问题，后三次是一种问题。头一次的问题意思是说"众生的生活都是相残"，所以数论和佛教皆持慈悲不杀之义，不肯食肉。（由戒杀故不食肉，并不包在不吃荤范围内，荤谓葱等之属。）并且正在生机活泼欣欣向荣的果蔬也不肯割采，只吃那老败的。（此说偶忘其何出。）差不多是他对着这样残忍的事，他心里便疼一样。他这个疼便是你大家所没有的感觉，所以感觉不到的材料，即便去点明也还不喻的。像这众生相残的世界是他所不能看的，但是我们能想象世界众生会有不相残的一天么？这明明是不可能的。连自己的生活尚不能免于残伤别物，那鸟兽虫豸本能的生活怎得改呢？那么，这样世界他就不能一日居，这样生活他就不能往下作。他对于这样生活世界惟一的要求就是脱离。我们试鉴定剖析他这种痛感或有没有错幻之处？有没有可以安慰之法？后此

第四章　西洋中国印度三方哲学之比观

世界能不能使他不生此感？他实在没有错幻之点可指，他出于吾人所不能否认之真情，顶多说他要求过奢罢了。但这由我们的情有所未至，对于他的情感不相喻，所以拿理智来评算情感，说这种隔膜无当的话。其实他这种的感是无可批评的，只有俯首承认。并且这个是全无安慰之法的，客观的局面固无法改变，主观的情志亦无法掉换转移。对于别种情志不宁时所用的转移方法，如所谓使人涵泳于一"直觉的宇宙"中者，至此全不中用。这个痛感便是直觉（一切情感俱属直觉），正以他出于直觉，而且不挽理智之单纯直觉，所以不可转移不能驳回。若问他于后此世界如何？我们可以很决断不疑的明白告诉你，这种感情顶不能逃的莫过于改造后的世界了！因为后此人类的生活之尚情尚直觉是不得不然，这对以前固为一种纠正补救，而其结果适以为后来之自杀！（并且我们很看清楚那时所尚并非浮动、激越、走极端的感情，而是孔家平稳中和的感情，但其结果皆适以自杀。）就是说人类陷于非生此感不可之地步，引入无可解决之问题以自困也。所以吾人对此只有承认其惟一"脱离"之要求不能拒却。宗教自始至终皆为谋现前局面之超脱，然前此皆假超脱，至此乃不能不为真超脱真出世矣。宗教之真于是乃见，盖以宗教之必要至此而后不拔故也。

然上面之一问题不常说，其常说者为后三项老、病、死之问题。所以我们去讲说印度人的问题时节亦常常只说这三项便好。这三项为一种问题，即"众生的生活都是无常"是也。他所谓老、病、死，不重在老、病、死的本身。老固然很痛苦的，病固然很痛苦的，死固然很痛苦的，然他所痛苦的是重在别离了少壮的老，别离了盛好的病，别离了生活的死。所痛在别离即无常也。再节经文：

> 太子驾车出游，……既又出城西门见一死尸，众人輂行，无量姻亲围绕哭泣，或有散发，或有搥胸，悲咽叫号。太子见已，心怀酸惨。还问驭者，驭者白言，此人舍命，从今以后不复更见父母兄弟妻子眷属，如是恩爱眷属生死别离更无重见，故名死尸。一切众生无常至时，等无差异。太子闻已，命车回宫，默然系念如前。终于城北门更见比丘，须发毕除，著僧伽黎，偏袒右肩，执杖擎钵，威仪肃整，行步徐详，直视一寻，不观左右。太子前问。答言我是比丘，能破结贼，不受后身。太子闻说出家功德，会其宿怀。便自唱言："善哉！善哉！天人之中此为最胜，我当决定修学是道。"时年十九，二月七日，太子自念出家时至。于是后夜中内外眷属悉皆昏睡，车匿牵马，逾城北门而出。尔时太子作狮子吼："我若不断生老病死忧悲苦恼，不得阿耨多罗三藐三菩提，要不还此！"

这是顶能代表他们的问题之一段话，但问题固不止一件。他们觉得好多事情不愿看，不忍看见。比如看见花开得很好看，过天看见残落了,此为最难过最不忍的时候。觉得没法想!昨天的花再也看不见了!非常可恸的过不去。又如朋友死了,父母妻子恩爱家庭的人死了,真痛煞人!觉得不能受,我不能再活着!或者幼时相聚的人,一旦再见老了,要想恢复以前幼时乐境不可能了!恨煞人!或者看着亲爱的人乃至余人,病若宛转,将如何安慰他才好?急煞人!尤其是看见别人为其亲爱病苦而着急时候,或看见别人为其亲爱之死而哀痛时候——如佛之所见——觉得实在难过不忍。我如何能叫死者复活以安慰他才好?我怎么能够将世间的老病死全都除掉,永不看见!若这样的世界我则不能往下活!那么惟一的归向只有出世。

我们试来鉴别,像如此的情感要求,有没有错幻之处。大家要留意,他们印度人这种怕老病死与中国人的怕老病死很不同。从印度式的怕老病死产出了慈悲勇猛的佛教。从中国式的怕老病死产生了一般放浪淫乐唯恐不遑的骚人达士,同访药求仙的修炼家。都因根本上当初问题大有不同的原故。中国总是想"一个人不过几十年顶多一百年的活头,眼看要老了!要死了!还不赶快乐一乐么?"或者"还不想个长生不死的法子么?"你看自古的文艺如所谓诗、歌、词、赋所表的感情何莫非前一种;而自古以来的本土宗教如所谓方士、道家者流,其意向何莫非后一种呢?像这样的感想,姑无论其可鄙,实在是错谬不合。他的错误始则是误增一个我,继则妄减一个我。"我"是从直觉认识的,(感觉与理智上均无"我")但直觉只认识,无有判断,尤不能区划范围(感觉亦尔)。判断区划,理智之所事也,而凡直觉所认识者只许以直觉的模样表出之,不得著为理智之形式。现在他区划如许空间如许时间为一范围而判立一个"我";又于范围外判"我"不存;实误以直觉上的东西著为理智之形式也。质言之,"我"非所论于存不存,更无范围,而他全弄错了,且从这错的观念上有许多试想,岂不全错了么!(此段话从认识论来,莫轻忽看过。)印度人的感想则全与此不同,中国人是理智的错计误虑,而印度人则直觉的真情实感也。印度人之怕死,非怕死,而痛无常也。于当下所亲爱者之死而痛之,于当下有人哀哭其亲爱之死而痛之,不是于自己未来之死而虑之,当他痛不能忍的时候,他觉得这样世界他不能往下活,诚得一瞑不顾者,彼早自裁矣。但怕死不了耳,死了仍不得完耳。死不是这样容易的,必灭绝所以生者而后得死,所以他坚忍辛勤的求出世即求死。彼非怕死,实怕活也,与中国之虑死恋生者适得其反焉。故道家之出世,宁名之为恋世。此辈自虑其死者,盖全不怕这些年中会要看见几多他人之死;于朋友之死,于所亲爱者之死,想来都是不动心的了!何其异乎印度人之所为耶?故一为寡情,一为多情,其不同有如此者,不可不辨也。寡情故运理智而计虑未来,多情故凭直觉而直感当下。此种真情实感,吾人姑不论其可仰。抑亦无从寻摘其知识上之疵斑。还有一层,情志之从理智错计来者可以驳回转易,中国人凡稍得力于孔家者,便可不萌此鄙念。而情志之从直觉的实感来者,全不能拒却转易。质言之,前者是有法可想的,后者乃全无办法也。

第四章 西洋中国印度三方哲学之比观

而客观一面亦复绝对无能改变。子无谓科学进步可以征服天行也。宇宙不是一个东西而是许多事情,不是恒在而是相续,吾侪言之久矣。宇宙但是相续,亦无相续者,相续即无常矣。宇宙即无常,更无一毫别的在。而吾人则欲得宇宙于无常之外,于情乃安此绝途也。吾固知若今日人类之老病死可以科学进步而变之也;独若老病死之所以为老病死者绝不变,则老病死固不变也。若问后此世界此种印度式情感将若何?我们可以很决断不疑的明白告诉你,那时节要大盛而特盛。我且来不及同你讲人类生活的步骤,文化的变迁,怎样的必且走到印度人这条路上来。我只告诉你,这不是印度人独有的癖情怪想,这不过人人皆有的感情的一个扩充发达罢了。除非你不要情感发达,或许走不到这里来,但人类自己一天一天定要往感觉敏锐情感充达那边走,是拦不住的。那么这种感想也是拦不住的,会要临到大家头上来。我告诉你,你莫以为人类所遇到的问题,经人类一天一天去解决,便一天从容似一天,所谓问题的解决,除掉引入一更难的问题外,没有他义,最后引到这个无解决的问题为止。除非你莫要去解决问题,还可以离得这项困厄的问题远些,但是人类一天一天都在那里奋力解决问题,那是拦不住的。那么这个问题便眼看到我们前面了,我们遇到这种不可抗的问题没有别的,只有出世。即是宗教到这时节成了不可抗的必要了。如此我们研寻许久,只有这一种和前一种当初佛教人情志上所发的两问题是宗教的真必要所在,宗教的必要只在此处,更无其他。

从上边最末所指出的这种必要，我们可以答第一条的问：宗教是有他的必要，并且还是永有他的必要，因为我们指出的那个问题是个永远问题，不是一时的问题。盖无常是永远的，除非不生活，除非没有宇宙，才能没有无常；如果生活一天，宇宙还有一天，无常就有，这问题也就永远存在。所以我们可说宗教的必要是永远的，我们前头说过，宗教即是出世，除非是没有世间，才没有出世，否则你就不要想出世是会可以没有的。

宗教是否可能之研究

人的情志方面，固是常常有出世的这种倾向，——宗教的要求——但是因这种倾向要求的原故，必致对于知识方面有叛离之势。前头我们讲"超绝"、"神秘"的时候，已经说明这个道理。这种叛离之势，知识方面自然是不容许，他是拒绝这种超绝的要求，反对神秘的倾向而要求一切都在知识范围里，没有什么除外。这两种倾向要求既然如此的适相冲突，而人的生活是一个整的、统一的，不能走两个方向的。假使这两个方向都是不应否却的，那么，岂不是要强他分裂为二？但是两下里只能迭为起伏的争持，却是绝不会分裂为二的。他只有三条道：

（一）情志方面的倾向要求得申，而知识方面的被抑；

（二）知识方面的倾向要求得申，而情志方面的被抑；

（三）于二者之间有个真正的妥协，即是走出一条二者并得申达而不相碍的路。

现在要问的就是第三条路走得出来走不出来。走得出来，宗教就可能；走不出来，而只能走前两条路，宗教就是不可能。第二条宗教的要求被抑，固然不成功宗教；就是第一条虽然成功宗教，却是一时假立的，还要翻下来的；所以这两条路的结果都是宗教不可能。而偏偏现前这许多宗教同一般人的宗教信仰，几乎都是走第一条路而成功的，就是说，情志方面占了上风，知识退避被抑，糊糊涂涂的妥协而来，因这并非是真妥协，一旦感情冷静、知识翻身，宗教就好像要倒下的样子，所以大家就疑虑宗教是不可能的了。我们因此要问：人类生活的知识方面果亦有宗教的可能吗？

这现前大家所看见的同一般人的宗教信仰，使得大家的心目中有了一个宗教的格式：一则宗教信仰是不容你以常理推测批评的；二则所信仰的都尊尚绝对，而且能力特别大或无限，人要仰赖他；三则宗教对人都有很大束缚力，不容你同时再信仰别的，你要迁移改变也很难。这三条总起来，他一致的归结就在诎抑人类的自己个性。盖都为人有所不知——对外面的宇宙或自己的人生——而宗教家造出个说法来解答他，这个解答在平时不见得就相信的，却是在情志不宁时有那疑问，就很容易的信受了，并且奉行他的教训。宗教家原与信教的人在同一程度的社会，从这种程度的社会生出疑问还不过这个社会自己去答，所以他这个解说原非出于真的知识,自然要以常理不测为遮拦,这个遮拦的承受就是上边所谓知识方面的倾向要求被抑,也就是人的自己个性被诎抑。不可单看作知识被抑,实整个的自己被抑;知识方面原无所谓抑不抑,所抑者是倾向要求,倾向要求实自己也,个性也。人当情志不宁的时候,总要得所归依,夫然后安,所以宗教都建立一个主宰,他们就一心托命了。这一心托命,自然又是人的自己的一个诎抑。他那不许怀贰,一面也是宗教的自固,一面还是安定人心,而人受他这种束缚,自然又是一个诎抑。这差不多是从许多小宗教一直到基督天方的一定格式,其间所差的不过在所不知的颇两样罢了:

一种所不知的不是当真不可知,只是他们知识没到而已;那么,他这种的"神秘"、"超绝"、"外乎理知"就算不得什么神秘、超绝、外乎理智。例如那些杂乱崇拜许多神祇的,其神祇的存在和他的性质能力,都有超越世间之外,同非寻常道理所能测的意味,便是这类宗教所要求的"外乎理知"所在。但就事实去看,这类的"外乎理知"都是由于人有所不知而拿他所有的知识去造出来以应他情志方面的需要。譬如当初的人,不知打雷下雨是怎么回事,于是就着他已有的知识去下解释,说是有同人相仿的这么一种东西,就是所谓神者在那里做这件事情。所以你去看他那说法,他那所由造成的材料,总不出原有的知识范围,如说雷响是打鼓……。他那关系总在他的正需要上边,如科举时代拜文昌。他为冲开他现有的世界的狭迫,他就辟造这个,使情志有活动的余地。这是很显然的。他不得不拒绝别人本乎知识的批评而倾向于"外乎理知"一面。却又仍旧适用知识的形式,成为一个观念,同一片说辞,竟还以"外乎理知"这个东西纳于理智范围,自相谬戾,不知其不通。所以这种的"外乎理知"只是知识的量不丰,理智未曾条达而有一种自相谬戾的现象。既没有他所目为"外乎理知"的事实,而且"外乎理知"也不成其"外乎理知"。等到知识增进,于向所不知者而知道了,那么,当初的所谓"外乎理知",也随即取销了。象这类的宗教,其为走第一条路而成是不消说的。

一种所不知的是当真有一分不可知的在内,并不能以知识量数的增进而根本取消他的"外乎理知"。例如信仰惟一绝对大神如基督教、天方教之类,其神之超出世间,迥绝关系,全知全能,神秘不测,就是他所要求的"外乎理知"之所在。这实在是比以前那种"外乎理知"大不相同,进步多了。但我们就事实考之,也还是因人有所不知而就着所有的知识去构成的,以应他自己情志方面的需要。不过这所不知者,却是宇宙的、人生的根本究竟普遍问题,与前不同罢了。譬如对于一切生命不知道他从何而来,忽生忽死,遭祸得福,不由自己,不知道何缘致此,便去替他下解释而说为有上帝——造物主——了。缘这类的根本究竟问题,无论知识如何增进,得到许多解答,而始终要余不可知的一分。斯宾塞在他的《第一原理》第一二三四章中讲[的]最明白可以拿来参看,此不多说。因为这种问题含有不可知的一分在内,所以在这种问题上辟造一说以为解答而主张其为"外乎理知",以拒绝人之批评时,可以悍然若有所恃,而在旁人也很难下批评似的。故此这类绝对大神教,占的年限很久,不轻容易倒下来,即或知识进步,仍旧不足以颠覆他,不能完全取消他,因为始终余有不可知的一分的缘故。这不是知识的量增加所能革除的,这必待理智条达,认识论出来,把知识本身是怎么一回事弄明白了,方能使他自镜其失。譬如基督教所谓上帝六日造世,圣母玛利亚童贞受胎,等等一些话,知识进步,宗教家自己也收起来不说了。但所取销的只不过宗教中关于上帝的一篇说辞,至于上帝本身尚非容易取销的。而且因为这一层一层把说辞剥掉,和人的心思日巧的原故,这个神的观念由实入虚,由呆入玄,别有所谓神学、形而上学,来作为宗教的声援护符,宗教更不易倒。然而等到哲学上大家来酌问形而上学的方法的时节,虽然对于所不可知的一部分——宇宙之本体,已往的缘起,此后之究竟等等——仍是不能知道,但是宗教、神学、形而上学对于这些问题皆为胡乱去说,却知道了。于是到此际无论怎样圆滑巧妙,也不能够再作宗教的护符,而途穷路绝了。此类宗教其当初立足是在第一条路也不消说了。

宗教的真可能所在

大家因为看见宗教如此,就料定宗教无法图存,其实不然。

你们要晓得世界宗教最盛且多又发达最高明的是在印度；你们于印度宗教并不曾加意，而尤于其最高明之佛教还完全隔膜莫名其妙，而所见不出基督天方之属，则何足以衡论乎？这个不同所在大约因为印度人的宗教动机是与别的地方两样。别的地方多半情志怯弱，所以其结果必至诎抑个性；印度人多半不是想有所仰赖托命而是堂堂正正要求出世——他们叫做"还灭"——很不容易就信受宗教家的无理解说，而要讨论辩难，其人的个性是很申展的，绝不得以他方为例。从这论难，所以产出哲学和他的论辩术。而哲学所究讨得的他就拿去实行，因他原是为实行而究讨的；所谓实行，即种种苦行瑜伽之类，这些都是因其思想而各不同的；及至修证有得，则又宣诸口，还以影响于思想。他是即宗教即哲学；即哲学即宗教的。这种情形他方哪里有呢？他因此之故，竟可以有持无神论的宗教；这在西方人听了要不得其解的。数论、佛教反对宇宙大神的话很多很明白，详《印度哲学概论》。就是其他如胜论宗、尼耶也宗、瑜伽宗等其有神无神也都难定，即神的观念不废，也不是他哲学中的重要观念。虽然如此，印度的许多宗教还是在人类知识方面说不过去的，惟一无二只佛教是无可批评确乎不拔的。因为这许多宗派无论如何高明，却仍不出古代形而上学模样，对那些问题异论齐兴，各出意见；其无以解于妨难而不能不倒，盖不待细说了。惟佛教大大与他们两样：盖他们都要各有所说，而佛教在小乘则虽有所说却不说这件事，在大乘则凡有所说悉明空义，且此空义盖从确实方法而得。空义，佛教之所独也，自佛而外，无论印度乃至他方，无不持有见者，则其所见，悉不能安立。形而上学实应空一切见。此空一切见，在西方人亦稍稍见及之。例如斯宾塞所论"知识之相对性"，布莱得雷所论"现象与本体"之类；又后世吠檀多大师商羯罗亦能为此言。然此固犹一见解，于空尚隔万重山也。佛家之空，殆殊非空，现量所得，宁曰"实相"。这就是前面所叙唯识家的方法，于不变而缘的根本智中实证真如，待后得智中重现身土，及为诸有情说出来的。这时候得到一个巧合，就是"外乎理知"实成其为外乎理知而又不外乎理知：于情志方面外乎理知的倾向要求固然申达，而又于知识方面之不容超外的倾向要求也得申达，互不相碍。何以故？所论外乎理知原不单是神秘而且重在超绝。在一般人替宗教解除知识方面之批评困难的时候，就想把宗教上的观念的经验都归到直觉，而说宗教是属于直觉范围的，理智不应来批评。这只有相当的是处，好多宗教固是依靠直觉的；但宗教中占最重要的地位的印度几种宗教却与此相反而排斥直觉；而且就是那依靠直觉的宗教，你提出直觉来，也只能圆成他的神秘，不能圆成他的超绝；但宗教实不能离超绝一义的。像那改超神为泛神，改求天国于他世为辟天国于此世，和今日倭铿心中的宗教，自然差不多不外乎直觉，但这不能算数，因为他们是削去超绝，收回出世，只余下现世神秘意味的假宗教。出世倾向是宗教的本来面目，非寻觅出超绝的根据，出世就为不可能，宗教就为不可能。尚用直觉，体会神秘，此宗教与艺术之所同也，宗教所独，实在超绝，然超绝

第四章 西洋中国印度三方哲学之比观

实无论如何不能逃理智之批评而得知识方面之容纳。今佛家此方法乃得其解决之道,而所谓出世,所谓宗教,今日乃得其解。唯识上说根本智云:"此智远离所取能取故,说名无得及不思议,是出世间无分别智。断世间故,名出世间。二取随眠,是世间本。唯此能断,独得出名。"盖一个感觉即自现一影象,所谓现前世间即在于此,遂若世间不出现前,以不能超感觉而有故也。欲超现前必超影象,然何有非影象者,于是超绝为妄想。惟此根本智实证真如远离能所取,才没有影象,乃真超出现前了。所以他说什么叫"出世"呢?只此断了世间根本的二取随眠的根本智或名无分别智实证真如的时节,才能叫作"出世"。世间之所以为世间在能所对待,出世之所以为出世,在断能所而成一体,此不可不识也。真如之体不属世间,知识不及,是为超绝,而又现量所得,初亦不妨说为仍在知识范围。真如绝对,概念作用所不能施,是为超绝,而后得智兴,纳之名言,权为人说,又不妨属诸知识范围,虽表诸名言而随表随遮不坏其绝对,如斯善巧,两面俱圆。顷所谓"外乎理知"实成其为外乎理知而又不外乎理知者此也。宗教于是可能,于是安立。

宗教者出世之谓也,方人类文化之萌,而宗教萌焉;方宗教之萌而出世之倾向萌焉。人类之求生活倾向为正,为主,同时此出世倾向为反,为客。一正一反常相辅以维系生活而促进文化;生活走一步,文化进一步,而其生活中之问题与其人之情志知识所变现于其文化中之宗教亦进一步。宗教实与文化俱进,而出世倾向亦以益著,此不可掩者也。但走至中途亦有变动,譬之近世若无事宗教者。此由知识方面以方法渐明而转利,有可批评之点,悉不能容;又情志方面以征服自然而转强,无须仰赖他方之安慰勖勉也。然此皆一时之现象,不久情志方面之不宁,将日多,日大,日切;因为到后来人类别的问题都解决的时候,就是文化大进步的时候,他就从暗影里现到意识上,成了惟一的问题。我们当奔走竞食的时节,问不到很高的问题,像前面所叙托尔斯泰以及印度人所问的。必要低的问题——生活问题——都解决了,高的问题才到了我们眼前。所谓低的问题都解决的时候非他,即理想的改造后之社会也;到那时候人类文化算是发达的很高了,则其反面的出世倾向也就走到他的高处。我们在第三章中曾列举人类生活有可满足的,不定得满足的,绝对不能满足的,三次第问题。人类是先从对于自然界要求物质生活之低的容易的问题起,慢慢解决移入次一问题,愈问愈高,问到绝对不能解决的第三问题为止。我们试看印度人——尤其是原来的佛教人——所问的问题,不就是第三问题吗?他要求生活。而不要看见老病死,这是绝对做不到的,别的问题犹可往前奋斗,此则如何?他从极强的要求碰到这极硬的钉子上,撞到一堵石墙上,就一下翻转过来走入不要生活的一途,以自己取销问题为问题之解决。此非他,即我们前面所列人生之第三路向是。第三路向是违悖生活本性的,平常生活中用不着,凡没有这问题而用他,都是无病呻吟,自为错谬。惟第三问题要用第三路向,惟第二问题要用第二路向,

第四章 西洋中国印度三方哲学之比观　　145

惟第一问题要用第一路向。西洋人盖走第一路向而于第一问题大有成就者;而印度人则走第三路向而于第三问题大有成就者——成就了宗教和形而上学。

印度文明之所由产生

但是我们怎么能说印度人是文化发达最高的呢？印度文化种种方面尚在幼稚,是大家知道的,不能否认;但是他文化虽未发达到高处,却是和文化发达到高处有同样的境地;这就是说他对于低的问题虽未解决而像解决一样。大约印度当时因天然赐予之厚,生活差不多不成问题,他们享有温热的天气,沃腴的土地,丰富的雨量,果树满山,谷类遍地,不要怎样征服自然才能取得自己的物质需要,而且天气过热也不宜于操作;因此饱足之余,就要问那较高的问题了。大家都以为印度人没法生活才来出世,像詹姆士所说:印度人胆小不敢奋斗以求生活,实在闭眼瞎说！印度人实在是极有勇气的,他们那样坚苦不挠何尝不是奋斗,不过其心思精力所注都在精神方面,而在深山之中树林之下去做他那种精神生活罢了。印度文明之产生在此。在今日他这种文明的价值、成绩,我们因为还隔的远不容易认识估计,却是我们想他们从古以来那么许多人来走这一条路,走了这许多年,他所走出去的一定很远,不过因为我们还不曾有他的问题更看不到那条路——

出世的路——所以就是睁着眼来看他,也看不见究竟走出多远。只有那残留的印度典籍如佛教藏经,外道各宗的经书,其量数之巨是见于外面的一点痕迹!

中国哲学之情势

我们对于印度文化在精神生活方面的成就大概的说过了,现在要来观察中国文化的这一面情形。中国文化在这一面的情形很与印度不同,就是于宗教太微淡,我们曾经说过。因此中国的宗教没有什么好说的,而在他文化里边顶重要的似乎是他那无处不适用的玄学——形而上学。那么我们就来试看他的形而上学如何。我在前边讲过形而上学这个东西自西洋人痛下批评后,几乎无法可讲,如果不于其批评外开辟方法,那么,不论讲得怎样,都是不值一钱。印度的佛家,如我们所观察,似乎算得自己开辟出一条路来的,然则我们就要问:中国的形而上学是否与他方古代形而上学一样陷于西洋所批评的错误,还是另有好方法呢?他这方法与印度的是一样,还是各别呢?我们仔细审量后,可以说中国并没有陷于西洋和印度古代形而上学的错误,亦与佛家方法各别不相涉。他是另自成一种形而上学与西洋印度的全非同物,我已在表内开列明白。有许多人因为不留心的结果,不觉得这三方的形而上学有什么根本的不同,就常常误会牵混在一处来讲。

譬如章太炎、马夷初、陈钟凡诸位都很喜欢拿佛家唯识上的话同中国易经,庄子来相比附;说什么乾坤就同于阿赖耶识、末那识,一类的话。这实在是大大的错误!大约大家都有一个根本的错误,就是以为人类文化总应该差不多,无论他是指说彼此的同点,或批评他们的差异,但总以为是可以拿着比的。其实大误!他们一家一家——西洋、印度、中国——都各自为一新奇的、颖异的东西,初不能相比。三方各走一路,殆不相涉,中国既没有走西洋或印度那样的路,就绝对不会产生象西洋或印度的那样东西,除非他也走那路时节。你们如果说中国形而上学的某某话,就是印度佛教唯识的某某话,那我就请你看中国人可曾有印度人那样奋力齐奔于人生第三路向吗?如果你承认不曾有,那么印度形而上学在中国何从产生出来!即使他们所说的话尽管相似到十分,如果根本不同时,就不得算同,不得相比。据我所观察中国的形而上学与西洋和印度的根本不同,可分两点去说:

(一) 问题不同　中国形而上学的问题与西洋、印度全然不同,西洋古代和印度古代所问的问题在中国实是没有的。他们两方的问题原也不尽同,但如对于宇宙本体的追究,确乎一致。他们一致的地方,正是中国同他们截然不同的地方,你可曾听见中国哲学家一方主一元,一方主二元或多元;一方主唯心,一方主唯物的辩论吗?像这种呆板的静体的问题,中国人并不讨论。中国自极古的时候传下来的形而上学,作一切大小高低学术之根本思想的是一套完全讲变化的——绝非静体的。他们只讲些变化上抽象的道理,很没有去过问具体的问题。因为这问题不同的原故,其情形因也不同,他们仅只传习讲说而很少争辩,分开党派,各提主张,互相对峙的。虽然一家文化初起的时候,因路向尚无定,思想向各方面发展种种都有一点萌芽,中国也许间或有些与印度西洋相似的,譬如老子所说的:"有物混成,先天地生"似很近于具体。但老子的道理终究不在静体,他原亦出于古代的易理——"归藏"——而讲变化的。况且只萌露这一点总不能算数,若因为这类的相似,就抹煞那大部分的不同,总不应该。你不要把中国的金、木、水、火、土五行,当作印度地、水、火、风四大一样看:一个是表抽象的意味,一个是指具体的物质,并不能牵混为一的。

(二)方法不同　中国形而上学所讲,既为变化的问题,则其所用之方法,也当然与西洋印度不同。因为讲具体的问题所用的都是一些静的、呆板的概念,在讲变化时绝对不能适用,他所用的名词只是抽象的、虚的意味。不但阴阳乾坤只表示意味而非实物,就是具体的东西如"潜龙"、"牝马"之类,到他手里也都成了抽象的意味,若呆板的认为是一条龙,一匹马,那便大大错了。我们认识这种抽象的意味或倾向,是用什么作用呢?这就是直觉。我们要认识这种抽象的意味或倾向,完全要用直觉去体会玩味,才能得到所谓"阴"、

"阳"、"乾"、"坤"。固为感觉所得不到,亦非由理智作用之运施而后得的抽象概念。理智所制成之概念皆明确固定的,而此则活动浑融的也。

从上面所说看来,可见中国的形而上学,在问题和方法两层,完全同西洋人印度人两样,在西洋古代合[和]印度的几外道所讲的都是静体问题,而因为方法的不讲求,所以陷于错误。以后再谈那类形而上学,都要提出新方法才行。至于中国的形而上学全然不谈静体,并且所用的方法与西洋印度不同,所以近世批评形而上学可讲不可讲与方法适用不适用的问题,都与中国的形而上学完全不相干涉。我们上面所说的两点实在甚关重要,如果不能认清,我们没有法子说中国形而上学可以站得住。如果一个不小心,就错谬得要不得,大约古来弄错的人也很不少,所以我们颇看见有人注意加以针砭。我记得陈淳很辨别太极两仪非物之一点;又偶翻到《宋元学案》里边有许白云答人问的话,大概的意思是说,太极两仪都不过是一个意思,周濂溪就虑人不明白要以太极为一物,所以加无极在上边,然至今犹有人以两仪为天地者,这实在大大不可;太极是理,阴阳是气,理与气与形是不能混的,合起来说,固然形禀气而理具气中,分之则形上形下不可以无别也。他这个话非常之对,中国学术所有的错误,就是由于方法的不谨,往往拿这抽象玄学的推理应用到属经验知识的具体问题;如中国医学上讲病理药性其方法殆不多合。并且除掉认清这些地方之外，还有我们更根本重要应做的事，就是去弄清楚了这种玄学的方法。他那阴阳等观念固然一切都是直觉的，但直觉也只能认识那些观念而已，他并不会演出那些道理来；这盖必有其特殊逻辑，才能讲明以前所成的玄学而可以继续研究。在前人颇拿他同数理在一起讲，这或者也值得研究。但我于此实无研究，不敢轻易说话，不过我们一定可以知道这个方法如果弄不出来，则中国一切学术之得失利弊，就看不分明而终于无法讲求。我们又相信除非中国文明无一丝一毫之价值则已，苟犹能于西洋印度之外自成一派，多少有其价值，则为此一派文明之命根的方法必然是有的，只待有心人去弄出来罢了。此非常之大业，国人不可不勉！

中国形而上学的大意

此刻我们来讲中国这一套形而上学的大意。中国这一套东西，大约都具于周易。周易以前的《归藏》、《连山》，和周易以后流布到处的阴阳五行思想，自然也不能全一样，然而大致总一样的，足可以周易代表他们。又讲《易经》的许多家的说法原也各有不同，然而我们可以说这所有许多的不同，无论如何不同，却有一个为大家公认的中心意思，就是"调和"。他们虽然不一定象这样说词，而他们心目中的意思确是如此，其大意以为宇宙间实没有那绝对的、单的、极端的、一偏的、不调和的事物；如果有这些东西,也一定是隐而不现的。凡是现出来的东西都是相对、双、中庸、平衡、调和。一切的存在,都是如此。这个话都是观察变化而说的,不是看着呆静的宇宙而是看宇宙的变化流行。所谓变化就是由调和到不调和,或由不调和到调和。仿佛水流必求平衡,若不平衡,还往下流。所差的,水不是自己的活动,有时得平衡即不流,而这个是不断的往前流,往前变化;又调和与不调和不能分开,无处无时不是调和,亦无处无时不是不调和者。阴阳等字样,都是表示相对待两意味或两势力。在事实上为两势力,在吾人观察上则为两意味。他们说无处无阴阳即无处非调和,而此一阴或一阳者又各为阴阳之和。如是上下左右推之,相对待相关系于无穷。相对待固是相反而即是相成,一切事物都成立于此相反相成之调和的关系之上;纯粹的单是没有的,真正的极端是无其事的。这个意思我认为凡中国式思想的人所共有的;似乎他方也偶有一点,不过我记不清;我只记得从前看到一本书叫做相对原理(principle of relativity)是美国人卡鲁士(Carus)著的,他讲安斯坦的相对论,其间有好多话惹我注意。他所有的话都是根据"宇宙是大流"的意思而说,一切东西都在这大流中彼此互相关系。其最要紧的话就是:一切都是相对,没有自己在那里存在的东西。似乎同我们的意思很相契合,我觉得安斯坦的发明不但使两个相远不相涉之外的静的罗素哲学与内的动的柏格森哲学得一个接触,并且使西洋的、印度的、中国的东西都相接触。又柏格森的哲学固与印度思想大有帮忙,似也有为中国思想开其先路的地方。

譬如中国人所用这出于直觉体会之意味的观念，意有所指而非常流动不定，与科学的思路扞格不入；若在科学思路占惟一绝对势力的世界就要被排斥不容存留。而今则有柏格森将科学上明确固定的概念大加指摘，他以为形而上学应当一反科学思路要求一种柔顺、活动的观念来用。这不是很象替中国式思想开其先路吗？

这形而上学之所以为其形而上学的，有一个根本的地方就是无表示。凡一切事物的存在为我所意识的都是一个表示。平时我们的说话法，一名一句都是一个表示；不但语法，即所有感觉，也都是一个一个的表示。因吾人是生物，一思一感皆为有所问而要求一个答，就必须有表示。无意旨的不表示是与我们不相干的，不是我们所能意识及感觉的。所谓要求表示就是要求对于他们的实际问题有关，有影响，这是生物的本性。从这本性就发生知识，其精的即为科学。形而上学则超出利害关系以求真，所以不是这一路。譬如我们说的变化，都是由调和到不调和，结果又归于调和，我们只是不得不用言语来表他，实在这从调和到不调和的两者中间也未尝不调和，没有法子可以分出从某至某为调和，从某至某为不调和；即求所谓调和不调和实不可得，不过言语表明的力量限于如此罢了。我们直觉所认的一偏不调和，其实还是调和，此下之调和与上之不调和又为一调和，如是之调和为真，盖两相消而无表示也，然无表示亦一表示。这不惜为两相冲突的说话就是形而上学的说话，凡是形而上学的说话都是全反平时说话法的,若不与平常说话相反就不是形而上学。盖非翻过这些生物的态度不可。柏格森之形而上学为反科学的,亦可为此种派头开其先。

我们试就易卦讲几句。卦盖即悬象以示人之意,每一个卦都是表示一个不调和,他是拿这些样的不调和来代表宇宙所有的不调和。他的数目或者加演再多也可以,不过姑且定六十四卦来说。这一卦又分个内外上下,还又分六层次去讲;例如,易经头一个卦:

☰

这卦是乾上乾下。又从底下挨着次序一爻一爻也都是一一的表示。最下一阳爻——他们叫做初九——因为阳伏藏在下就用"潜龙"两字表示那意味,在这种意味上最好是勿用,勿用其占得的意味也;如是象,如是占,为一调和。我看见《周易折中》引饶鲁的话最明白,他说:"一爻有一爻之中:如初九潜龙勿用,就以潜而勿用为中;九二见龙在田利见大人,就以见为中;九三君子终日乾乾,就以乾惕为中;九四或跃在渊,就以或跃为中;卦有才有时有位不同,圣人使之无不和乎中。"这根本即是调和就好,极端及偏就要失败。还有我仿佛记得王船山讲这乾卦说,有一完全坤卦隐于其后,颇为别家所未及,要算是善于讲调和的。如是之中或调和都只能由直觉去认定,到中的时候就觉俨然真是中,到不调和的时候就俨然确是不调和,这非理智的判断,不能去追问其所以，或认定就用理智顺着往下推；若追问或推理便都破坏牴牾讲不通了。

关于这面的话大约只好以此为止，因为自己没有什么研究也说不出别的话来。不过我很看得明孔子这派的人生哲学完全是从这种形而上学产生出来的。孔子的话没有一句不是说这个的。始终只是这一个意思，并无别的好多意思。大概凡是一个有系统思想的人都只有一个意思，若不只一个，必是他的思想尚无系统，尚未到家。孔子说的"一以贯之"恐怕即在此形而上学的一点意思。胡适之先生以为是讲知识方法，似乎不对。因为不但是孔子，就是所有东方人都不喜欢讲求静的知识，而况儒家尽用直觉，绝少来讲理智。孔子形而上学和其人生的道理都不是知识方法可以去一贯的，胡先生没有把孔子的一贯懂得，所以他底下说了好多的"又一根本观念，"其实哪里有这许多的根本观念呢！不过孔子中心的意思虽只一点，却演为种种方面的道理，我们要去讲他，自然不能不一一分讲，但虽然分讲，合之固一也。我们分讲于下：

孔子对于生之赞美

我们先说孔子的人生哲学出于这种形而上学之初一步，就是以生活为对，为好的态度。这种形而上学本来就是讲"宇宙之生"的，所以说"生生之谓易"。由此孔子赞美叹赏"生"的话很多,象是:"天地之大德曰生";"天何言哉,四时行焉,百物生焉,天何言哉";"致中和天地位焉,万物育焉";"唯天下至诚为能尽其性,能尽其性则能尽人之性,能尽人之性则能尽物之性,能尽物之性则可以赞天地之化育,可以赞天地之化育则可以与天地参矣";"天地变化,圣人效之","大哉圣人之道洋洋乎发育万物,峻极于天";如此之类总是赞叹不止。这一个"生"字是最重要的观念,知道这个就可以知道所有孔家的话。孔家没有别的,就是要顺着自然道理,顶活泼顶流畅的去生发。他以为宇宙总是向前生发的,万物欲生,即任其生,不加造作必能与宇宙契合,使全宇宙充满了生意春气。于是我们可以断言孔家与佛家是不同而且整整相反对的了。好多人都爱把两家拉扯到一起讲。自古就有什么儒释同源等论,直到现在还有这等议论。你看这种发育万物的圣人道理,岂是佛家所愿意的吗?他不是以万物发育为妄的吗?他不是要不沦在生死的吗?他所提出的"无生"不是与儒家最根本的"生"是恰好反对的吗?所以我心目中代表儒家道理的是"生",代表佛家道理的是"无生"。中国人性好调和,所以讲学问总爱将两个相反的东西拉扯附会。又因为佛家传到中国来渐失本来面目,在唐以后盛行的禅宗,差不多可以说为印度原来没有的,他既经中国民族性的变化,从中国人手里出来,而那宋明学家又曾受他的启发,所以两方更容易相混。即使禅学宋明学相类,也不得为佛家孔家之相类,而况他们初不相类呢!大家总有一个错误,在这边看见一句话,在那边看见一句话,觉得两下很相象,就说他们道理可以相通,意思就是契合了。其实一家思想都是一个整的东西,他那一句话皆于其整的上面有其意思,离开整系统则失其意味;若剖析零碎则质点固无不同者,如果不是合成整的,则各人面目其何从见? 所以部分的相似是不算数的。我中国人又头脑笼统,绝少辨察明利的人,从来讨论这两家异同问题的,多是取资禅家的话,愈没有明确的见解;只有吴检斋先生作过一篇《王学杂论》是从唯识上来批评的,很能够一扫游词浮论,把两家的根本分别之处得到了。他说:"王说生生不息之根,正穷生死蕴,恒转如流,异生所以在缠,智者期于证断,而彼辈方以流行无间为道体之本然,此中庸至诚无息之说所为近于天磨,而彼宗所执之性非无垢净识明矣"。这话是不错的,儒家所奉为道体的,正是佛家所排斥不要的,大家不可以不注意。

孔子之不认定的态度

其次我们看孔子从那形而上学一定先得到其无表示的道理。大家认识了 -- 的象——-- 表示——就以为他果然如此,不晓得他是浮寄于两相反的势力之上而无根的。根本是无表示,大家只晓得那表示,而不晓得这表示乃是无表示上面的一个假象。一个表示都是一个不调和,但所有表示却无不成立于调合之上,所以所有一切,同时都调和,同时都不调和,不认定其表面之所示现为实。寻常人之所以不能不认表示而不理会无表示者,因为他是要求表示的,得到表示好去打量计算的。所以孔子有一个很重要的态度就是一切不认定。《易经》上说:"易之为书也不可远,为道也屡迁,变动不居,周流六虚,上下无常,刚柔相易,不可为典要,唯变所适";《论语》上就明白指出所持的态度说:"子绝四,毋意,毋必,毋固,毋我";又说"我则异于是,无可无不可"。又不但对于其实不如何的而认定其如何,是错,并且一认定,一计算,在我就失中而倾欹于外了。平常人都是求一条客观呆定的道理而秉持之,孔子全不这样。制定这个是善那个是恶,这个为是那个为非,这实是大错!我们觉得宋明学家算是能把孔子的人生重新提出的,大体上没有十分的不对,所有的不对,只在认定外面而成了极端的态度和固执(明人稍好一点)。他们把一个道理认成天经地义,像孔子那无可无不可的话不敢出口。认定一条道理顺着往下去推就成了极端,就不合乎中。事实象是圆的,若认定一点,拿理智往下去推,则为一条直线,不能圆,结果就是走不通。譬如以爱人爱物这个道理顺着往下推去,必至流于墨子兼爱基督博爱的派头;再推就到了佛教的慈悲不杀;再推不但不杀动物也要不杀害植物才对;乃至一石一木也要不毁坏他才对;那么,那个路你怎么走呢?你如果不能做到最后尽头一步,那么,你的推理何以无端中途不往下推?你要晓得不但后来不能推,从头原不应判定一理而推也!所以孔子主张"亲亲而仁民,仁民而爱物"。在我的直觉上对于亲族是情厚些,就厚些;对于旁人略差些,就差些;对于生物又差些,就又差些;对于木石更差了,就更差些。你若判定情厚、多爱为定理而以理智往下推寻,把他作成客观道理而秉持之,反倒成了形式,没有真情,谬戾可笑,何如完全听凭直觉!然而一般人总要推寻定理,若照他那意思看,孔家所谓"钓而不纲,弋不射宿","君子远庖厨"未免不通:既要钓何如纲,既不纲也就莫钓;既要弋就射宿,既不射宿也就莫弋;既不忍食肉就不要杀生,既杀生又何必远庖厨。一般人是要讲理的,孔子是不讲理的,一般人是求其通的;孔子则简直不通!然而结果一般人之通却成不通,而孔子之不通则通之至。盖孔子总任他的直觉,到没有自己打架,而一般人念念讲理,事实上只讲一半,要用理智推理,结果仍得凭直觉。我们的行为动作,实际上都是直觉支配我们的,理智支配他不动;一边自己要用理智,一边自己实不听他,临时直觉叫我们往那边去,我们就往那边去。这种自己矛盾打架,不过人自己不觉罢了,其实是无时无刻不这样的,留心细省就知道了。调和折衷是宇宙的法则,你不遵守,其实已竟无时不遵守了。极端的事,一偏的事,哪里是极端?哪里是一偏?他对于真的极端还是折衷,他对于真的一偏还是调和。其实无论何人自认为彻底往下推的,也都是不讲理——就是说没有一人不是不往下推的。所以一般人心里总是有许多道理、见解、主张的,而孔子则无成心,他是空洞无丝毫主张的。他因此就无常师,就述而不作。孔子的这种不认定,有似佛家的"不着有",但全非一事,不过孔子这种空洞无主张,只是述而不作,则与佛陀一般一样。我只看见世上仅此两人是此态度,外此无有已;我只看见他两人仅此一点相同,外此无有已。盖愈是看得周全,愈是看得通,也必愈无主张;惟其那只见一隅的,东一点,西一点,倒有很多主张。既不认定,既无主张,那么,我们何所适从呢?认定、主张就偏,那么我们折衷好吗?极端不对,那么,我们调和对罢?也不对,也不好,因为你又认定折衷,调和去走了。然则叫我们怎么样呢?

孔子之一任直觉

于是我们再来看孔子从那形而上学所得的另一道理。他对这个问题就是告诉你最好不要操心。你根本错误就在找个道理打量计算着走。若是打量计算着去走,就调和也不对,不调和也不对,无论怎样都不对;你不打算计量着去走,就通通对了。人自然会走对的路,原不须你操心打量的。遇事他便当下随感而应,这随感而应,通是对的,要于外求对,是没有的。我们人的生活便是流行之体,他自然走他那最对,最妥帖最适当的路。他那遇事而感而应,就是个变化,这个变化自要得中,自要调和,所以其所应无不恰好。所以儒家说:"天命之谓性,率性之谓道"。只要你率性就好了,所以就又说这是夫妇之愚可以与知与能的。这个知和能,也就是孟子所说的不虑而知的良知,不学而能的良能,在今日我们谓之直觉。这种求对求善的本能、直觉,是人人都有的;故孟子说:"人皆有不忍人之心……所以谓人皆有不忍人之心者;今人乍见孺子将入于井,皆有怵惕恻隐之心,非所以内交于孺子之父母也,非所以要誉于乡党朋友也,非恶其声而然也,"又说:"恻隐之心人皆有之,羞恶之心人皆有之,恭敬之心人皆有之,是非之心人皆有之。恻隐之心仁也;羞恶之心义也;恭敬之心礼也;是非之心智也;仁义礼智非由外铄我也,我固有之也。"这种好善的直觉同好美的直觉是一个直觉,非二;好德,好色,是一个好,非二,所以孟子说:"口之于味也有同嗜焉,耳之于声也有同听焉,目之于色也有同美焉。至于心独无所同然乎?心之所同然者何也?谓礼也,义也,圣人先得我心之所同然耳;故礼义之悦我心,犹刍豢之悦我口。"这种直觉人所本有,并且原非常敏锐,除非有了杂染习惯的时节。你怎样能复他本然敏锐,他就可以活动自如,不失规矩。

孔子所谓仁是什么?

此敏锐的直觉,就是孔子所谓仁。胡适之先生在《中国哲学史大纲》上说:"仁就是理想的人道,尽人道即是仁。蔡子民《中国伦理学史》说,孔子所说的仁乃是'统摄诸德完成人格之名。'这话甚是;《论语》记子路问成人,孔子答道:'若臧武仲之知,公绰之不欲,卞庄子之勇,冉求之艺,文之以礼乐,亦可以为人矣;'

成人即是尽人道，即是完成人格，即是仁。"我亦不能说"统摄诸德完成人格"是不仁，胡君的话我亦无从非议。但是这样笼统空荡荡的说法，虽然表面上无可非议，然他的价值也只可到无可非议而止，并不能让我们心里明白，我们听了仍旧莫名其妙。这因为他根本就不明白孔子的道理，所以他就不能说出使我们明白。他若明白时就晓得这个"仁"是跃然可见确乎可指的。胡先生又说："后人如朱熹之流说'仁者无私心而合天理之谓'乃是宋儒的臆说，不是孔子的本意。"不晓得胡先生有什么真知灼见，说这样一笔抹煞的话！朱子实不如今人的逞臆见，他的话全从那一个根本点出来，与孔子本意一丝不差，只要一讲清楚就明白了。我们现在先来讲明仁即是敏锐直觉的话。你看《论语》上宰我问三年丧似太久，孔子对他讲："食夫稻，衣夫锦，于汝安乎？"他说"安"。孔子就说："汝安则为之。夫君子之居丧，食旨不甘，闻乐不乐，居处不安，故不为也。今汝安则为之。"宰我出去，孔子就叹息道："予之不仁也！"这个"仁"就完全要在那"安"字上求之。宰我他于这桩事心安，孔子就说他不仁，那么，不安就是仁喽。所谓安，不是情感薄直觉钝吗？而所谓不安，不是情感厚直觉敏锐是什么？像所谓恻隐、羞恶之心，其为直觉是很明的；为什么对于一桩事情，有人就恻隐，有人就不恻隐，有人就羞恶，有人就不羞恶？不过都是一个安然不觉，一个就觉得不安的分别罢了。这个安不安，不又是直觉锐钝的分别吗？儒家完全要听凭直觉，所以惟一重要的就在直觉敏锐明利；而惟一怕的就在直觉迟钝麻痹。

所有的恶,都由于直觉麻痹,更无别的原故,所以孔子教人就是"求仁"。人类所有的一切诸德,本无不出自此直觉,即无不出自孔子所谓"仁",所以一个"仁"就将种种美德都可代表了。而对于"仁"的说法,可以种种不一,此孔子答弟子问"仁"各个不同之所由来也。大家见他没有一定的说法,就以为是一个空荡荡理想的好名称了。我们再来解释朱子的话:大家要看这个不安是那里来的?不安者要求安的表示也,要求得一平衡也,要求得一调和也。直觉敏锐且强的人其要求安,要求平衡,要求调和就强,而得发诸行为,如其所求而安,于是旁人就说他是仁人,认其行为为美德,其实他不过顺着自然流行求中的法则走而已。《易经》上说:"一阴一阳之谓道,继之者善也,成之者性也。仁者见之谓之仁,知者见之谓之知,百姓日用而不知,故君子之道鲜矣。"道在调和求中,你能继此而走就是善,却是成此善者,固由本性然也。仁就在这一点上,知也在这一点上,你怎样说他都好,寻常人人都在这里头度他的生活,而自己不晓得。这自然流行日用不知的法则就是"天理",完全听凭直觉,活动自如,他自能不失规矩,就谓之"合天理";于这个之外自己要打量计算,就通通谓之"私心"、"私欲"。王心斋说的好:"天理者,天然自有之理也,才欲安排如何,便是人欲。"大家要晓得,天理不是认定的一个客观道理,如臣当忠,子当孝之类;是我自己生命自然变化流行之理,私心人欲不一定是声、色、名、利的欲望之类,是理智的一切打量、计较、安排,不由直觉去随感而应。孔家本是赞美生活的,所有饮食男女

第四章 西洋中国印度三方哲学之比观

本能的情欲,都出于自然流行,并不排斥。若能顺理得中,生机活泼,更非常之好的;所怕理智出来分别一个物我,而打量、计较,以致直觉退位,成了不仁。所以朱子以"无私心"、"合天理"释"仁",原从儒家根本的那形而上学而来,实在大有来历,胡先生不曾懂得,就指为臆说了。我们再来讲讲这个"仁"。"仁"就是本能、情感、直觉,是已竟说过的了。在直觉、情感作用盛的时候,理智就退伏;理智起了的时候,总是直觉、情感平下去;所以二者很有相违的倾向。孔子说:"刚毅木讷近仁,"又说"巧言令色鲜矣仁,"我们都可以看出这"仁"与"不仁"的分别:一个是通身充满了真实情感,而理智少畅达的样子;一个是脸上嘴头露出了理智的慧巧伶俐,而情感不真实的样子。大约理智是给人作一个计算的工具,而计算实始于为我,所以理智虽然是无私的,静观的,并非坏的,却每随占有冲动而来。因这妨碍情感和连带自私之两点,所以孔家很排斥理智。但仁虽然是情感,却情感不足以言仁。仁是一个很难形容的心理状态,我且说为极有活气而稳静平衡的一个状态,似乎可以分为两条件:

(一)寂——像是顶平静而默默生息的样子;
(二)感——最敏锐而易感且很强。

能使人所行的都对,都恰好,全仗直觉敏锐,而最能发生敏锐直觉的则仁也。仁是体,而敏锐易感则其用;若以仁兼赅体用,则寂其体而感其用。若单以情感言仁,则只说到用,而且未必是恰好的用,故言仁者不可不知寂之义。这个寂与印度思想全不相涉,浅言之,不过是为心乱则直觉钝,而敏锐直觉都生于心静时也。平常说的教那人半夜里扪心自问,正为半夜里心静,有点内愧,就可以发露不安起来。孟子说的很明白:"虽存乎人者岂无仁义之心哉?其所以放其良心者亦犹斧斤之于木也,旦旦而伐之,可以为美乎?其日夜之所息,平旦之气其好恶与人相近也几希;则其旦昼之所为有梏亡之矣。梏之反覆则其夜气不足以存,夜气不足以存,则其违禽兽不远矣。"宋明人都有点讲静坐,大家只看形迹,总指为受佛老的影响而不是孔家原样,其实冤屈了他。陈白沙所谓"静中养出端倪"实在很对的。而聂双江在王门中不避同学朋友的攻击,一力主张"归寂以通天下之感",尤为确有所见,虽阳明已故,无从取决,然罗念庵独识其意。在古代孔家怎样修养,现在无从晓得,然而孔家全副的东西都归结重在此点,则其必以全力从事于此,盖可知也。胡适之先生说:"最早的那些儒家只注重实际的伦理和政治,只注重礼乐仪节,不讲究心理的内观。到了大学、中庸时代,才从外务的儒学,近入内观的儒学。"这话未必是。你不看孔子说的:"回也其心三月不违仁,其馀则日月至焉而已矣;"那"仁"不是明指一种内心生活吗?只要能象孔子说的"君子无终食之间违仁,造次必是,颠沛必于是,"就都好了,并不要一样一样去学着作那种种道德善行,盖其根本在此。若说以前孔子时为外务的儒学恐其不然。不过这种内心修养实不像道家佛家于生活正路外有什么别的意思；他只要一个"生活的恰好"，"生活的恰好"不在拘定客观一理去循守而在自然的无不中节。拘定必不恰好，而最大的尤在妨碍生机，不合天理。他相信恰好的生活在最自然，最合宇宙自己的变化——他谓之"天理流行"。在这自然变化中，时时是一个"中"，时时是一个"调和"——由"中"而变化，变化又得一"中"，如是流行不息。孔家想照这样去生活，所以就先得"有未发之中而后发无不中节"了。"仁"与"中"异名同实，都是指那心理的平衡状态。中即平衡、归寂，即以求平衡，惟其平衡则有不合此平衡者就不安，而求其安，于是又得一平衡。此不安在直觉，既已说过，而我们所说敏锐直觉即双江所谓通天下之感也。世人有一种俗见，以为仁就是慈惠，这固然不能说不是仁，但仁之重要意味则为宋明家所最喜说而我们所最难懂的"无欲"。从前我总觉以此为仁，似不合理，是宋儒偏处。其实或者有弊，却不尽错，是有所得的。其意即以欲念兴，直觉即钝，无欲非以枯寂为事，还是求感通，要感通就先须平静。平静是体，感通是用，用在体上。欲念多动一分，直觉就多钝一分；乱动的时候，直觉就钝得到了极点，这个人就要不得了。因此宋儒无欲确是有故的，并非出于严酷的制裁，倒是顺自然，把力量松开，使其自然的自己去流行。后人多误解宋人意思，而宋人亦实不免支离偏激，以至孔家本旨遂无人晓得，此可惜也！修养不过复其本，然此本即不修养，在一般人也并不失，故曰"百姓日用而不知"；仁初非甚高不可攀企之物也。然而仁又高不可穷,故虽颜子之贤,只能三月不违,其余只能日月至,而人以诸弟子之仁否为问,孔子皆不许其仁;乃至孔子亦自云:"若圣与仁则吾岂敢。"曾子说:"士不可以不弘毅,仁以为己任不亦重乎?死而后已不亦远乎?"可见仁是顶大的工程,所有的事没有大过他的了;而儒家教人亦惟要作此一事,一事而无不事矣。

孔家性善的理

我们再来看孔家性善的道理。孔子虽然没有明白说出性善,而荀子又有性恶的话,然从孔子所本的形而上学看去其结果必如是。那《易经》上继之者善,成之者性,百姓日用而不知的话,原已明白;如我们前面讲仁的话内,也已将此理叙明。胡适之先生说:"孔子的人生哲学依我看来可算得是注重道德习惯一方面的。"又引孔子未见好德如好色的话而说:"可见他(指孔子)不信好德之心是天然有的;好德之心虽不是天然生就的,却可以培养得成,培养得纯熟了自然流露;《大学》上说的:'如恶恶臭,如好好色,'便是道德习惯已成时的状态。"他这话危险的很!人类社会如果不假这种善的本能,试问是怎样成功的?胡先生不但不解孔子的道理而臆说,并且也不留意近来关于这个的意见之变迁,才说这样话。(此变迁详第五章)要晓得孔子的"性相近也,习相远也",其性近就是说人的心理原差不多,这差不多的心理就是善,孟子所谓人心之所同然者是也。本来都是好恶与人同的,只有后来习惯渐偏,才乖违,才支离杂乱,俱不得其正了。所以最好始终不失其本然,最怕是成了习惯——不论大家所谓好习惯坏习惯,一有习惯就偏,固所排斥,而尤怕一有习惯就成了定型,直觉全钝了。大家认为好习惯的也未必好,因为根本不能认定。就假设为好习惯,然而从习惯里出来的只是一种形式,不算美德。美德要真自内发的直觉而来才算。非完全自由活动则直觉不能敏锐而强有力,故一入习惯就呆定麻痹,而根本把道德摧残了。而况习惯是害人的东西,用习惯只能对付那一种时势局面,新的问题一来就对付不了,而顽循旧习,危险不堪!若直觉敏锐则无所不能对付。一个是活动自如,日新不已;一个是拘碍流行,淹滞生机。害莫大于滞生机,故习惯为孔家所必排。胡先生以注重道德习惯来讲孔子人生哲学,我们是不能承认的。

孔子之不计较利害的态度

我们再来讲孔子的惟一重要的态度,就是不计较利害。这是儒家最显著与人不同的态度,直到后来不失,并且演成中国人的风尚,为中国文化之特异彩色的。这个道理仍不外由前边那些意思来,所谓违仁,失中,伤害生机等是也。胡适之先生又不晓得孔子这个态度,他以为孔子的"放于利而行多怨";"君子喻于义,小人喻于利"；不过是孔子恨那般谋利政策，所以把义利两桩说得太分明了。他又引孔子对冉有所说"庶矣，富之"的话，而认孔子并不主张"正其谊不谋其利"说："……可见他所反对的利，乃是个人自营的私利，不过他不曾把利字说的明白，《论语》又有夫子罕言利的话，又把义利分作两个绝对相反的物事，故容易被后人误解了。"但胡先生虽于讲孔子时不曾认清孔子的态度，却到讲墨子的时候，又无意中找出来了。他看见《墨子·公孟篇》上说"子墨子问于儒者曰：'何故为乐？'曰：'乐以为乐也。'子墨子曰：'子未我应也，今我问曰：'何故为室？'曰：'冬避寒焉，夏避暑焉，室以为男女之别也。'则子告我为室矣。今我问曰：'何故为乐？'曰：'乐以为乐也。'是犹曰：'何故为室？'曰：'室以为室。'"他就说："儒家只说一个'什么'，墨子则说一个'为什么'，提出一个极高的理想的标准，如人生哲学高悬一个止于至善的目的，其细目'为人君，止于仁；为人臣，止于敬；为人父，止于慈；为人子，止于孝；与国人交，止于信。'全不问为什么为人子的要孝？为什么为人臣的要敬？只说理想中的父子君臣朋友是该如此如此的。"他从此推论儒墨的区别道：

"儒家只注意行为的动机，不注意行为的效果。推到了极端，便成董仲舒所说的'正其谊不谋其利，明其道不计其功。'只说这事应该如此做，不问为什么应该如此做。墨子的方法，恰与此相反。墨子处处要问一个'为什么'。例如造一所房子，先要问为什么要造房子。知道了'为什么'，方才可以知道'怎样做'。知道房子的用处是'冬避寒焉，夏避暑焉，室以为男女之别，'方才可以知道怎样构造布置，始能避风雨寒暑，始能分别男女内外。人生一切行为都如此……墨子以为无论何种事物、制度、学说、观念，都有一个'为什么'。换言之，事事物物都有一个用处。知道那事物的用处，方才可以知道他的是非善恶。为什么呢？因为事事物物既是为应用的，若不能应用，便失了那事物的原意了，便应该改良了。例如墨子讲'兼爱'便说：'用而不可，虽我亦将非之。且焉有善而不可用者？'这是说能应'用'的便是'善'的；善的便是能应'用'的。譬如我说这笔'好'，为什么'好'呢？因为能中写，所以'好'。又如我说这会场'好'，为什么好呢？因为他能最合开会讲演的用，所以'好'。这便是墨子的'应用主义'。应用主义又可叫做'实利主义'。儒家说'义也者，宜也'。宜即是'应该'。凡是应该如此做的，便是'义'。墨家说'义利也'。便进一层说，说凡事如此做去便可有利的即是'义'的。因为如此做才有利，所以'应该'如此做。义所以为'宜'，正因其为'利。'"

他在这以下又讲明墨子的应用主义如何不要看浅解错。他对于墨子的态度觉得很合脾胃，因他自己是讲实验主义的。他于是对于孔子的态度就不得其解，觉无甚意味。大约这个态度问题不单是孔墨的不同,并且是中国西洋的不同所在——孔子代表中国,而墨子则西洋适例。我们于这里要细说一说。当我们作生活的中间,常常分一个目的手段:譬如避寒、避暑、男女之别这是目的;造房子,这是手段。如是类推,大半皆这样。这是我们生活中的工具——理智——为其分配、打量之便利,而假为分别的;若当作真的分别,那么就错误而且危险了。什么错误危险?就是将整个的人生生活打成两断截;把这一截完全附属于那一截,而自身无其意味。如我们原来生活是一个整的,时时处处都有意味;若一分,则当造房中那段生活就全成了住房时那一段生活的附属,而自身无复意味。若处处持这样态度,那么就把时时的生活都化成手段——例如化住房为食息之手段,化食息为生殖之手段——而全一人生生活都倾欹在外了。不以生活之意味在生活,而把生活算作为别的事而生活了。其实生活是无所为的,不但全整人生无所为,就是那一时一时的生活亦非为别一时生活而生活的。平常人盖多有这种错分别——尤以聪明多欲人为甚——以致生活趣味枯干,追究人生的意义、目的、价值等等,甚而情志动摇,溃裂横决。孔子非复常人,所见全不如此,而且教人莫如此;墨子犹是常人,所见遂不出此,而且变本加厉。墨子事事都问一个"为什么",事事都求其用处。其理智计较算帐用到极处;就把葬也节了,因为他没用处;把丧也短了,因为他有害处;把乐也不要了,因为他不知其何所为。这彻底的理智把直觉、情趣斩杀得干干净净;其实我们生活中处处受直觉的支配,实在说不上来"为什么"的。你一笑、一哭,都有一个"为什么",都有一个"用处"吗?这都是随感而应的直觉而已。那孝也不过是儿女对其父母所有的一直觉而已,胡先生一定要责孔家说出"为什么",这实在难得很!我们人的行为动作实在多无所为,而且最好是无所为,"无所为而为"是儒家最注重用力去主张去教人的。或者后儒也有偏处,然而要知其根本所从来则不致误解了。我们已竟说过孔家是要作仁的生活了,最与仁相违的生活就是算帐的生活。所谓不仁的人,不是别的,就是算帐的人。仁只是生趣盎然,才一算帐则生趣丧矣!即此生趣,是爱人敬人种种美行所油然而发者;生趣丧,情绪恶,则贪诈、暴戾种种劣行由此其兴。算计不必为恶,然算计实惟一妨害仁的,妨害仁的更无其他;不算帐未必善,然仁的心理却不致妨害。美恶行为都是发于外之用,不必着重去看;要着重他根本所在的体,则仁与不仁两种不同之心理是也。要着重这两种心理,则算计以为生活不算计以为生活不可不审也!这是说明孔家不计较利害之由于违仁的一个意思。计算始于认定前面,认定已失中,进而算计更失中;甚至像前面所说:计算到极处则整个人生都倾欹于外。孔家为保持其中又不能不排斥计算。旁人之生活时不免动摇,以其重心在外;而孔家情志安定都为其生活之重心在内故也。这是说明孔家不计较利害由于失中的一个意思。违仁失中都是伤害生机。不但象墨子那样办法使人完全成了机械,要窒息而死,稍加计算,心理就不活泼有趣,就不合自然;孔家是要自然活泼去流行的,所以排斥计算。这是说明孔家不计较利害由于伤害生机的一个意思。大约儒家所谓王霸之辨，就在一个非功利的，一个是功利的。而在王道有不尚刑罚之一义，在霸术则以法家为之代表，这也是一个可注意的地方。孔子有言："道之以政，齐之以刑，民免而无耻；道之以德，齐之以礼，有耻且格；"盖刑罚实利用众人趋利避害之计较的心理而成立者，此必至率天下而为不仁之人，大悖孔子之意，所以要反对的。王道虽不行，然中国究鲜功利之习，此中国化之彩色。西洋虽以功利为尚，与墨子为一态度，而同时又尚艺术，其态度适得一调剂，故墨子之道不数十年而绝，而西洋终有今日。（附注，艺术用直觉而富情趣，其态度为不计较的。）

礼运大同说之可疑

说到此处我想起一件事来。我在民国五年夏天的时候，曾把孔家经籍都翻一遍，自觉颇得其意，按之于书，似无不合；只有《礼运大同》一篇话看着刺眼，觉得大不对。他说什么大同小康，分别这个不如那个好，言之津津有味，实在太鄙！这还是认定外面有所希望计较的态度，绝不合孔子之意。所有孔子的话，我们都可以贯串为一线，只有这里就冲突了。不过我也疏于考证，无法证明他是假的，只怀疑在心而已。后来才看见吴虞先生给陈仲甫先生一封信说及此事：

第四章 西洋中国印度三方哲学之比观

"前著儒家大同之义本于老子说。今又得三证:吕东莱与朱元晦书曰:'蜡宾之叹,自昔前辈共疑之,以为非孔子语。盖不独亲其亲,子其子,而以尧舜禹汤为小康,其真是老聃墨翟之论。'东莱以为老聃之论,直不认为孔子语。一证也。《朱子语类》云:'礼运言三王不及上古事,人皆谓其说似庄老。先生曰,礼运之说有理,三王自是不及上古。又问礼运似与老子同,曰不是圣人书。胡明仲云:礼运是子游作,乐记是子贡作,计子游亦不至如此之浅。'朱元晦认礼运非孔子书,且非子游作;而或以为庄老,或以为与老子同。二证也。李邦直礼论云:'礼运虽有夫子之言,然其冠篇言大道与三代之治,其语尤杂而不伦。其言曰:大道之行也,天下为公:人不独亲其亲,子其子而谓之大同。又大道既隐,天下为家,各亲其亲,各子其子,如是而谓之薄俗。又,礼仪以为纪,以正君臣,以笃父子,以睦兄弟,以和夫妇,如是而谓之起兵作谋贼乱之本。以禹汤文武周公之治而谓之小康。郑氏称之,又以老子之言为证。故不道小康之说。果夫子之遗言,是圣人之道有二'也。李氏此论见《圣宋文选》,其意以为圣人所以持万世与天地长久不变者,君臣父子而已,不认大同。三证也。"

吴先生和他所举诸家的话,其意思不必与我们同,然大家虽各有各的看法,都是觉得这个东西不对是同的。这篇东西其气味太与孔家不对,殆无可辩。晚世所谓今文家者如康长素之流,其思想乃全在此。他所作的《大同书》替未来世界作种种打算,去想象一个美满的境界;他们一班人奉为至宝,艳称不胜,我只觉其鄙而已矣!他们根本不曾得到孔家意思,满腹贪羡之私情,而见解与墨子、西洋同其浅薄。所以全不留意孔子是怎样大与释迦、墨子、耶稣不同,而一例称道,搅乱一团;而西洋思想进来,脾胃投合,所以能首先承受,竞谈富强,直到后来还提倡什么物质救国论,数十年来冒孔子之名,而将孔子精神丧失干净!其弟子陈焕章办孔教会,我们一看所谓孔教者,直使人莫名其妙。而尤使我心里难过的,则其所为建筑教堂募捐启;细细开列:捐二十万的,怎样铸全身铜像;捐十万的,怎样铸半身铜像;捐五万的,怎样建碑;捐几千的怎样;捐几百的怎样;煞费计算之精心,引逗世人计量我出多少钱买多大的名好呢?我看了只有呕吐,说不上话来。哀哉!人之不仁也!

孔子生活之乐

我们再看孔子从这种不打量计算的态度是得到怎样一个生活。我们可以说他这个生活是乐的,是绝对乐的生活。旁人生活多半是不乐的;就是乐,也是相对的。何谓相对的乐?他这个乐是系于物的,非绝关系的,所以为相对;他这个乐是与苦对待的,所以为相对。若绝关系而超对待,斯为绝对之乐。平常人走计算的路,总要由手段取得目的,于是必有所取得而后乐,取不得就苦了。其乐全系于其目的物,而藉待于外;所以说是关系的而非绝对的。又其乐去苦来,苦去乐来,显为相对待的;所以说是对待的而非绝对的。孔子则不然。他原不认定计算而致情志系于外,所以他毫无所谓得失的;而生趣盎然,天机活泼,无入而不自得,决没有那一刻是他心里不高兴的时候,所以他这种乐不是一种关系的乐,而是自得的乐,是绝对的乐。所谓烦恼这个东西在他是踪影皆无,而心里无时不乐。你看他说:"仁者不忧,知者不惑,勇者不惧";智是惑的反面,勇是惧的反面,这是大家晓得的;你还要晓得仁是忧的反面!你几时懂得这乐,几时懂得这个仁。宋明人常说:"寻孔颜乐处",那是不差的。他只是顺天理而无私欲,所以乐,所以无苦而只有乐。所有的忧苦烦恼——忧国忧民都在内——通是私欲。私欲不是别的,就是认定前面而计虑。没有那件事情值得计虑——不但名利,乃至国家世界。秋毫泰山原无分别,分别秋毫泰山,是不懂孔子形而上学的。《大学》上说:"心有所忿懥,则不得其正;有所恐惧,则不得其正;有所好乐,则不得其正,有所忧患,则不得其正。"胡适之先生看见不得其解,以为这岂不成了木石了?其实不是不许忿懥,只是不许有所忿懥;不是不许恐惧,只是不许有所恐惧;不是不许好乐,只是不许有所好乐,不是不许忧患,只是不许有所忧患;随感而应则无所不可,系情于物则无一而可;所谓得其正者,不倾欹于外也。念念计虑,系情于物,即便有乐,其乐不真,若孔子则啼笑不必异人,只是过而不留,中心通畅,则何时不可以谓之乐乎?《论语》上说:"君子坦荡荡,小人常戚戚",美哉乎,坦荡也!孔家因为有意打量安排,便碍流行之理而罣于物,所以要立意作桩事情,就是善的也不对。所以《论语》上叙诸弟子侍坐,孔子问他们各人要怎样:一个便说要这样,一个便说要那样,都是要有所作为的,孔子都不甚许可;只有曾点说:"莫春者,春服既成,冠者五六人,童子六七人,浴乎沂,风乎舞雩,咏而归";孔子喟然叹道:"吾与点也。"那么,孔子就不要作为了吗?不是的。他很勇猛的作事,只是不出于打量罢了。所以他自己说:"其为人也,发愤忘食,乐以忘忧,不知老之将至,"旁人就说他是"知其不可而为之者"。据我所见,宋明学者虽都想求孔子的人生,亦各有所得;然惟晚明泰州王氏父子心斋先生东崖先生为最合我意。心斋先生以乐为教,而作事出处甚有圣人的样子;皆可注意处也。

我们这时候就连带说到天命一层。天命是孔子和儒家所常常说的,如所谓"五十而知天命","不知命无以为君子","乐天知命故不忧","道之将行也欤?命也;道之将废也欤?命也"。虽然有孔子罕言命的话,其故盖别有在;而命实孔子说话中很着重的。所谓天命原很难讲,大概说去就是指那造化流行而言。这个宇宙大的流行,他的来路非常之远;惟其远,其力量亦非常之大,一直贯注下来,成功这个局面,很难转的。除了我当下这一动是未定的,其余周围种种方面情形都在我之外而属于已成。这周围已成的局面都可以叫做机会,或机缘——不拘他对于我这一动为顺为逆。这最多而有力的机会变化方向,殆足以决定我那一动的能否发出,接续表现成功,故曰有命;初不如平常人所谓命定者。乐天者,乐夫天机而动;知命者即是乐天,而无立意强求之私也;无私故不忧。墨家非命,而孔家知命,其对待之根本在用理智与用直觉之不同。在墨子以理智计算,则非非命不能鼓天下之动;然如此之动不能长久不疲,有时而堕矣!孔家一任直觉,不待鼓而活动不息;其动原非诱于外,则不管得失成败利钝,而无时或倦。所谓知其不可而为之,在以理智计算者知其不可则不为矣;知其不可而为之,直觉使然也。此时不虑其不动,而转恐任情所至,有失乎中,故又不可以不知命也。知命而仍旧奋发,其奋发为自然的不容已,完全不管得失成败,永远活泼,不厌不倦,盖悉得力于刚。刚者无私欲之谓,私欲本即阴滞,而私欲不遂活力馁竭,颓丧疲倦有必然者,无私欲本即阳发,又不以所遇而生阻,内源充畅,挺拔有力,亦必然者。《易》所谓"天行健君子以自强不息";又孟子说浩然之气:"其为气也至大至刚,以直养而无害,则塞于天地之间";皆表其刚健的态度。故孔子说知命在他原无弊病,而人之以此怠于作为者,斯由计算态度而然,孔子不任其咎也。

孔子之宗教

孔子的道理大概是这样了,我们看他怎样作法可以使社会上人都得一个仁的生活呢？在这个地方孔子差不多有他的一副宗教。我们不要把宗教看成古怪东西，他只是一种情志生活。人类生活的三方面，精神一面总算很重，而精神生活中情志又重于知识；情志所表现的两种生活就是宗教与艺术，而宗教力量又常大于艺术。不过一般宗教所有的一二条件，在孔子又不具有，本不宜唤作宗教；因为我们见他与其他大宗教对于人生有同样伟大作用，所以姑且这样说。我们可以把他分作两条：一是孝弟的提倡，一是礼乐的实施；二者合起来就是他的宗教。孝弟实在是孔教惟一重要的提倡。他这也没有别的意思，不过他要让人作他那种富情感的生活，自然要从情感发端的地方下手罢了。人当孩提时最初有情自然是对他父母，和他的哥哥姊姊；这时候的一点情，是长大以后一切用情的源泉；绝不能对于他父母家人无情而反先同旁的人有情。《论语》上"孝弟也者其为仁之本欤"一句话，已把孔家的意思说出。只须培养得这一点孝弟的本能，则其对于社会、世界、人类，都不必教他什么规矩，自然没有不好的了。要想使社会没有那种暴慢乖戾之气，人人有一种温情的态度，自不能不先从家庭做起，所以说："君子笃于亲，则民兴于仁。"《孝经》那书虽然不象真的，却是"夫孝，德之本也，教之所由生也"则固不错。儒家对于丧葬的注重，在墨子看去，以为对于死人何必瞎费许多事，不知这都大有道理，所谓"慎终追远，民德归厚矣"。节葬短丧所省者都是看得见的利益，而人情一薄，其害不可计量，墨子固不见也。父母在可以尽孝，父母死则送死为大事；既死之后则又有祭祀，使这种宗教的作用还是不断；于是有祭礼，为礼之最重大者。那么，我们其次来说礼乐。礼乐是孔教惟一重要的作法，礼乐一亡，就没有孔教了。墨子两眼只看外面物质，孔子两眼只看人的情感。因为孔子着重之点完全在此，他不得不就这上头想法子。虽然提倡孝弟亦其一端，而只是这样提倡，是没有效的。我们人原是受本能、直觉的支配，你只同他絮絮聒聒说许多好话，对他的情感冲动没给一种根本的变化，不但无益，恐怕生厌，更不得了。那惟一奇效的神方就是礼乐，礼乐不是别的，是专门作用于情感的；他从"直觉"作用于我们的真生命。要晓得感觉与我们内里的生命是无干的，相干的是附于感觉的直觉；理智与我们内里的生命是无干的，相干的是附于理智的直觉。我们内里的生命与外面通气的，只是这直觉的窗户。一切色、声、香、味、触、法，所附直觉皆能有大力量作用于我们。譬如我们闻某一种香味，即刻可以使浮动之心，入于静谧；又换某一种香味，又即刻可以使人心荡；乃至饮食滋味，也可有很多影响，平和的是一样，刺激的又是一样；而声觉变化之多，作用之大，尤为其最。一切宗教家都晓得利用直觉施设他的宗教，即不妨说各教皆有其礼乐。但孔子的礼乐，却是特异于一切他人之礼乐，因为他有其特殊的形而上学为之张本。他不但使人富于情感，尤特别使人情感调和得中。你看《乐记》上说的多么好，教你读了心里都是和乐悦美的！有如："夫民有血气心知之性，而无哀乐之常，应感起物而动，然后心术形焉。是故微志噍杀之音作，而民思忧；啴嘽慢易繁文简节之音作,而民康乐;粗厉猛起奋末广贲之音作,而民刚毅;廉直劲正庄诚之音作,而民肃敬;宽裕肉好顺成和动之音作,而民慈爱;流辟邪散狄成涤滥之音作,而民淫乱;是故先生本之情性,稽之度数,制之礼义,合生气之和,道五常之行;使之阳而不散,阴而不密,刚气不怒,柔气不慑,四畅交于中而发作于外,皆安其位而不相夺也。"又:"……故乐行而伦清,耳目聪明,血气和平,移附易俗,天下皆宁。"又:"礼乐不可斯须去身;致乐以治心,则易直子谅之心油然生矣;易直子谅之心生,则乐;乐则安;安则久;久则天;天则神;天则不言而信,神则不怒而威,致乐以治心者也。致礼以治躬,则庄敬;庄敬则严威。心中斯须不和不乐,而鄙诈之心入之矣;外貌斯须不庄不敬,而易慢之心入之矣。……故曰致礼乐之道,举而错之,天下无难矣。"这几段话皆其最美的,而到了那没有斯须不和不乐的地步,便是孔子的"中"与"仁"了。若在别人的礼乐,盖未有不陷于偏激者矣。而在礼之中又特别着重于祭礼,亦其特异之点;所谓"治人之道莫急于礼,礼有五经,莫重于祭";"君子之教也必由其本,顺之至也,祭其是欤?故曰祭者教之本也已";是也。大约情欲要分界限是没有的,然大概可以说情感是对已过与现在;欲望是对现在与未来;所以启诱情感,要在追念往事;提倡欲望,便在希慕未来。祭礼之所以重,无非永人念旧之情。《祭统》篇:"夫祭者非物自外至者也,自中出于心也",表示启诱情感,何等真切!《祭义》篇:"斋之日,思其居处,思其笑语,思其志意,思其所乐,思其所嗜。斋三日,乃见其所为斋者。祭之日,入室,僾然必有见乎其位;周还出户,肃然必有闻乎其容声;出户而听,忾然必有闻乎其叹息之声"。又表示念旧何等真切! 他把别的宗教之拜神变成祭祖,这样郑重的做去,使轻浮虚飘的人生,凭空添了千钧的重量,意味绵绵,维系得十分牢韧! 凡宗教效用,他无不具有,而一般宗教荒谬不通种种毛病,他都没有,此其高明过人远矣。

我曾以孔家是否宗教问屠孝实先生——他是讲宗教哲学的;他说似乎不算宗教。我的意见也是如此,并且还须知道孔子实在是很反对宗教的。宗教多少必带出世意味,由此倾向总要有许多古怪神秘;而孔子由他的道理非反对这出世意味、古怪地方不可。孔子第一不要人胡思乱想,而一般宗教皆是胡思乱想。宗教总要问什么人生以前怎样,人死以后怎样,世界以外怎样……思前虑后,在孔子通通谓之出位之思;与孔子那仁的生活——只认当下的直觉生活,大大不合。所以子路以鬼神生死为问,孔子说"未能事人焉能事鬼……未知生焉知死";这是孔子的态度,不可不注意。人必情志不宁而后计虑及此;情志不宁总由私欲,而殷殷计虑又是私欲;(惟佛教不然,参看前叙佛教动机便知)种种荒渺之谈由是而兴,虽有所信奉,赖以即安,则又态度倾敧不得其正。《论语》说:"子不语怪力乱神",《中庸》说:"子曰:索隐行怪后世有述焉,吾弗为之矣",其排斥之情,不既明耶? 其实还不但如此,大约孔子是极平实的一个人,于高深玄远之理似都不肯说的。所以《论语》上一则曰"子罕言利与命与仁",再则曰"夫子之言性与天道不可得而闻也。"罕言利是不肯言利;罕言命与仁,以及性与天道不可得闻,不是不去说,只是平实切近的说法——如对于诸弟子所说的仁——而不及其幽玄处。荀子去孔子未远,而言性恶,又说:"惟圣人不求知天",似皆可为孔子不甚谈的证据。后来宋明人竞言性命之学不为无失,而世人更有扯入神秘古怪一团者,则尤为乖谬!

与此相连有中庸之一义,我们略加说明以为讲孔家之结束。这与开头所叙不认定的态度也是相连的,因为都是对外面看的一个回省。我们在以前专发挥孔子尚直觉之一义。这也应有一个补订——非常重要的补订。譬如纯任直觉则一一所得俱是表示,初无无表示之义;无表示之义,盖离开当下之表示,有一回省而后得之者;此离开当下而回省者,是有意识的,理智的活动。孔子差不多常常如此,不直接任一个直觉,而为一往一返的两个直觉;此一返为回省时附于理智的直觉。又如好恶皆为一个直觉,若直接任这一个直觉而走下去,很容易偏,有时且非常危险,于是最好自己有一个回省,回省时仍不外诉之直觉,这样便有个救济。《大学》所谓"毋自欺",实为孔家方法所在,但此处不及细讲;又如孔子之作礼乐,其非任听情感,而为回省的用理智调理情感,既甚明了。然孔子尚有最著明说出用理智之处,则此中庸之说是也。你看他说:"道之不行也,我知之矣,贤者过之,不肖者不及也;道之不明也,我知之矣,智者过之,愚者不及也";又说舜执其两端而用中;又说"极高明而道中庸";这明明于直觉的自然求中之外,

第四章 西洋中国印度三方哲学之比观

更以理智有一种拣择的求中。双、调和、平衡、中,都是孔家的根本思想;所以他的办法始终着眼在这上头,他不走单的路,而走双的路;单就怕偏了,双则得一调和平衡。这双的路可以表示如下:

（一）似可说是由乎内的,一任直觉的,直对前境的,自然流行而求中的,只是一往的;

（二）似可说是兼顾外的,兼用理智的,离开前境的,有所拣择而求中的,一往一返的。

像墨家的兼爱,佛家的慈悲,殆皆任情所至,不知自返,都是所谓贤者过之;而不肖者的纵欲不返,也都是一任直觉的。所以必不可只走前一路,致因性之所偏而益偏;而要以"格物"、"慎独"、"毋自欺"为之先为之本,即是第二路;《中庸》上说过慎独,才说到中和者此也。更须时时有一个执两用中,极高明而道中庸的意思,照看外边以自省,免致为"贤者之过"。《中庸》之说,实专对贤者与高明人而发者也。此走第二路之尤为显著者矣。亦唯如此走双路而后合乎他的根本道理;看似与前冲突而其实不然。胡适之先生以为孔子不见得不言利,这我们也有相当的承认;盖孔子虽一面有其根本态度而作起事来固无所不可,所谓中行是也。"不认定"与"道中庸"皆为照看外边时所持的态度,宋明大儒似均不分清此双条的路,而尤忽于照看外边,于是种种流弊毛病,遂由此生;容到后面去说。

以上都是叙孔子的人生哲学；此可为中国文明最重要之一部，却非即中国人所适用之文化。中国人所适用之文化，就历史上看来，数千年间，盖鲜能采用孔子意思者。所谓礼乐不兴，则孔子的人生固已无从安措，而况并出来提倡孔子人生者亦不数见乎！然即由其所遗的糟粕形式与呆板训条以成之文化，维系数千年以迄于今，加赐于吾人者，固已大矣。我们试来看中国的文化。

中国文化自很古时候到后来，自然也有几个重要的变动——如封建郡县之变，然而总可以说自始至终没有大变。这前后差不多的文化，似乎中间以孔子作个枢纽：孔子以前的中国文化差不多都收在孔子手里，孔子以后的中国文化又差不多都由孔子那里出来。孔子的六艺：诗、书、易、礼、乐、春秋——后谓之六经——都是古帝王经世出治之迹。原来古代设官，官各有史，天子也是一官，也有其史，就是太史；张孟劬先生在他所作的《史微》上说，中国一切文化学术都出于这些史，如孔子六艺和诸子百家道术，便是由太史，和其他各官之史而来的；我颇相信。学术总先是经验积起来的，各官分掌各事，各有其经验，其史便是保存经验所得的地方。据张先生说：孔子本是儒家，出于司徒之官，却是把太史的东西又都拿了过来，于是前圣的遗文都归孔氏了。诸子百家都是六艺之支与流裔，六艺在孔子，则孔子不是与诸子平列的，而是孔子为全为主，诸子为分为宾。周秦之际，诸子争鸣，各思以其道易天下；这时候中国文化也许开一不因袭古代的新局面。却是汉兴而孔家定于一尊，诸子的思想仍都没有打动中国人的心而变更局面。这因为诸子都只各就一事去讲,并没有全整的人生思想;其中道家虽有的,却又与孔家同一个源头——太史——不大扞格;墨家虽有的,又过偏而站不住;所以结果还弄成儒家的天下。这似乎孔家的文化要实施了,但其实不然。一则我们认定的孔家在其人生思想方面;六经并非孔子创作,皆古代传留下来之陈迹,若用孔子之精神贯注起来便通是活的,否则都是死物;而当时传经者实不得孔子精神。他们汉人治经只算研究古物,于孔子的人生生活并不着意,只有外面的研究而没有内心的研究。据汪容甫考订汉时所传之经,其来路几乎都出于荀卿。荀卿虽为儒家,但得于外面者多,得于内心者少。他之说性恶,于儒家为独异,此固由孔子不谈性与天道,所以他不妨与孟子两样;但实由其未得孔子根本意思,而其所传在礼——外面——所致也。所谓"礼主其减,乐主其盈",大概礼是起于肃静收敛人的暴慢浮动种种不好脾气;而乐则主于启发导诱人的美善心理;传礼的自容易看人的不好一面。你看荀卿说性恶的原故,不外举些好利之心,耳目之欲,若不以礼去节制,就不能好,即可见矣。其实我们看好利之心,耳目之欲,并不足为成立性恶论之根据;好利之心,耳目之欲,是我们本来生活,无所谓善,无所谓恶;待好礼以自节乃为善,其不好礼以自节者乃为恶;今吾人固好礼,而能制礼以自节矣,则何由断其为恶乎?从孔子那形而上学而来之人生观察,彻头彻尾有性善的意思在内;纵然孔子不言,而荀卿苟得孔子之意者,亦必不为性恶之言矣。汉人传荀卿之经,孔子人生思想之不发达固宜；而所谓通经者所得悉糟粕而已。即此糟粕形式，在那时也不能都用。其政治非王非霸，而思想中又见黄老之活动；实在是一个混合的文化。当时的人生与其谓为孔家的，宁谓多黄老之意味，此不但两汉为然，中国数千年以儒家治天下，而实际上人生一般态度皆有黄老气。本来孔家道家其最后根本皆在易理，不过孔家则讲《周易》，道家则远本《归藏》，都是相仿佛的一套形而上学。其所差似只在一个阴柔为坤静之道，一个阳刚为乾动之道；而中国人总是偏阴这一面的。两汉孔家思想既未实现，再往下到三国魏晋，愈看见其时人思想之浅薄而无着落。却是这时与孔家不同的人生态度，也得公然显著的表示出来；不像以前蒙着孔家面目沉闷不动。我们看魏晋人所发表的文艺著作都是看得出来的；其思想之烦闷已极，人生问题大为活动，如《列子·杨朱篇》的放纵思想可以代表一斑。（好多人考订《列子》是此时人假作的，大约不错。）似乎一面是老庄与输入的佛家启发打动他们的影响很大；一面是形式的儒家愈到后来愈干干净净剩一点形式，他们人人心里空漠无主；所以才现出这样。假使这时有个懂得孔子思想的人，一定出来讲话，然而我们看简直没有人提及。但此思想烦乱实为好现象，盖此烦乱都是要求人生思想得一个解决的表现，从此乃能产生后来的宋人之学。此魏晋迄南北朝都可以说是孔子思想不但不实现，并且将其形式冲破了的时代，到唐时佛家甚盛，禅宗遍天下。以佛家态度与孔子如彼其异，而不见生一种抵抗，可见孔家思想，澌灭殆绝。虽有一个韩退之，略事争持,而自以为可以上继孔孟,其实直不算数的。他的人生思想实并未得一解决,看他文集里读墨子一篇,有什么"孔子必用墨子,墨子必用孔子"的话,可见他心里毫无所得。而诗集中有七古一篇云:

"忽忽乎余未知生之为乐也,愿脱去而无因。安得长翮大翼如云生我身,乘风振奋出六合,绝浮尘。死生哀乐两相弃,是非得失付闲人。"

这哪里有点儒家的样子!若稍能得力于儒家何至说这种话!然自退之而外更无人矣。以拥护孔子之人尚且如此,可见其时孔家的精神,简直没有人理会了。五代乱世更无可说,经过此非常沉寂时代,到了宋朝慢慢产生所谓宋学。宋学虽不必为孔学,然我们总可以说,宋人对于孔家的人生确是想法去寻的,所寻得者且不论他是与不是,即此想法去寻,也已经是千年来未有的创举了!况且我们看去,他们对于孔子的人生生活,还颇能寻得出几分呢!在旁人从形迹上看他们,总喜说不是孔子本来的东西,而参取道家佛家的思想为多。例如宋学要以周濂溪开头,而周濂溪之太极图,据他们考证,即受自释老者。《宋元学案》黄晦木《太极图辨》云:"考河上公本图名无极图,魏伯阳得之以著《参同契》;钟离权得之以授吕洞宾;洞宾后与陈图南同隐华山,而以授陈,陈刻之华山石壁;陈又得先天图于麻衣道者,皆以授种放;种放以授穆修,与僧寿涯;修以先天图授李挺之;挺之以授邵天叟;天叟以授子尧夫;修以无极图授周子;周子又得先天地之偈于寿涯"。这似乎证据确凿,很难为讳,其实我看即使如此也不甚要紧。因为孔子的人生出于那一套形而上学是很明的;此种形而上学原不可以呆讲,且与道家的形而上学本就相似相通,在道家或孔家均不得独自据为己有;即使其果受自道家,正亦不妨由是而生出孔家的人生思想。不但受自与孔家一个源头之道家不足为异;即使与孔老俱不相干而能有见于此道——此种形而上学——也未尝不可产出孔子的人生。此种形而上学的道理与此种人生的道理,是天下之公物。岂能禁人之探讨,又岂能不许人之探讨有得者与古人有合耶!如西洋古希腊之黑列克立塔斯(Heraclitus)其道理颇有与孔家接近处,我们试考所以能如此者,不外由其讲变化的形而上学与此相通故耳。若实际果同,断不容以东西形迹之隔而不许其同。大家不于实际上——生活上——求宋学孔学之差异,而只沾沾于其形迹;何其浅薄错谬!宋初诸家殆莫不先有其讲变化的形而上学者;周濂溪,邵康节,固然;而前乎此者范魏公人称其泛通六经,尤长于《易》;司马温公则作《潜虚》,人各有其学,殊未必同:但所研究对象——变化——同,即为此种人生哲学开辟出来之机矣。又或批评他们与佛家有关系,陆象山、杨慈湖被嫌尤重;这也是拘泥形迹的看法。当时受佛的影响只是引起反动,并非正面有所承受。其语录的话有甚似禅家者,亦只是社会风气使然。所说内容仍不相干。然亦竟有徘徊儒释者，此则又有别的原故在。盖佛教为印度民族之产物，与中国之民族性甚多不合；故佛教入中国之后殆无不经过中国人之变化。除唯识为印度之旧，余若禅宗、净土、华严、天台，殆悉为中国产。禅宗号称不立语言文字，机锋话头无所凭准，故形迹上与他家更少扞格；又则宋学虽慕孔家，却是所走亦复入偏，于是竟使绝相反对之孔子释迦于后来流裔上迷混难辨；此当时徘徊儒释者所以纷纷也。故宋学即使有近禅学，不必执为参和佛家；而况宋学禅学真实内容初非一事，所近似者仍在外面一点形式耳。但宋学虽未参取佛老，却是亦不甚得孔家之旨；据我所见，其失似在忽于照看外边而专从事于内里生活；而其从事内里生活，又取途穷理于外，于是乃更失矣。将来作孔家哲学时将专论之，此不多说。元代似只宋人之遗，无甚特色。及明代而阳明先生兴，始祛穷理于外之弊，而归本直觉——他叫良知。然犹忽于照看外边；所谓格物者实属于照看外边一面，如阳明所说，虽救朱子之失，自己亦未为得。阳明之门尽多高明之士，而泰州一派尤觉气象非凡；孔家的人生态度，颇可见矣。如我之意，诚于此一派补其照看外边一路，其庶几乎！明末出了不少大人物如黎洲、船山……诸先生乃至其他殉难抗清的许多志士，其精神无论如何不能说不是由于此种人生态度的提倡。到清代实只有讲经的一派，这未始于孔学无好处，然孔家的人生无人讲究，则不能否认。讲经家两眼都是向外，又只就着书本作古物看，内里生活原自抛却，书上思想便也不管。惟一戴东原乃谈人生——人说他谈性理。我不喜欢用性理的名词，在孔子只有所谓人生无所谓性理，性理乃宋人之言，孔子所不甚谈者。戴氏之思想对于宋人为反抗，我们承认确是纠正宋人支离偏激之失。其以仁、义、礼、智不离乎血气心知，于孔孟之怀盖无不欣合。自宋以来，种种偏激之思想，固执之教条，辗转相传而益厉，所加于社会人生的无理压迫，盖已多矣；有此反动，实为好现象。所以我们对于戴氏亦认为一种孔家人生的萌动，惜乎其竟不引起影响也。此后讲经家中有所谓今文家者出，到康长素，梁任公益呈特彩。盖于治经家向无人生态度可见者，而到了他们却表出一种人生态度。他们这种人生态度自己也很模糊，不知其不合孔子；而假借孔经，将孔子精神丧失干净，欢迎了反乎孔子的人生态度思想进来。他们把孔子、墨子、释迦、耶稣、西洋道理，乱讲一气；结果始终没有认清那个是那个！然非其杂引搅扰之功，亦不能使中国人数千年来成了人生态度混乱的时代，不有此活动混乱的时代，亦不能开此后之新局——如我所测，或者中国人三数年间其不能不求得一新人生路向耶！

试说从来的中国人生活

孔子的人生，既未实现，于是我们要看中国人生大概是怎样呢？大概言之，却都还是我们所谓人生第二路向。盖其间虽有印度态度输入，却未引起中国人生的变动，而转为中国民族性所化，

第四章　西洋中国印度三方哲学之比观

及最近变法维新以后虽西洋态度输入而为时甚暂,均可不计外;大体上中国人生无论是孔是老,非孔非老,要皆属于第二路者。试从生活三方面略说一说:

（一）物质生活方面　中国人虽不能象孔子所谓"自得",却是很少向前要求有所取得的意思。他很安分知足,享受他眼前所有的那一点,而不作新的奢望,所以其物质生活始终是简单朴素,没有那种种发明创造。此在其结果之不好的一面看,则为物质文明之不发达,乃至有时且受自然界之压迫——如水旱种种天灾。盖此种知足的、容忍的态度,在人类初期文化——前所谓第一项问题(见第三章)还未曾解决时,实在不甚相宜,因为在此时是先要图生存的,当然不能不抗天行;又且物质上的不进步并不单是一个物质的不进步,一切的文物制度也都因此不得开发出来。此其弊害,诚不胜说。然在其结果之好的一方面看,则吾人虽有此许多失败,而却有莫大之大幸。因为从此种态度即不会产生西洋近世的经济状况。西洋近百年来的经济变迁,表面非常富丽,而骨子里其人苦痛甚深;中国人就没有受著。(西洋人所受的苦痛,后面去说)虽然中国人的车不如西洋人的车,中国人的船不如西洋人的船……中国人的一切起居享用都不如西洋人,而中国人在物质上所享受的幸福,实在倒比西洋人多。盖我们的幸福乐趣,在我们能享受的一面,而不在所享受的东西上——穿锦绣的未必便愉快,穿破布的或许很乐;中国人以其与自然融洽游乐的态度,有一点就享受一点,而西洋人风驰电掣的向前追求,以致精神沦丧苦闷,所得虽多,实在未曾从容享受。

(二)社会生活方面　孔子的伦理,实寓有他所谓絜矩之道在内,父慈、子孝、兄友、弟恭,总使两方面调和而相济,并不是专压迫一方面的——若偏欹一方就与他从形而上学来的根本道理不合,却是结果必不能如孔子之意,全成了一方面的压迫。这一半由于古代相传的礼法,自然难免此种倾向。而此种礼法因孔家承受古代文明之故,与孔家融混而不能分。儒家地位既常藉此种礼法以为维持,而此种礼法亦藉儒家而得维系长久不倒;一半由中国人总是持容让的态度,对自然如此,对人亦然,绝无西洋对待抗争的态度;所以使古代的制度始终没有改革。似乎宋以前这种束缚压迫还不十分利害,宋以后所谓礼教名教者又变本加厉,此亦不能为之曲讳。数千年以来使吾人不能从种种在上的威权解放出来而得自由;个性不得申展,社会性亦不得发达,这是我们人生上一个最大的不及西洋之处。然虽在这一面有如此之失败不利,却是自他一面看去又很有胜利。我们前曾说过西洋人是先有我的观念,才要求本性权利,才得到个性申展的。但从此各个人间的彼此界限要划得很清,开口就是权利义务、法律关系,谁同谁都是要算帐,甚至于父子夫妇之间也都如此；这样生活实在不合理，实在太苦。中国人态度恰好与此相反：西洋人是要用理智的，中国人是要用直觉的——情感的；西洋人是有我的，中国人是不要我的。在母亲之于儿子，则其情若有儿子而无自己；在儿子之于母亲，则其情若有母亲而无自己；兄之于弟，弟之于兄，朋友之相与，都是为人可以不计自己的，屈己以从人的。他不分什么人我界限，不讲什么权利义务，所谓孝弟礼让之训，处处尚情而无我。虽因孔子的精神理想没有实现，而只是些古代礼法，呆板教条以致偏欹一方，黑暗冤抑，苦痛不少，然而家庭里，社会上，处处都能得到一种情趣，不是冷漠、敌对、算帐的样子，于人生的活气有不少的培养，不能不算一种优长与胜利。

（三）精神生活方面　人多以为中国人在这一面是可以比西洋人见长的地方，其实大大不然；中国人在这一面实在是失败的。中国人的那般人与自然浑融的样子，和那从容享乐的物质生活态度，的确是对的，是可贵的，比较西洋人要算一个真胜利。中国人的那般人与人浑融的样子，和那淳厚礼让的社会生活态度，的确是对，可贵的，比较西洋人也要算一个真胜利。至于精神生活乃无可数：情志一边的宗教，本土所有，只是出于低等动机的所谓祸福长生之念而已，殊无西洋宗教那种伟大尚爱的精神；文学如诗歌、赋、戏曲，虽多聪明精巧之处，总觉也少伟大的气概，深厚的思想和真情；艺术如音乐、绘画，我不甚懂，私臆以为或有非常可贵之处，然似只为偶然一现之文明而非普遍流行之文化。知识一边的科学,简直没有;哲学亦少所讲求,即有甚可贵者,然多数人并不作这种生涯;社会一般所有,只是些糊涂浅拙的思想。所以从种种看去,这一面的生活,中国人并没有作到好处。只有孔子的那种精神生活,似宗教非宗教,非艺术亦艺术,与西洋晚近生命派的哲学有些相似,或者是个作到好处的;惜乎除中间有些萌动外,没有能够流行到一般社会上!

中国的文化大概如此,既非西洋,亦非印度,而自成其为第二路向。不过在这条路向中,数千年中国人的生活,除孔家外都没有走到其恰好的线上。所谓第二路向固是不向前不向后,然并非没有自己积极的精神,而只为容忍与敷衍者。中国人殆不免于容忍敷衍而已,惟孔子的态度全然不是什么容忍敷衍,他是无入不自得。惟其自得而后第二条路乃有其积极的面目。亦惟此自得是第二条的惟一的恰好路线。我们说第二条路是意欲自为调和持中,一切容让忍耐敷衍也算自为调和,但惟自得乃真调和耳。

我们走这条路是怎样走上去的呢?关于此层我所得甚少,不如西洋与印度那样显而易见。有人说中国人的态度由于地理的关系,他那一片平原大陆与西洋印度的形势各不相同;这种客观的关系自亦有的。又民族的性质也有关系,不过都不十分清楚,我也没有十分去用心考求。我有一个私意:一个社会实在受此社会中之天才的影响最大,天才所表出之成功虽必有假于外,而天才创造之能力实在无假于外。中国之文化全出于古初的几个非常天才之创造,中国从前所谓"古圣人",都只是那时的非常天才。文化的创造没有不是由于天才的,但我总觉得中国古时的天才比西洋古时的天才天分高些,即此便是中国文化所由产生的原故。我总觉得墨子太笨,我总觉得西洋人太笨,而中国自黄帝至周公孔子几个人太聪明。如果只有平常的天才,那么,道理可以一点一点的接续逐渐发明,其文明可以为积累的进步不已;若开头是个非常大天才,其思想太玄深而致密,后来的天才不能出其上,就不能另外有所发明,而盘旋于其范围之中。西洋是前一个样子,中国是后一个样子。你看西洋文化不是积累起来的而中国文化不是一成不变的吗?所以一成不变的原故,根本在中国古圣人由其观察宇宙所得的深密思想,开头便领着大家去走人生第二路向,到老子孔子更有其一盘哲学为这路向作根据,从此以后无论多少聪明人转来转去总出不了他的圈;而人生路向不变,文化遂定规成了这等样子不能再变。又且周公孔子替我们预备的太周到妥帖,愈周到妥帖,愈维持的日子久,便倒不能进步了。如其不周到妥帖,则非调换一个不可,所掉换的维持一时,又非掉换一个不可,那么就进步了。所谓孔子太周到妥帖的,不是别的,就是他那调和的精神;从这精神出来的东西是最能长久不倒的,却由此就耽误了中国人。中国文化只是由于出了非常的天才,没有什么别的原故。

我们说中国文化姑且至此为止,以下稍说一点西洋的人生哲学是如何情形,就可以把三方的思想——宗教哲学之形而上、知识、人生三部——作个结束了。

西洋人生哲学

我们已说过西洋哲学是偏于向外的,对于自然的。对于静体的一面特别发达,这个结果就是略于人事;所以在他人生哲学好象不是哲学的正题所在,而所有其人生哲学又自古迄今似乎都成一种特别派头。什么派头?一言以蔽之,就是尚理智:或主功利,便须理智计算,或主知识,便须理智经营;或主绝对又是严重的理性。但在未走出一定路子来的时候,自然也是向各方面发展的,如黑列克立塔斯(Heraclitus)因为讲变化的形而上学,所以他的人生思想很与中国有些相似;却是以后再没人接续走这讲变化的一路,所以这种思想也就无所发展了。底下的诡辩学派,只是一种怀疑破坏的态度,觉得没有什么道理可凭,但他有一点意思就是凭个人的主观于我有利无利——这似可算西洋派的萌芽。梭格拉底出来反对他们,以为是有真理可凭的。人所以行事不对只为不明白,能有知识就好了,所以他说"知识即是道德";假如有人自知不好而不能节制,是他不能认明现在之快乐与自此而生之未来苦痛的比较价值,即还是无知识;所以最重要在知识——这又是西洋派的开端。梭格拉底以后分成四派,说法不同,却有一个共同点,即还是重知识。其基利内派(Cyrenaie)更置重于幸福,以为人应当多得快乐,多避苦痛,知识是能使我们行为达到利益之目的者。柏拉图则有其"善之观念",说为一切观念所从属而是实在的;我们要去实现这个善就是德,而必须受真知识之指导才能行。他的弟子亚里士多德便稍不同,以为不是只有知识即成的,还得要有强的意志,养成习惯。他还有一个意思,就是他所谓中庸;以为一切的德都是中庸,而不是偏于一极端者;而人的情欲总容易走极端,所以他主张要由理性统御调节一切欲望才有这个德——中庸。这理性统御的态度又是西洋派。这以后则有斯多噶派(Stoics)、伊壁鸠鲁派(Epicurus)。前一派要绝情念而安静退隐,不看重生活。后一派就倡快乐主义,说我们常要思虑分别,择那最多与吾人以快乐者去作;知识道德都为此始有价值。看似他这要安静无苦痛与斯多噶派有点相似,然他这个安静是从计算利害来的,与那派根本不要存利害的心实在相反。罗马人不过折衷各种思想,可以不说。以下为基督教伦理时代,自为不看重人生者,惟其最可注意处,当为博爱之一义。在从前亚里士多德列举种种之德,其中并无博爱一目,而至此则为主要之德,以迄于今西洋人得他的影响好处非常之大。到文艺复兴,人生思想脱宗教而独立,回到现世时,大概可以粗判为英国、大陆、德国三派。英国派始终是主功利的,无论什么幸福说、快乐说、为我说、利人说,总都是一路气味。开头如培根、霍布士、洛克、哈特烈(Hartley)、休谟等等都是这样;其间自然也有反动,但总无大势力,一直到后来如边沁、穆勒、斯宾塞,其精神益著。大陆派可以说是主知识的一面,因他排感觉不重经验,所以较少功利气味而看重知识,如笛卡尔的意思。道德是与明白的知识为一致,有了知识,由意志统御着作,就成了道德。马尔布兰西(Nicolas Malebranches)说吾人能辨别事理,由吾人分有神之知识才成功道德。斯宾诺莎(Spinoza)说人要不明白则常为感情所左右而非自由动作,因此照他意思,道德一面与明了之知识一致,一面与活动自由之动作一致。凡此诸人皆同倡主知主义者也。德国派稍与英国和其他大陆思想不同;他的意思以道德为我们义务而不应当有所为,这与功利主义适为反对,亦与主知者非一。这派主人就是康德。他以为要是有所为,不论是出于感情是出于欲望,不论是为己为人,便都不得谓之道德,而且正相反的;要无所为的直接由理性来的命令才算道德。从前一种不过是因利害的计算才去作,那么,他这种命令以有利为假定,无利就可取销,只名为"假定的命令";从后一种便是无条件的绝对应行之义务,乃名为"无上命令"。所以照他这意思便是由恻隐之心而为恤人之举,也都非道德了。这自然对于西洋派很不随群,却也与中国派头不一样;因他虽说无所为与我们相似,然我们所说的无所为并不象他这样不容留感情。菲希特(Fichte)亦以道德之自身即为目的,非他物之方便,凡别有所为者,不得为道德;纯粹道德之冲动在真正的自我满足。黑格尔(Hegel)略有不同,以为道德应求客观之标准,不单从个人之良心而定;但他也说意志自由,而意志从乎理性以为活动。到后来李布斯(Theador Lipps)要算是这德国派进步到好处,很高明的一个人。但这一派总不能居重要地位,就连主知派势力也不大,而且德国和其他大陆都还不少功利派,所以西洋思想竟不妨以功利主义将他代表了。最近的什么实际主义、人本主义、工具主义、实验主义,总是讲实际应用,意思都差不多。杜威先生说,他们实验派的方法是能使人生行为格外根据于有意识的态度,受知识之支配,不去作无意识的事;是世间人类幸福的惟一保障。此其要把人生行为都化成有所为而为,而着重于知识,绝不异于古,殆可以算西洋派进步到最圆满的产物。然而现在西洋风气变端已见,前此之人生思想此刻已到末运了!

三方生活之真解

现在西洋印度中国三方文化具已说明,我们试列一比较以明观察所得之结果:①

(一)西洋生活是直觉运用理智的;

(二)中国生活是理智运用直觉的;

(三)印度生活是理智运用现量的;

这话乍看似很不通,感觉、直觉、理智三者,我们何时能有用

---

① 著者曾于此加批注云:"此下一大段话,由于当时对于人类心理认识不足,以致言词糊涂到可笑可耻地步。1975年4月老叟自批。"

有不用的呢？但我为表我的意思，不得不说这种拙笨不通的话，待我一一说明，或可解惑。我们觉察得的西洋人近世理智的活动太盛太强（见第三章）：对自然是从我这里划开，而且加以剖析，把他分得很碎很碎，而计算操纵之，此一方面的生活，不是理智去作吗？人对人也是划界线而持算帐的态度，成了机械的关系，这一方面的生活不又是理智去作吗？至于精神生活一面，也是理智压倒一切，宗教之倒，形而上学之倒，不是理智为之吗？知识方法之辟出，多数科学之成就，不是理智为之吗？乃至艺术为直觉之事，而亦成了科学化，不是理智为之吗？总而言之，西洋人所作的生活以理智为其惟一重要工具，此甚明白之事。然此时有不可不提醒的一点：理智是无私的，是静观的，自己不会动作而只是一个工具，则此所谓理智作用太强太盛者，是谁在那里役使他活动呢？此非他，盖一种直觉也。我们已说过西洋人自文艺复兴认识了"我"才大活动起来；一切西洋文化悉由念念认我向前要求而成。这"我"之认识，感觉所不能为，理智所不能为，盖全出于直觉所得。故此直觉实居主要地位；由其念强，才奔着去求，而理智则其求时所用之工具，所以我们说西洋生活是以直觉运用理智的。读者幸善会其意而无以词害意。

其次说中国。中国人初不会像西洋那样认清了"我"，初不曾象西洋那样人与自然分离对待，初不曾象西洋那样人与人划清界线，更不象西洋有那样的知识（科学）发达成就而依之以为生活，其理智无甚作用是很明的。而照我们前几章所说，他那人与自然的浑融不是由直觉吗？其社会生活上人与人的尚情感而鲜计较，不是用直觉吗？其所依以为生活之一切学术莫非玄学化、艺术化，不都是用直觉的吗？这稍不细心未尝不可看成别的生物或什么野人靠着本能为生活的一般，但实不尔。这实由中国很早的时代就想成功那极高的文化，为其圣人——天才——领着去作以理智运调直觉的生活，却其结果只成了这非高非低浑沌难辨的生活、文化。中国古代那很玄深的哲理实是由理智调弄直觉所认识的观念，不单是直觉便好；孔子和孔子所承受的古化都是教人作一种凭直觉的生活，而以调理直觉为之先，如我们所叙孔子走双路和礼乐等制度其以理智运直觉而行，亦既甚明。不过这古圣人的安排在那时事实上是难行，行也维持不久，或形式微具，原意浸失，结果只弄成理智的不发达，似乎文化很低的样子了。其实这凭直觉的生活是极高明的一种生活，要理智大发达之后才能行的。所谓以理智运用直觉的其实是直觉用理智，以理智再来用直觉，比那单是直觉运用理智的多一周折而更进一层。一切生活都由有我，必有我才活动才生活。孔子的生活只是毋我的生活，只是不分别执我，初非真破了我执，其直觉的认我依旧有的，然亦唯只直觉的我，更无其他我执。西洋人的"我"是就着直觉认的我又加以理智的区划分别者，而孔子则只直觉中的我而已；一般人悉有分别我执，唯不如西洋人之明且强，又不如孔子之无分别执；其实莫不有我，不过一清楚显著，一则浑若无，一则迷离。分别我执不经破除是不能无的，此破除之功全假理智；他盖由理智分别而立，由理智分别而破。孔子的直觉生活实以理智为之先，此不可不知也；其理智之运用仍由直觉为之主，此不可不知也；所以我们说他是多一周折的，更进一层的，中国人虽走他这路没走到好处，然既原要走这路即仍不妨这样说。我们省略着说，就说中国生活是理智运用直觉的。这许多话很拙笨不通，但我不如此说，不能见我意。

再其次说印度。我们说印度其实是指佛教，因为唯佛教是把印度那条路走到好处的，其他都不对，即必佛教的路才是印度的路。这条路最排斥理智和直觉——他们所谓比非量。舍排斥比非量外，佛教更无其他意旨；其比非量即理智与直觉。这其间理智只是虚，还不妄，所以有时也可以承认。唯识道理即全出于现比量，而因明学即专讲比量者——理智。作这条路的生活就是用比量破一切非量——包直觉及似比似现——而现量如实证比非量之全不如实，现量之用大为开发而成功现量生活。所以姑且就说印度生活为理智运用现量。

以上是三方生活之真解释，以下我们所以说中国化要复兴的，即因为我们看未来世界人的生活要成功以理智调理直觉那样子。

第五章　世界未来之文化与
　　　　　我们今日应持的态度

我们推论未来文化的态度

我们讲未来文化,并不是主张世界未来应当用某种文化,只指示现在的情形正朝着某方面去走。完全就客观的事实来看,并没有一些主观的意见在内;个人的主意是无效的。我们从客观的观察所得,看出为现在全世界向导的西方文化已经有表著的变迁,世界未来的文化似不难测。此刻可分三方面去说,从此三方面的变迁,指示未来的文化。所谓三方面的就是:事实一面,见解一面,态度一面。

事实的变迁

第一先说事实一面如何变迁。我们所谓事实一面的就是指着经济现象说，因为在现今这是事实所在。在三种变迁之中这事实的变自然是顶重要的；由此事实的变而后文化乃不得不变，试看下文就知道了。于是我们来略叙西方的经济变迁。原来西方在中世纪时各地处都渐成了所谓自由都市。这自由都市便是经济的单位，也是政治的单位；到后来经济变迁，政治单位才也随着大了，成功近世的国家。在这种自由都市里面的经济，自其生产言之，都是手工业，虽亦有器械来帮助，但以人为主；又都是家庭工业，虽亦有伙计佣工来帮助，但以家为主；总是小规模的生产就是了。这些小工业其同一行业的各有一种组织谓之"同业组合"（guild），这同业组合实为自由都市的基础；他有对于组合内部的独立裁判权和独立行政权。由此同业组合为生产组织的单位，其生产与消费的关系总是以消费为本位——看要消费多少才生产多少，生产以与消费适相当为止。所以此种经济情况叫做消费本位的经济；为消费而生产，不同后来为生产而生产。这个样子的经济是很合理的，使人的生活很太平安全从容享乐，而后来却破坏了。从这破坏到成功现在的经济样子，自是种种缘故凑起来的，举其最重大者言之，约为三事。头一桩便是机械的发明。机械实在是近世界的恶魔；但他所以发现的，则为西方人持那种人生态度之故。从西方那种人生态度下面定会发生这个东西：他一面要求物质幸福，想利用自然征服自然，一面从他那理智剖析的头脑又产生科学，两下里凑合起，于是机械就发明出来。自有机械以代人，于是手工的生产就变为机械的生产。起初机械还待人去发动,等到有汽机电机,那么差不多做什么都用汽机电机便好,更用不着人了。此时完全以机械为主,机械愈大,益非大资本不可,又非多数工人不可。于是情形大变,当初工业是手工的、家庭的、小资本的,现在通成了机械的、工场的、大资本的。总而言之,小规模的生产组织破坏,而大规模的生产勃兴。同业组合于此破坏,自由都市于此破坏,资本主义的经济与近世的国家由此而兴。这时又有一桩事助成这个变局的便是分工之说。斯密亚丹倡合力分工之说,以为工愈分愈好,力愈合愈好。比如一个针要始终由一个人去做,便做的慢而且不精好,若一个引丝,一人磨尖,一人穿孔……如是分开各专一事,那么便做的快而且精好。所以最妙是大家合力来作一事,而却要分任工作。分工于生产有非常好的效果,自然都盛行起来,那么工场规模遂愈大,资本遂愈合并集中。这时更有一桩事于促成现今经济局面力量非常之大的,便是自由竞争之说。当中世纪时那样的生产组织,于生产的量或质以及工人的待遇等许多事,不论巨细,都有管理保护的种种规矩法律。待那组织破坏而这种习惯还遗留未改——还持干涉保护的态度。于是就有许多学者如斯密亚丹、斯宾塞等等力倡自由竞争之说,他们以为人都要图自己利益的,这个心——利己心——是很对的;人的行为活动都为自己利益的,这个行为——利己行为——也非常好的,其结果增进了他个人利益幸福,并且增进社会大家的利益幸福。社会上大家彼此帮助的地方很多,但这都非出自慈惠利人之念,而实出于各为其利而自然行之的。许多人在一社会所以都能很好的去生活，社会所以得繁荣进步，初不要干涉鼓励；而干涉鼓励或未必行的。他自己会弄得很妥当很好，而干涉管理反要弄得不妥当不好了。因此他们就反对产业上保护干涉的办法，而主张听着人人各竞其利。人人各竞其利，产业就会非常快的发达起来，这也是诚然的。大机械有利，就竞着发明采用大机械而机械愈新；大资本有利，就竞着收合大资本而资本愈集中。于是这个变局因为没了管束羁勒，越发变的急骤猛烈而成了今日的样子。今日的样子是什么样子？就是全不合理的一个经济现象。当机械发明，变动相逐以来，小工业一次一次的破坏，那些在小工业居主人地位的——小资本家——便一次一次都夷为隶属的工人，到大工场去做工乞活。这个结果除少数善于经营而有幸运的人作了资本家，其余的便都变成了工人，社会上简直划然成两阶级，贫富悬殊的不合理还在其次。资本家与工人的关系看着是自由契约，一方要招他作工，一方愿意就招，其实资本家可以完全压迫工人制其死命，而工人则除你愿意饿，可以自由去饿之外，没有别的自由。因为你不作工就没有饭吃，要作工就得听命于他。这权操自一方的不合理还在其次，最不合理的是：求这样安于被制的工作而不可得，时时有失业的恐慌，和一方生产过剩膏粱锦绣堆积起来而一方人还是冻馁。原来自从一味提倡鼓励生产以后（机械、分工、自由竞争，都是提倡鼓励生产的），生产却是非常发达了，而这时的经济就变成以生产为本位。生产不是为社会上大家消费而生产的，只是要多多地生产，个人好去营利就是了。个人竞利在这时是天经地义,资本家各自占着生产机关,他去生产原是为营利,生产愈多愈有利,便只求多多生产,弄成为生产而生产的局面。这时就有所谓"市场"这个东西为销货办货两方面折冲所在,生产出来的东西都到那里去竞争求售。而消费方面究竟怎样一个需要,事前不晓得,只顾生产,每每到了那里销售不去。这情形便谓之"生产过剩",而同时工人就起了失业的恐慌。因为生产过剩,资本家就得赔钱,若再生产岂不更赔累,所以自然要停工,而工人无工可作,就无所得食。这样的事是常常有的,所以工人的生活不但是困苦受制,并且连这点生活还时时恐慌扰攘不宁。这个样子实在太不合理!尤其怪谬不合的,我们去生产原是为消费——织布原是为穿衣,生产的多应当大家享用充裕,生产的少才不敷用,现在生产过剩何以反而大家享用不着,甚至不免冻馁?岂非织布而不是为给人穿的了吗?然而照现在的办法竟然如此,这样的经济真是再不合理没有了!这种不合理的事决敷衍不下去。这全失我们人的本意,人自然要求改正,归于合理而后已。就是把现在个人本位的,生产本位的经济改正归到社会本位的,分配(消费)本位的。这出来要求改正的便是所谓社会主义。西方文化的转变就萌芽于此。

经济改正之必要

社会主义发生到现在很久了,其间派别自不胜数。然而我们看去，像是最初可说宗教气味的，此指圣西门一流；后来可说科学气味的，此指马克思一流；于今则有些可说哲学家气味的，此指罗素，基尔特主义一流。这其间最后一派尤见出西方化的变动，我们在后面还要另自细谈。许多人总觉得他们都是空想；虽然最初那种不免为激于感情而生之空想；就是科学气味的其所推测到今也多未中，而阶级争斗社会革命固未见就崩裂出来；最后颇切实际，也有许多理想；然而无论如何，这改造要求是合理，那事实必归于合理而后已。而况如此的经济其戕贼人性——仁——是人所不能堪。无论是工人或其余地位较好的人乃至资本家都被他把生机斫丧殆尽；其生活之不自然、机械、枯窘乏味都是一样。现在的工人全与从前的伙计佣工情形大异。从前的与主人乃是朋友关系，彼此共同操作很有情趣，遇事也有些通融。现在的资本家或工厂管理对工人就不能再这样。简直一点情趣，一点情义没有；从前手工业时代有点艺术的样子，于工作中可以含些兴味。现在一概都是大机械的，殆非人用机械而成了机械用人。此其工作非常呆板无趣，最易疲倦，而仍不能不勉强忍耐去作，真是苦极！又一件东西非复成于一二人之手，没有那成功完就的得意心理，是好是歹也全没兴味，真是干枯已极！作一天这样干枯疲闷无聊的工，得些钱自要寻乐。乐要待寻，乐即是苦。而况要急寻，则无非找些刺激性的耳目口腹男女之欲：淫声、淫色、淫味……总之非淫过不乐；这境界真惨极！人的家庭之乐是极重要无比的，他最能培养人心，并且维系了一个人生活的平稳。而这时则工人的家庭多半破坏了；且亦不敢有室家。因为这时妇女儿童也都各自要去作工，一家都分散了，家庭的乐趣就失掉。又因生活困难，娶妻生子更负担不起，而男女各能依工为活，独身很觉自如，谁也不想嫁娶，所以多无家。既失其培养维系，又无聊寻乐，那风纪的紊乱、酗酒闹事、自杀、杀人种种情形于是就不可胜言了。倘使不合理的经济没有改正，无论如何想法子，这问题总不得根本解决。这种不可堪忍的局面断不会长此延留！就是较好地位的人其生活也是机械的，无生气的。因为是无论什么人——自低等至高等地位——都要聚精会神在经济竞争上：小心提防失败、贫困、地位低降，而努力刻意营求财货。时时刻刻算帐并且抑制活泼的情感，而统御着自己，去走所计算得那条路。他不敢高狂，不敢狷介，不敢慷慨多情乃并不敢恋爱；总之不敢凭着直觉而动。这便是罗素所为最叹息伤痛的"人类的祖先不因地狱之火的恐怖而抑制感情；乃至今日人类反极力抑制感情，是因为一个更恶的恐怖——恐怕零落在人间"。又，"……但是他们一切自制不是用于创造，只是使里面生命的源泉日即于干涸，而使他们日即于柔弱、无情、凡庸。"这生活实在太苦。罗素也说："不管道德家怎样说法，不管经济上怎样必要，依赖意志去完全抑制冲动是可以不必的；排去冲动，用目的与欲望统御着的生活，真是苦恼的生活。"其实其苦恼还不在抑制统御，而在抑制统御之后所生烦闷、倦疲、人生空虚之感。这才是大苦恼，人当此际简直会要溃裂横决！断不会容他长久如此。因此而呼求经济制度的改正，真乃出乎不容已。

因经济改正而致文化变迁

我们虽不能说现在经济将由如何步骤而得改正，但其必得改正则无疑，且非甚远之事。改正成功什么样子，我们也不便随意设想，但其要必归于合理，以社会为本位，分配为本位是一定的，这样一来就致人类文化要有一根本变革，由第一路向改变为第二路向，亦即由西洋态度改变为中国态度。这是为什么要这个样子呢？不为别的，这只为他由第一种问题转入第二种问题了。（参看第三章）人类头一步问题是求生存；所有衣、食、住，种种物质的需要都是要从自然界取得的，所以这时态度应当是向前要求的，就着前面下手的，对外改造环境的，以力征服障碍的。若不向前想法子而就着自己这面想法，那就不成功；譬如饥渴而不向前觅食，却自己忍饿，那么就不得生存了。近世以来，西洋的人生都是力持这态度；从这态度就有他那经济竞争——人与人之间的生存竞争；从这经济竞争结果将得个经济不竞争而安排妥协——人与人没有生存竞争；从这经济不竞争将不复持这态度——这种人生态度将随生存问题以俱逝。当西洋人力持这态度以来，总是改造外面的环境以求满足，求诸外而不求诸内，求诸人而不求诸己，对着自然界就改造自然界，对着社会就改造社会，于是征服了自然,战胜了威权,器物也日新,制度也日新,改造又改造,日新又日新,改造到这社会大改造一步,理想的世界出现,这条路便走到了尽头处！所谓生存问题逝去者,不是说这时便不生存,是说生产分配既有安排,则生存不成问题,人心目中的问题不在生存,而在别处了。在生存竞争中不能不持这种态度,生存问题既逝即失其必要；而他种问题之兴,并有其变更之必要。所谓这条路——就前面下手改造环境以求满足的路——已走到了尽头处,固谓改造到这一步无可更改造,亦谓到这一步将有新问题,这个办法不复适用。盖人类将从人对物质的问题之时代而转入人对人的问题之时代——前所列第二种他心问题之时代。（附注第三期可说为个人自己对自己问题之时代）而征服自然那种态度不能用在人与人之间；他心是完全在我范围之外的,就前面下手以求满足未定可得,易者之满足求诸外求诸人,这时只得还而求诸内,求诸己。所谓人对人的问题不一,而男女恋爱问题为其最大者；我们很可以看出生存有了安顿之后,则男女恋爱将成为彼时人第一问题,亦即为彼时社会顶烦乱困难问题。又以前社会上秩序治安的维持,无论如何不能说不是出乎强制,即是以对物的态度对人。人类渐渐不能承受这态度,随着经济改正而改造得的社会不能不从物的一致而进为心的和同——总要人与人间有真妥洽才行。又以前人类似可说在物质不满足时代,以后似可说转入精神不安宁时代；物质不足必求之于外,精神不宁必求之于己。又以前人类就是以物质生活而说,像是只在取得时代而以后像是转入享受时代，——不难于取得而难于享受！若问如何取得，自须向前要求，若问如何享受，殆非向前要求之谓乎？凡此种种都是使第一路向、西洋态度不能不转入第二路向、中国态度之重大情势；其如何转变将于后面试说之。我前于第三章剖看文艺复兴后的西洋人精神、心理时曾说道："第一要注意重新提出这态度的重字。这态度原来从前曾经走过的，现在又重新拿出来，实在与从前大不同了！头一次是无意中走上去的；而这时——从黑暗觉醒时——是有意选择取舍而走的。他撇弃第三条路而取第一条路是经过批评判断的心理而来的。在头一次走上去的人因为未经批评判别，可以无意中得之，亦可以无意中失之；而重新采取这条路的人，他是要一直走下去不放手的，除非把这一条路走到尽头不能再走，才可以转弯。"无论如何，中国人态度或印度人态度都不会轻易为近世的西洋人所接纳使用，除非真到有其必要的时节。虽然转弯还是由自己转弯，却非实事变迁摆在前面，他不转的。

见解的变迁

其次，我们要说见解的变迁，或科学的变迁。如果单是事实变迁了，而学术思想没有变迁，则文化虽有转变之必要，而人或未必能为适当之应付。然西洋人处于事实变迁之会，同时其学术思想亦大有改变迁进，给他们以很好之指导以应付那事实上的问题，而辟造文化之新局。这学术思想的变迁，我们分为见解的变迁或科学的变迁，与态度的变迁或哲学的变迁之二种；今说前一种，其后一种于第三段说之。我所谓见解的变迁就是指着心理学的变迁说。这是其最重大的根本的，其次尚有些别的见解变迁。差不多西洋人自古以来直到最近变迁以前，有其一种心理学的见解，几乎西方文化就建筑在这个上边；现在这个见解翻案了，西方文化于是也要翻案。西洋人这个见解其实我们已叙说过，就是在前章叙西洋人的人生思想和本章前段叙经济变迁一原因——自由竞争之提倡——两处。这见解的根本所在，就是只看人心理的有意识一面，忽却那无意识的一面；于是差不多就有以有意识心理为全个心理的见解，而种种误谬见解悉从此生。不晓得有意识一部只是心理的浅表而隐于其后无意识之部实为重要根本。在先心理学没十分研究固易有此误，就是把心理作专门科学加以十分研究了，还是不能发露出这个错误。因其方法有缺憾；只作还而自省之静的看法，分析了，来叙述，以致所研究殆限于个人的静止的精神状态，而常偏在唯知主义（intellectualism）。那大大发觉这个错误而盛作翻案文章的是近来些研究社会心理的书。这因为方法不同，所研究的不同，又所受进化论以来生物学影响为前此所没有。因为生物进化的研究，第一先把人与其他生物的鸿沟泯没了而知其相通，不难从生物的研究而启发了许多人的研究。所以自动物心理学的研究起来就使人的心理学有重大变化。盖动物多是本能的生活，很少是有意识的生活，其心理上知的作用自不能置重，而要置重于其情的作用意的作用以为研究；那么，就发现了人类心理的重要部分也是不在知而在情和意。又那静的看法改从动的看法，着眼在静止状态的改从着眼在行为活动，个人自省的改从从旁看大众；那么益发现出以前种种见解的都不对了。以前的见解都以为人的生活尽是有意识的，尽由知的作用来作主的，尽能拣择算计去走的，总是趋利避害去苦就乐的……如是种种，于是就以知识为道德，就提倡工于算计的人生；自古初梭格拉底直到一千九百年间之学者，西洋思想自成某一种味调态度，深入一般人心，形著而为其文化，与中国风气适相反对者，盖莫不基于此。关于政治、法律、经济、教育……种种之学术多少年来，通通以这种心理学的见解为基而建筑于其上——自由竞争之主张其一端；——到而今这些随便假定的道理全翻，那一切学术通要打根柢上从新做过！（看麦独孤所作《社会心理学》McDougall's *An Introduction to Social Psychology* 便知）人的生活哪里都是有意识的，他同动物一般也是出于本能，冲动；知的作用哪里能作主，他不过是工具而居于从属；人哪里都是拣择算计才来动作，亦何尝会趋利避害去苦就乐；常时直不容他拣择算计，或所谓拣择算计只是自己替自己作饰词；利害虽经算计，未能就左右行为；苦乐固易觉得，却难得到去苦就乐，他很可以趋害就苦而不辞。罗素就从此次大战而很有见于此，他的《社会改造原理》第一章第一段劈头就说："我此次所获得的第一件见解即什么是人类行为的源泉……";而所有他这一面的——人事一面的——哲学道理主张也就全出于此。这便是他顶新鲜的道理而著力发挥的所在,所以他就说出:"人类一切活动发生于两种源泉——冲动与欲望。欲望的位置已经很为人所重视。(中略)这等见解都很寻常,而且从来的政治哲学已经差不多完全立足在'欲望是人类行为的源泉'的上面。然欲望只能支配人类行为的一部分,而且他所支配的,并非最重要的,乃为较有意识的、明了的、开化的一部分。"不但罗素,现在所有这面学问——社会科学或社会哲学——诸名家学者通看到此点;虽各人说法不尽同,着意所在不一,然其为西方人眼光从有意识一面转移到另一面则无不同。于是西方人两眼睛的视线渐渐乃与孔子两眼视线所集相接近到一处。孔子是全力照注在人类情志方面的;孔子与墨子的不同处,孔子与西洋人的不同处,其根本所争只在这一点！西洋人向不留意到此,现在留意到了,乃稍稍望见孔子之门矣！我们所怕者,只怕西洋人始终看不到此耳,但得他看到此处,就不怕他不走孔子的路！此话自非一言能尽,然亦不妨简单说两句:头一层,他既看到了人类生活本来是怎么一回事,则他将不能不顺从着生活本性而任听本能冲动的活泼流畅,一改那算帐而统御抑制冲动的态度;第二层,他既看到人类生活本来是怎么一回事而不能统御抑制冲动了,则他不能不有一种先事的调理,俾冲动发出来就是好的、妥洽的、没毛病、没危险的,那就不外乎要养得一种和乐恬静的心理才行;即这般活泼和乐的生活便是"仁的生活",便是孔子的生活,孔子的生活要去说明,只这么两层,初无他义。而所有孔子那一套学问和其一套办法通不外要自己作这般生活且教人作这般生活的,其内容也完全就是这么两层,于是我就一言断定不怕他不走孔子的路。我再放宽一步去说:那关于心理之见解变迁是现代一桩非常重大的变迁,从这个变迁将使西洋人另换过一副眼光,指导着他们很得当的应付那事实问题而辟出一人生生活新途径,根本变更了从来的西方文化,是无论如何不能否认的。这人生新路途不是别的是我所谓第二条路;不单是事实变迁要他革去从来所走第一路向而去走第二路向,并且从见解变迁上也要他革去从来所走的第一路向而去走第二路向。因为自有所取得的态度,算计着走的路子,一改而为无目的、无所为、非算计着走,即不说为孔子的路,无论如何也是第二条路了。

此外还有一些见解的变迁,也于文化变迁上很有力量的,诸如克鲁泡特金互助论对以前进化论家见解之修正,近来学者关于社会是怎样成功、怎样图存、进步等问题的说明对从来见解之修正。所有这一类见解的变迁,扼要的一句话说就是看出了人类之"社会的本能"。以前的进化论家看出了生物界的生存竞争,是他们很大的发现;却是头一回所见总不能很周到,似乎只看以竞争图存的一面,不留意内中还有互助图存的一层。克鲁泡特金从一切鸟兽虫豸寻见其许多互助的事实,证明互助在动物生活上的重要,指出他们都有互助的本能。从这种本能才有社会,后来人类社会不过成于这个上边,所谓伦理道德也就是由这"社会的本能"而来的。由以前的那不留意就生出：处处都是互竞相争，互竞相争为自然界的法则，唯互竞相争乃可图存，唯互竞相争乃得进化，乃至同类本族自相争残都是进步的条件，种种误解，把动物界单看成了弱肉强食的世界。现在晓得这殊非事实；动物很靠着同族类间的互助以营食求活，以殖种蕃息，以为卫护；互助的存留，不互助的淘汰，互助也是天择作用留下而要他发达的一种本能。他们又把那副眼光来观看人类社会，就以为物竞天择的法则将因人类知识之高近于停止。达尔文以为"我们文明的人，皆尽我们的力阻止天然锄弱的作用：我们为愚痴的人、肢体不全的人、有病的人建筑养护的院所；我们制定救贫的法律；我们的医家尽其力量以救各人的生命，直到最后一分钟而犹不息"。所有这种事体使锄弱留强的天择作用不能自由活动，所以说在人类社会之中天择作用差不多是停止，而有不得进化之忧。瓦来司以为："在一个人的智慧的、道德的本性中有几部分不是被天择作用发展出来的。"又说："我们人类有好几种才能如数学的、美术的、哲理的才能在生存竞争中实在没大用处而且不能拿天择的道理说明。"赫胥黎以为进化要分作两部：一是伦理的进化，一是宇宙的进化，而天择等说唯于宇宙的进化之处适用，人类社会多不适用，并且人类社会的进化就是步步遏阻宇宙的进化，而用伦理的进化来代他的意思。缮种学的创始者葛尔敦所定改善人种的标准只是健康、精神充足、聪慧、勇敢等等而不及于德性。诸如此类，在近来的学者如颉德（Kidd）、康（Conn）等都加驳正而代以新见解。

颉德一语道破他们的致误所在是观察动物界中个体与个体间的生存竞争的眼光来看人类社会。其实个体与社会应当分别来看，而况人类社会里现象尤复杂，不能那样简单的看法。于是他就分别有个体的适性和社会的适性之二种。以前总是单着眼在个体的适性——即利于此个体和别的个体生存竞争之点，而社会的适性——利于此社会与彼社会生存竞争之点——不见得就是个体的适性，有时且似相乖悖，于是就说不通而不得其解了。象是公正无私的精神，舍己为人的精神，和种种德行都是在单看个体生存竞争上不得其解的，因其无好处于个体的竞存，甚且还要乖悖；但如其晓得社会的适性一层，那么就可以明白了。达尔文所说社会上那些救恤养护事体，瓦来司所说道德艺术的几种高贵才能，赫胥黎所说遏阻宇宙进化之伦理的进化，葛尔敦所不计入改善人种条件之德性，都是所谓社会的适性；在他们单看个体，就以为这都出乎生存竞争的原意，而天择的自然法则不得施其用；其实还完全是天择作用，还是"适者生存"，不过要在社会整体上看罢了。又以前因这"社会的本能"不曾留意看出的缘故，就以为人所以结成社会的是出于自利心的算计要交相利才行，社会所赖以维系的是由人类的理性；讲到伦理上的利他心，总喜说是由自利心经过理性而推广出来的；象霍布士等一般说法都是这样。现在大家都晓得不对。康氏在他社会的遗传与社会进化论（*Social Heredity and Social Evolution*）说明人类所以异于其他动物的在其精神方面，文明人所以异于野蛮人者在其社会组织，精神不外智力、本能二部,若问社会是怎样组成的,则实基于本能而非基于智力;"智力与思辨与其谓能促社会组织趋于巩固,宁谓之促个人主义之发达。"我们观于近世西方文化其精神方面理智之发达其与社会上个人主义之发达则知康氏之言是不错的。颉德也说:理性是自愿的情绪(self-regarding emotions)的最高形式;"理想的情绪"是照顾他人的情绪(other-regarding emotions)的最高形式。他又指出各个体为自己的生存与利益而竞争是个体完成的进化的趋势,在这个体完成的进化凡是最富于这种自拓的适性的最有"能力"。因此在这历程注重个体现实的福利而其重心在现在。社会完成的进化则与此大不相同。因在社会完成的进化各个体有把其利益与生存从属于社会的趋势,凡是最富于牺牲的适性的最有"能力";而社会完成的历程其重心在未来。在个体的完成上,个体要自顾自己,重于理性的分别计算;在社会的完成上,个体须照顾他人,重于感情的舍己为人。近世以来,西方人专走个体自拓一路,其个人也各自自拓,其国家也各自自拓,才有其社会上种种罪恶痛苦,才有此次大战的创害,把个体的生存竞争真演的烈!我们虽不敢就说都是以前进化论家单讲个体生存竞争之所影响,然而这种见解的修正其有影响于未来文化则可以说的。他可以指导人注重到社会完成的进化上来;可以祛除旁人致疑改正经济后弭去个人间的生存竞争为逆抗自然阻滞进化之惑;可以从此相信全不假强力而自结社会共营生活之能得妥洽;这都是很关系重要的;而尤有提总一句:以前所作的生活(指西洋近世），偏靠着理性，而以后将辟的文化则不能不植基于这社会的本能之上，所以这"社会的本能"之发见，就是发见了未来文化的基础，其关系为何等重大呢！又这类的见解变迁以来，适当这要求社会改造之会，于是大提倡与以前相反的学说。以前提倡个人的、为我的，计较利害的，现在完全掉换了；他们宣言现代思想的潮流是伦理的色彩，不是个人主义。近世西洋文化的发展都出于为我而用理智，而中国则为尚情毋我的态度，是已经证明的；那么这不是由西洋路子转入中国路子是什么？俞颂华君在《解放与改造》上叙述颉德和康氏学说后而自申其意道："……依此而言，故在社会完成的进化，情绪的'能力'最大。故一般的情绪一致的趋于理想的标准即所谓'理想的情绪'是共同争存于世界的最高原则。今后文明的'能力'不基于理性而基于情绪。社会不基于智慧，康氏也颇有详细的说明，我已介绍过。写到这里，我又觉得在人类社会统御感情的机关实在是必要的。即是保尔文（James Mark Baldwin）也主张关于感情的制度是根本的。我常怀抱一种见解以为宗教是我们所需要的。今虽不贸然主张宗教的必要，却敢断言陶养感情的制度与机关是不可缺的。若说美术可以代宗教，则宗教必须有了美术方可废掉，不是陶养感情的制度有必要的一个证据吧？"其实宗教不合宜，美术也不成功，惟一不二便是中国的礼乐！礼乐在未来文化中之重要是我敢断言的，此且不细说。

态度的变迁

再其次,我们要说西方之态度的变迁或哲学的变迁。在前所说的事实变迁,都不过说从那些变迁上将见西方化随之以变,至此所说的态度变迁则就是说西方化已经在那里变迁了,因为我们所谓西方化原是指他那一种态度。我这话就是指着西洋近些年来为其领路的思想界是怎样不知不觉变了方向,并且怎样很明白的要求改变人生态度而说。拿西洋现在这些家数的哲学对他从古以来的哲学而看其派头、风气、方向简直全部翻转过来:从前总是讲绝对,现在变了讲相对;从前主知,现在主情意;从前要用理智,现在则尚直觉;从前是静的,现在是动的;从前只是知识的,现在是行为的。从前是向外看的,现在回转其视线于自己,于生命。虽有如是种种,大约其根本关键只就在他向外的视线回转过来;然其向外视线何由而回转呢?大约是:唯其向外为静的观察才有唯理科学,唯其有这唯理科学才有经验科学,唯其有了这两种科学才有科学方法,唯其有了科学方法才产生进化论,才有由进化论来的一些科学哲学。于是一双向外的视线从看天文地理一切物质而看到动植一切生物,由看到生物而看生命,绕了一个周圈,不知不觉回转到里向来。象尼采、詹姆士、杜威、柏格森、倭铿、泰戈尔等人大致都是这样,而柏格森和倭铿尤其表著的。

东方人从来不那样向外为静的好知的观察，而总是行为的、主情意的、尚直觉的派头，所以在中国就绝对产生不出科学，在印度则因有一点相似——问题相似，排直觉相似——也就萌露一点科学，但是到此刻他们西洋人经过了那科学路也转到这边路上来——此刻西洋哲学界的新风气竟是东方采色。此无论如何不能否认的。东方人讲哲学都是想求得一个生命，西方人只想求得知识，但此刻则无不走入求生命一路了。杜威先生说西方哲学偏于自然的研究，东方哲学偏于人事的研究，而希望调剂和合。（此杜威前年某晚在北京大学哲学研究会说的话，当时张申甫拟译作"天人合一"，似不甚好。）其实今日的西洋哲学已都是归本人事。虽罗素哲学不受进化论影响，仍旧向外研究自然，竟也要另有其研究人事的哲学，而成了两不相涉的两部哲学；并且他关于这面的眼光见解也很同生命派意思相合。照我的意思人类文化有三步骤，人类两眼视线所集而致其研究者也有三层次：先着眼研究者在外界物质，其所用的是理智；次则着眼研究者在内界生命，其所用的是直觉；再其次则着眼研究者将在无生本体，其所用的是现量；初指古代的西洋及在近世之复兴，次指古代的中国及其将在最近未来之复兴，再次指古代的印度及其将在较远未来之复兴。而此刻正是从近世转入最近未来的一过渡时代也。现在的哲学采色不但是东方的，直截了当就是中国的——中国哲学的方法为直觉，所着眼研究者在"生"。在此过渡时代还不大很同样，愈往下走，我将见其直走入那一条线上去！

并且在这种方向转变之外,现今西方思想界已彰明的要求改变他们从来人生态度;而且他们要求趋向之所指就是中国的路,孔家的路。我们先要晓得从西洋那态度走下去,到现在他们精神上是怎样受伤,生活上是怎样吃苦。大约一态度或一方向初走时不觉得有什么不妥当,持续走到中途大半截路上一定还觉得很好,很见出许多成就,却是顺着走下去到后来愈入愈深愈转愈远便全都不对了,毛病百出,苦痛万状;从前觉得他种种都好,现在竟可觉得他种种都不好。今日的西洋人便是这个样子。我们在第三章时曾指点给大家看,西洋人自秉持为我向前的态度,其精神上怎样使人与自然之间,人与人之间生了罅隙;而这样走下去,罅隙越来越大,很深刻的划离开来。就弄得自然对人像是很冷而人对自然更是无情,无复那古代以天地拟人而觉其抚育万物,象对人类很有好意而人也恭敬他,与他相依相亲的样子;并且从他们那理智分析的头脑把宇宙所有纳入他那范畴悉化为物质,看着自然只是一堆很破碎的死物,人自己也归到自然内只是一些碎物合成的,无复囫囵浑融的宇宙和深秘的精神。其人对人分别界限之清,计较之重,一个个的分裂、对抗、竞争,虽家人父子也少相依相亲之意;像是觉得只有自己,自己以外都是外人或敌人。人处在这样冷漠寡欢,干枯乏味的宇宙中,将情趣斩伐的净尽,真是难过的要死!而从他那向前的路一味向外追求,完全抛荒了自己,丧失了精神;外面生活富丽,内里生活却贫乏至于零!所以此刻他们一致的急要努力摆脱理智所加于他们的逼狭严酷世界,而有识者所为一致的警告就是丧其精神,什么宗教的复燃,艺术的提倡,"爱"的普遍观,灵肉一致的理想,东奔西突,寻不得一个出路。这时唯一的救星便是生命派的哲学。虽则种种想法子都是要改变从来态度,而唯有生命派的哲学具改变态度的真实魄力和方法。因为唯有生命派的哲学有把破碎的宇宙融成一整体的气魄,而从他的方法也真可以解脱了逼狭严酷,恢复了情趣活气,把适才化为物质的宇宙复化为精神的宇宙。盖本无所谓物质,只纳于理智的范畴而化为可计算的便是物质,在理智盛行之下,把一切所有都化为可计算的,于是就全为物质的。若由直觉去看则一切都是特殊的意味,各别的品性,而不可计算较量,那么就全成为非物质的或精神的了。至那些随理智而来的逼狭严酷的干燥乏味都一概可以由直觉变过来,更不须说。而这派的方法便是直觉,现在的世界直觉将代理智而兴,其转捩即在这派的哲学。理智与直觉的消长西洋派与中国派之消长也。这且都不说。我们且看他们怎样彰明的主张改变态度,那么最好便看倭铿的说话。

倭铿的态度

倭铿的哲学除了要改变从来西洋人生活态度没有别的意思。他所说的话不外批评从来的人生而提出一新人生。他就是问大家是甘于这种冲突、狭隘、鄙俗、空洞、疲乏的人生而长此失望呢,还是去根本的改变人生?他所要作到的人生就是独立整体,内容充实,可以说把生活作成"绝对"。那么,他就要改变人与自然对抗的态度而融万物为一体,所以他说在自然生活(Naturleben)中人是与自然对抗的,在精神生活(Geistesleben)中人是与自然融和的,就是艺术家当其创作或赏鉴时也绝无内外的分别。这样一来就解免了冲突,开脱了狭隘,增进了趣味。西洋人向前逐物,作那理智算计的生活,分别目的和手段,结果把自己生活全化为一截一截手段,而大大贬损了人生价值;在倭铿以为不应该这样分为手段与目的,将整个生活打断了,而都弄成有所为而为,他说:"在独立精神生命里,活动的协力不仅帮助活动在特别方向上去发展,首先就要组织成为一个独立体。例如,以正义看作单纯寻求幸福的手段时,——不论是个人的幸福还是社会的幸福究竟没有根本的不同——正义就失却一切特别的色彩。他再不能使我们从他本身的立足点去观察生命;他再不能改变已经存在的情形;他再不能用原始感情的力去震动我们的心思;他从此屈伏于结果的计虑,反对强烈精神的紧张。他流为功利的和顺奴仆,他适应功利的要求,结果就毁灭了一切内性。他要维护自己,只能在他成为精神生命所泄露的物品时,只能成为高尚的物品,而超越了一切利益的计较时。"诸如此类的话不能具引;总而言之,一反西洋的路子,墨子的路子,而为中国的路子,孔子的路子。在他说明他所谓"精神生活"的时候,顶可以见出他怎样要把从来西洋人生倾欹在外的重心收了回来,颇与孔子意旨相同。

据他所见,照现在的情形,"人生所忙碌的,不过是些身外的利益,并非自己所本有的;没有里的问题,没有里的动机。"他最反对向外逐物,很有"返身而诚"和"自得"的精神;不但走的是人生第二路,而且在第二路中是很高超很得法之一路。西洋人此刻固受第一路的痛苦,其东奔西突为第二路的思想者原已成一时风气,但总不免苟且的拿直觉代理智,敷衍自慰,唯有倭铿很称得起是刚大乾健的。他说:"我们又反对现代泛神论的倾向,因为泛神论的模糊的主情主义,只能掩饰重大的冲突而不能超越重大的冲突;我们又反对浪漫主义(romanticism);因为浪漫主义把人生销溶在梦想,销溶在消极的自己否定中,减少了道德的能力,倾向于洗练过的肉欲,而不能达到他所想象的最高精神。最后我们又反对把人格当作口头禅,当作包医百病的神方,因为人格必须先有个内质,有个宇宙的根据。"他又说:"凡此等等,无论他如何宣言他将顺从理想的目的,顺从理想的感情,然而处处都显出里面的不纯洁,显出对付的虚伪,显出精神的逊服与精神的空洞。"这的的确确孔家"自强不息"的精神,很得着点第二路的积极面目,非同泛泛。盖走第一路——向前对外的路,有所为而为的路——要强勇,要奋发是不难的,若变更去走第二路,那么大家就只会收回向前,休歇作为,再不晓得怎样强勇奋发法。不向前而强勇,无所为而奋发,他便不会,在第二路中,他只剩下了软与惰。唯孔子自强不息是作到第二路的恰好处,唯倭铿能仿佛之。什么烦闷、疲倦,一扫而空;对于途穷的西洋人真可有回天腕力,可以从此奠定了人生。

罗素的态度

说一句并非鄙薄人的话，西洋实在不曾见有什么深厚的人生思想。现在只为情景显露，问题逼来，因而才能见得深一层，所以这寻到第二路上来固属易易，便是寻到了孔子的路上来的也就不止一家。举其尤者如罗素，如克鲁泡特金，都是的。罗素随便拉了老子"生而不有，为而不恃，长而不宰。"几句话比附他排斥占有冲动、开导创造冲动的主张，大家听了，便也跟着这样说；其实两家通体的大旨趣果即相同否，恐尚难言。他实在和孔家有同一的旨趣，却无人讲。他的旨趣只是"自由生长"一句话，而孔家要旨也只在不碍生机。讲到世法，孔家所以值得特别看重，越过东西一切百家的，只为唯他圆满了生活，恰好了生活，而其余任何一家都不免或多或少窒碍、斫戕、颓败，搅乱了生活。那么，怎样不要伤害生机自是根本必要的；罗素于此总算很能有见于往者孔子着眼所在而抱同样的用心，所差的孔子留意乎问题于未形，而罗素则为感着痛苦乃始呼求罢了。罗素所感的痛苦便是他们的社会那些组织制度情势——经济一面自尤其根本的——所加于他们的；这在前面我已稍叙过。他们社会那些组织制度情势是沿着他们那种人生态度路向而走出来的，还而从这些组织制度情势又领导着胁迫着他们非更严格的作那种态度的生活不可,简直太不自然,太不合人类本性,无情趣,易疲乏,鄙吝、窘隘、烦闷、空虚……种种具足,根本的斫丧戕贼人的生机;此即罗素痛苦所在。所以罗素之要改造社会很富于哲学的意趣,是要求改辟较合理的一条人生的路。你看他怎样再三再四着意的去说:

"不管道德家怎样说法,不管经济上怎样必要,依赖意志去完全抑制冲动是可以不必的,排去冲动用目的与欲望统御着生活真是苦恼的生活。这种生活消耗活力,到后来,使人对于他所追求的目的也冷淡了。"

"近代产业主义与社会制度,常常使文明国民不得不排除冲动,而单靠目的以为生活。此种态度的生活之结局,必使生活的源泉涸竭……。"

"社会的制度对于个人能尽最大的义务,即是让各个人去自由的活泼的生长。"

"我要指明崇拜金钱是活力减少的结果,亦是活力减少的原因;我要指明现时的制度可以改造一番,好使金钱的崇拜减少,好使一般的活力逐渐增加。

"这样,世界才能成为少年的美丽的而常富于蓬勃勃的活气。"

象这样的话在他书中到处都是。还有更精粹的话,就是他见

第五章 世界未来之文化与我们今日应持的态度

出人所以有不好的行动非出自本性而正由于生机受了伤。如他说：

"如果自然的冲动不能得相当的发泄，所生产的结果，不是活气的缺乏，即是暴戾的戕生的新冲动。"

"但是对于别人有害的冲动，多半是由于生长受了妨害，在本能得以顺畅发展的人，此等事很少很少。"

"无论什么理由，若是他的生长受了妨害，或者被迫长成一种纡曲不自然的形态，他的本能必定仇视环境，而且浑身都是怨恨。"

这完全与孔家的见解一样（参看第四章）。因此他很以惩罚的方法为有缺点；因为于冲动没有好影响，只有坏影响；这又是孔家的主张。又他如此地要冲动活泼流畅而反对理智的算帐，已经是变更向外逐物的态度了，并且他还颇明白向外寻求乐趣是人们的错误。他说乐趣就在自己活动上，而不在被动的享受于外界；照现在生活路子只能有后一种乐而且是很小量的，要改造出容我们自由活动的路子，才有真乐趣。他又有分别本能、理智、灵性三种生活，而说整个最好的生活在三者之谐调的一篇议论。虽然他这种分别不很好，（大约只分个本能和理智，不要另外分一灵性为宜；有人以罗素说宗教根据在灵性，便欢迎这个说法，其实如果这样倒使宗教无根据了。）但我们略去这名目而看他意思所指，则很不错。他说灵性生活以无私的感情为中心,宗教道德都属于这一面,艺术则起于本能的生活而提高到灵性里去的。有人单偏在灵性,就抹杀一切本能而成为禁欲家;有人又单偏在本能,就听凭本能去恣意横行又恶劣成了旁的生物一般;有人又单偏在理智,就要批评破坏一切,结果使人极无人情而流于玩世主义;这都不能使人生继续保持其活气。唯藉灵性把本能洗练提高,唯藉灵性救济理智的危险,而三者得到谐调、均衡、融贯去生活是最好的。他说,然而现在的文明人都没有作到,总是偏枯或交战的;又说在近代灵性的生活毁败残伤极为难堪。此其意向,排斥印度的第三路是很明的,因他单偏灵性;又排斥西洋近世第一路是很明的,因他只为本能的理智的;所指望理想的明是适当的第二路,而要现在的人向这条路走。试看他自己的话便知:

> "在近代,灵性的生活毁败残伤,极为难堪,是因为他与因袭的宗教结合了,是因为他对于理智的生活发生了明显的嫉恶,是因为他好象集中于克己节欲。灵性的生活在有必要时,亦即立刻要求克己节欲,但是他的本质是积极的。他能依着理智与本能的真态去充实个人的生存。伴随着他来了对于幻想的愉快,对于宇宙神妙的愉快,对于人生冥想的愉快,特别是对于普遍之爱的愉快。灵性生活使人解脱个人的情欲与漂浮的劳苦,而逃脱他们的桎梏;他使人类的感情思想以及与别人的一切关系都成为自由的、宽厚的、美丽的,他

使种种怀疑都得个解决;他使种种虚空之感都得个归结;他恢复本能与理智的调和;他使散漫的个人回到个人在人类生活中的本来位置。一经入了理智世界的人,就只有藉着灵性才能恢复快乐与平和。"

社会主义之变迁

此处可以联带一说挽近社会主义——如基尔特社会主义等——怎样变他的态度而含有多少哲学气味。大约此刻大家的思想都不像以前那样简单朴陋,要改造社会的人也可以把他向来对于人生很简单的看法改进于深复。在以前他们眼中的人生实在是只有很低等价值的人生;他们以为圆满了物质生活,就圆满了人生;但要经济情形如他们理想得到改善,人类就得到丰美的生活,就成了黄金世界。这全为他们两眼只向外看,不留意自己人性是怎么一回事,只认得外界的问题,只想如何改造外境,误以为生活的丰美满足在被动的享受上,其实生活的丰美满足是只能得之于内,不能得之于外的;误以为外境一经圆满改造,就没问题,其实哪里便没问题,问题正多的很!但是现在他们的眼光都已从物质进到精神,从外界转到内界,晓得没有那样简单的事,并且很知道必要怎样提高了人生才行。改造社会为的是改换一种人生,不单在取得较多享用;只想去登一新的人生道路,不再想从此得满足。这般意思的变转，沿着西洋轨辙而走出来的社会主义已经掉换方向到东方的轨辙上去。我从李守常先生拿得一本基尔特主义的书（Sterling Taylor：*The Guild State, Its Principles and Possibilities*），其末一章讲他们那派所抱人生观更可代表现在的西洋人是如何屏斥一味向前逐求的人生，而所向慕则在雍容安娴的中国态度。他说他们西洋人尽是事事求快，"这种什么都是要快的欲求，就表示现在的人称量一切事物是只问多少不管好坏，比如他们能有两个，他总觉得比有一个强；他所最不幸的是限于一张嘴，一个胃口，一天只二十四点钟罢了！"又说："正当的人生是安息的，不是跑的；是恬静的，不是忙乱的；他享受所临到他们前的，而不去寻逐所没在这里的。模范的人没有野心；他不渴想去图一大的幸运，或战胜或管着旁人。他可以是不黠灵的，或不强干的，或更确当是只在好的气味与好的态度。"谁敢否认这不是中国态度将代西方态度而兴？

克鲁泡特金的态度

克鲁泡特金真可说是一个大贤；就在见解上也比罗素对些，而逼近于孔家。罗素说无私的感情抬出一个灵性来，实不如克氏所说无私的感情只是一种本能为合于孔家道理。我朋友叶麟给我一本克氏作的他们无政府主义的道德观（anarchist morality），我觉得充满了中国人的风味与孔家的气息。他最对的地方即在不拿道德为什么特别的、神秘的、绝对高不可攀的,不过是人类所本有的"才"(faculty);这在孟子就说为才,其精粹的话,就是说这与人类所有的味觉触觉原一般样(The moral sense is a natural faculty in us, like the sense of smell or of touch);岂不是孟子口之于味目之于色的比喻,所谓"礼义之悦我心犹刍豢之悦我口"么?因此他所以就主张性善论,同孟子一样。中国人一向是很浓厚的性善论色调,而西洋人虽不就是反对性善论的,然而从不闻人倡导,到他却大唱起性善论来。因此他主张无政府主义,认定人自己都会好的,不必叫别的力量来支配。人自能得到妥洽,这件事不但是可能的,并且是很顺的。人所以有很不好的行动完全因为情感方面受了一种暗伤。社会上这些不好的事都是不自然的,都是种种力量弄得错乱弄出来的,把这些通通解除就好了。他顶反对刑罚制度,比罗素更见得真切。假使我们用从前分辨王霸的旧话去说:那么,西洋人的态度路子就一向都是霸道,而中国态度孔家路子则为王道,但现今西洋处处都露出要求变革霸道而倾向王道的样子。

泰戈尔的态度

还有印度的泰戈尔非常受西洋人的欢迎崇拜,也是现代风气之一例。仿佛记得某杂志说泰戈尔到英国去,英国的高官贵族开会欢迎他,都行一种印度礼,抱他的脚,——佛经上所谓阿难顶礼佛足。他的本领就在恰好投合现在西洋人的要求。西洋人精神上受理智的创伤痛苦真不得了,他能拿直觉来拯救他们。若照他的哲学原本于婆罗门,和西洋人往时的斯宾诺莎相仿,很不配在西洋现时出风头。他的妙处,就在不形之于理智的文字而拿直觉的文学表达出来;所以他不讲论什么哲学而只是作诗。他拿他那种特别精神的人格将其哲学观念都充满精神,注入情感,表在艺术;使人读了之后,非常有趣味,觉得世界真是好的,满宇宙高尚、优美、温和的空气;随着他而变了自己的心理,如同听了音乐一般。这样,人都从直觉上受了他的感动,将直觉提了上来,理智沉了下去;其哲学在知识上的错误也就不及批评,而反倒佩仰他思想的伟大了。他惟一无二的只是个"爱";这自然恰好是西洋人的对症药。西洋人的病苦原在生机斫丧的太不堪,而"爱"是引逗生机的培养生机的圣药。西洋人的宇宙和人生断裂隔阂,矛盾冲突,无情无趣,疲殆垂绝,他实在有把他融合昭苏的力量。原来的婆罗门教似并没有这样子,他大约受些西洋生命派哲学的影响;所以他这种路子,不是印度人从来所有的,不是西洋人从来所有的;虽其形迹上与中国哲学无关联,然而我们却要说他是属于中国的,是隶属于孔家路子之下的。

我们看见,西方的见解态度有这种变迁。还有一个很好的例,就是中国秉持西方思想的人也恰好有同样的变迁。我这话就是指陈仲甫先生而说。他是顶能认清而秉持西方文化的,他最近比较以前很有些变动。这个变动不知不觉与西方那种变动一样。我们看他所作的《新青年》,从一卷一号起直到最近,前后意思颇不一样。前几号便全都是与西方十八九世纪思想一般无二。如他开头《敬告青年》一篇,列举五个意思:自主、实利、进取……又汪叔潜《新旧问题》一篇说维新三十年从未体认新旧根本之异,甚于水火冰炭之不相容;第二号他自己《今日教育之方针》一篇,列举现实主义,唯民主义,职①主义,兽性主义;同号高一涵《共和国家青年之自觉》一篇,说须取自利利他主义,这自利利他主义即以小己主义为之基而与牺牲主义慈惠主义至相反背者也;又同号李亦民《人生惟一之目的》一篇,说目的在求生为我,说人总要有欲求,若无欲求则一切活动立时灭绝;还有第二卷第一号高一涵《乐利主义与人生》一篇,陈圣任《青年与欲望》一篇,看他题目其意思已可见;第一卷第二号他自己《人生真义》一篇,结论是:"执行意志满足欲望(自食色以至道德的名誉)是个人生存的根本理由,个人生存的时候当努力造成幸福,享受幸福,并且留在社会上,让后来的个人也能享受,递相授受,以至无穷。"我们从这些篇文章里可以看出他们的态度是怎样与我们所指明西洋人近世来所持的态度——人生三态度之第一态度——相合。陈先生向来不承认有永远不变的真理,但到此处,他说他所说的人生真义是始终不变的,只有此处可以说天不变道亦不变。(见《人

---

① 小字本作"职等",今据商务大字本,改作"职业"。——编者

生真义》一篇)其实我敢说是一定要变的,陈先生实在是信道不笃——信没有不变的真理不笃。及至我们翻到后来的几本《新青年》,陈先生自己的变动已经不可掩了。后来某卷里他有《论自杀》的一篇,开列一个表,上头开列近代思想是怎样怎样,下面开列最近代思想是怎样怎样,而比较其不同。他说,最近代思想是很象要复古,但他相信是不会复古;不过其与近代思想多相反,则他承认的。我们看,他以前的思想就是他此处所说的近代思想,那么陈先生思想的变动不是已经宣布了吗?又后来他有《基督教与中国人》一篇,和他到上海同张东荪的谈话(见《时事新报》)都表示他最近的感想,觉得人的情感之重要,而以前单去开发人的思想理路之做法不对;因此他着眼到能作用的情感的宗教而想来提倡基督教。在这篇文中很见出他觉悟了人类行为的源泉所在,与西洋人近来的觉悟一样——如我在前面讲西洋见解变迁中所叙的。他引了我几句在李超女士追悼会的演说辞(见《晨报》)而说道:"梁漱溟先生说'大家要晓得人的动作,不是知识要他动作的,是情感与欲望要他动作的'这话极有道理。"我那次演说是在民国八年秋冬间,其内容意思便是我研究东西文化问题而得到我们应持的态度的结论之摘要发表,现在我要对大家发表的结论,还是那个意思,藉这机会特把他照录在下面:

"我现在有几句话不得不说一说:譬如适才几位先生所说的话多半是指点出问题给大家看,要大家去想法子解决;

（胡适之君的传，蔡孑民、蒋梦麟、李守常诸君的演说，多如此）这种指点固是不可少的，但是我们怎样方感觉这桩事成个问题呢？怎样方觉得急迫非想法子解绝不可呢？这是要注意的，我所以要说一说。又譬如前些日子北京大学林德杨君自杀的事出来，报上评论多拿什么'曾国藩事业成功不成功'、'什么有补无补'、'有益无益'那些计算的去批评，我实在不耐听，我所以要说一说。又譬如适才陈独秀先生演说反复讲说人类的占有性为一切作恶的根源，男子压束女子，资本家压束劳动家，日本人压迫中国人，都是如是；这话是不错的，但我们省克自家的占有性固是必要，我们于这负面的消极之外，可有个正面的积极的路子么？这是我要说的。又譬如今天李女士追悼会，论理应当女子多来些，现在却男宾多于女宾，女宾也是本校同学居多，这是什么道理？又如蒋梦麟先生说的许多女子穿戴华丽阔绰，坐着汽车在街上逛，而于什么'妇女解放'问题却没理会；现在妇女解放还是别人先倡说，女子却没什么动作，这是为什么？大家都应着眼，大家都应发问，我便是说说这个而来。

　　大家要晓得人的动作，不是知识要他动作的，是欲望与情感要他往前动作的。单指点出问题是不行的，必要他感觉着是个问题才行。指点出问题是偏知识一面的，而感觉他真是我的问题，却是情感的事。举个例，比如我们告诉一个妇人道：'你儿子将成不治'这便点醒问题，那妇人如果具一般妇人爱儿子的情感，自然忙着去想法子求医；如果是多情的慈母一定还要急的哭出来；但如果是特别不疼爱儿女的寡情妇人，或者竟不理会我们的话呢！所以情感这样东西是重要的，大家不要忽略过去。并且我的意思我们要求如何如何，不是因所要求的东西而要求，是感觉着问题不得不要求，这句话怎么讲？就是说：我们的要求不是出于知识的计算领着欲望往前。是发于知识的提醒我们情感，要我们如此作的。要求自由，不是计算自由有多大好处便宜而要求的，是感觉着不自由的不可安而要求的。我愿意大家的奋斗不出于前一种而发于后一种。奋斗而死的或者多是后一种，论者却夹七夹八替他计算，我不耐听！并且自杀的人都是情感激越，凡情憾激越或欲望盛张的时，知识的计算是没用的。你说的话同他全不相干。况我们遇情感动人的事，应当动点情感。情感便是占有性的对头；能使情感丰富，那占有性便无猖獗之患了。陈先生省克人类占有性是消极的法子，这涵养与发挥情感是积极的道路。北京的妇女不来吊一吊李女士，却华装丽服坐汽车去满街跑，许多妇女并不要求妇女解放，这都是麻木。麻木就是处于情感的反面。他自己既不要求，你便怎样指点问题，乃至把解决问题的道路都告诉他，他只是不理会！简直全不中用！现在重要在怎样使妇女界感觉他们自身种种问题！有了迫切的要求，自然会寻觅路子去解决。所以这时候怎样条达发育情感，便是必要的了。那提倡欲望,虽然也能使人往前动作,但我不赞成。不但危险,而且是错误。人的行为不能象作买卖一般去计算的,今天的追悼会如果用计算家的说法,那李女士已经死了,我们追悼他有什么用处,却破费许多钱财一天光阴,岂不失算! 但人的情感他觉得定要这样作,不能计赔赚的。虽然如此,今天大家能都到这里来聚会,看见这情景,悬了许多挽辞,听了这般的音乐,还有追悼会的歌声,却能把大家的情感活动一活动,不至于沉沦麻木。这是我们今天开会的本意,说起来却也算很大的成功。

还有附带的一句话,便是这富于情感是东方人的精神。大家一定生疑问:难道西方人便没有情感么? 这话很长,并非今日演说的范围,不能讲说,不过我定要附一句在此罢了。"(见民国八年冬间北京《晨报》)

陈先生虽然留意到情感的重要,但他不以我附带的一句话为然,我也声明过别人不会就以我这话为然的,除非等我把东西文化对他们细细说清之后。西洋人和秉持西洋思想的人,同样不自知的要从第一条路转入第二条路,必待旁人替他点破,他才可以明白。

对世界未来文化的推测

以上我们分作事实、见解、态度三项,又附中国秉持西方思想的人的思想一项，来指证西方文化现在变迁的形势已经可见；以下将试为推测世界未来文化大约是什么样子。于此，我们自先去推测最近未来的文化，然后乃论及其后又将怎样。在这里，我们自又先去总揽着大体指定最近未来文化的根本态度，然后略分物质生活、社会生活、精神生活三方面去说一说。

说到最近未来所要持的态度，我们又不能不有个分别，就是：世界最近未来文化的根本态度是一个样子；从此刻到最近未来文化的开幕其态度又是一个样子。我们已经说过事实的变迁于文化变迁上最关重要，而现在的事实则在经济；（附注：以后不在经济）在经济未得改正时，第二路态度是难容于其下的，而且必待社会大改造成功向前改造环境的路子始算是走到尽头处，否则，就尚未走完。所以虽然现在西方态度的变端已见，然其变出的态度仍旧含有西方采色在内，并不能为斩截的中国态度。（倭铿似属斩截）这就是说：他们虽然已经很要改过那种算帐逐物有所为而为的态度，但自己见不到，事实又不容，倾向所在仍旧是含那采色，不能斩截改掉。大约他们现在态度的变化不过从单着眼个体而为我的变转到也着眼他人而为社会；从单着眼物质幸福的变转到也着眼精神真趣；从单着眼现在的变转到也着眼未来，如颉德所说，如罗素所说，如陈仲甫先生在他最近代思想与近代思想对照表内所列，一致的都是这般模样。这样把目标拓展到大处远处，自然比那只看个人现实福利的较为合理而且安稳——照以前那样最易致失望、空虚之感、厌烦、人生动摇溃裂。罗素在他论结婚问题时说的很好：

"两个人的互相亲爱未免太狭，未免太与社会无关，所以不能把爱情的自身当作人生的主要目的。只靠爱他，不能获得活动力的充实源泉，不能得有充分的先见之明，所以不能使人生成为究竟满足的人生。爱情有时很为浓厚，不过不久就归于淡薄，因为淡薄所以不能令人满足，他迟早必成为反顾的，成为死的欢乐之墓，而不能成为新的生活之源泉。无论何种目的，只要是单在一种感情中实现的，就免不了这种弊害。惟一的精当目的，只是向着将来的目的，只是永远不能圆满实现的目的，只是时常继长增高的目的，只是依缘人类的无限势力而成为无限的目的，再且爱情必须与这种无限的目的结合起来，才有他所能有的真挚意味。"

我也赞成这为社会为未来的态度，可以使人生继续有勇气；但他实在只是过渡时间——从西洋旧路过渡到未来路上——的一种态度。西洋的路在此刻本没走完，然即如西洋旧路而不变，则亦不能开辟未来文化之新局，所以这样变化变化真是很恰好，很必要。却是这全不出物我展转相寻之私，而人生的重心始终倾敧在外。在未来文化中的人生态度，固无所谓为个人，也无所谓为社会；固无所谓为现在，也无所谓为未来；完全超脱了这些而无所为；固然不着眼在小处近处，也不着眼在大处远处；无论什么也不在他眼里，而是全然不看的——也就全然无所倾欹。有人以为这恐怕是理想；其实不然，这是趋势所必至。

我记得胡适之先生本着他们实际主义的老话，说：旁人不是乐天主义，便是厌世主义；我们既不乐天，也不厌世，乃是改良主义或淑世主义。其实这三种主义就分别代表了三方——中国、印度、西洋——的态度；西洋人自始就是淑世派——所谓改造环境的路子，并不待今日詹姆士、杜威之出头提倡。不过詹姆士杜威是圆成了西洋人这条路的，犹如佛家之于印度的路，孔家之于中国的路；这话并非特别恭维杜威他们，因为他们实在把那条路作到很深稳、很圆满、很恰好的地步。却是等他们出来把这条路讲究到好处，这条路也就快完了。无论如何，他再也不是解救现在西洋人沉疴的药。在未来世界完全是乐天派的天下，淑世主义过去不提。这情势具在，你已不必辩，辩也无益。我并不是说，到那时什么事从此不再改良，或从此人将不再作改造环境的事；我是说那时人将不复持那样人生态度。向外逐物，分别目的与手段，有所为而为，行为多受知识的支配，都与改造派态度不相离的；（试看詹姆士、杜威书便知）然俱为今人所厌绝了。只有与此相反的新风气如倭铿、罗素、泰戈尔之所倡导，方兴未艾，为乐天派第一高手的孔子开其先。乐天是那时人生的根本态度；在这根本态度之下依旧可以作改造环境的事，并不相妨；乃至去分别目的与手段有所为而为也都不相妨。

第五章 世界未来之文化与我们今日应持的态度

就生活三方面推说未来文化

以下分就文化的物质生活、社会生活、精神生活三方面简单着一为推说：

（一）物质生活一面　今日不合理的经济根本改正是不须说的；此外则不敢随便想设。我于这上也毫无研究，所以说不出什么来；只不过基尔特一派的主张好多惹我注意之处，使我很倾向于他。大约那时人对于物质生活比今人（指西洋人）一定恬淡许多而且从容不迫，很象中国人从来的样子；因此那时社会上，物质生活的事业也就退处于从属地位，不同现在之成为最主要的；那么，便又是中国的模样。在生产上，必想法增进工作的兴趣，向着艺术的创造这一路上走；那么，又与中国尚个人天才艺术的采色相合。（参看第二章）这些都是现在大家意向所同，似无甚疑问；还有基尔特派中一部人有恢复手工业的意思，这就不敢妄测，恐事实上很难的。假使当真恢复手工业而废置大机械，那么，又太象中国从来不用机械用手工的样子了。

（二）社会生活一面　在这一面，如今日不合理的办法也不能不改变。不论是往时的专制独裁或近世的共和立宪，虽然已很不同，而其内容有不合理之一点则无异。这就是说他们对大家所用统御式的办法，有似统御动物一般。现在要问，人同人如何才能安安生生的共同过活？仗着什么去维持？不用寻思，现前哪一事不仗着法律。现在这种法律下的共同过活是很用一个力量统合大家督迫着去做的，还是要人算帐的，人的心中都还是计较利害的，法律之所凭藉而树立的，全都是利用大家的计较心去统御大家。关于社会组织制度等问题，因我于这一面的学术也毫无研究，绝不敢轻易有所主张；但我敢说，这样统御式的法律在未来文化中根本不能存在。如果这样统御式的法律没有废掉之可能，那改正经济而为协作共营的生活也就没有成功之可能。因为在统御下的社会生活中人的心理，根本破坏了那个在协作共营生活之所须的心理。所以倘然没有所理想的未来文化则已，如其有之，统御式的法律就必定没有了。仿佛记得陈仲甫先生在《新青年》某文中说那时偷懒的人如何要责罚，污秽的工作或即令受罚人去作，或令污秽工作的人就工作轻减些。其言大概如此，记不清楚，总之他还是藉刑赏来统御大众的老办法。殊不知像这类偷懒，和嫌恶污秽无人肯作等事，都出于分别人我而计较算帐的心理，假使这种心理不能根本袪除，则何待有这些事而后生问题，将触处都是问题而协作共营成为不可能；现在不从怎样泯化改变这种心理处下手，却反而走刑赏统御的旧路，让这种心理益发相引继增，岂非荒谬糊涂之至。以后只有提高了人格，靠着人类之社会的本能，靠着情感，靠着不分别人我，不计较算帐的心理，去作如彼的生活，而后如彼的生活才有可能。近世的人是从理智的活动，认识了自己。走为我向前的路而走到现在的，从现在再往下走，就变成好象要翻过来的样子，从情感的活动，融合了人我，走尚情谊尚礼让不计较的路——这便是从来的中国人之风。刑赏是根本摧残人格的，是导诱恶劣心理的，在以前或不得不用，在以后则不得不废；——这又合了从来的孔家之理想。从前儒家法家尚德尚刑久成争论，我当初也以为儒家太迂腐了，为什么不用法家那样简捷容易的办法？瞎唱许多无补事实的滥调做什么？到今日才晓得孔子是一意的要保持人格，一意的要莫破坏那好的心理，他所见的真是与浅人不同。以后既不用统御式的法律而靠着尚情无我的心理了，那么，废法之外更如何进一步去陶养性情，自是很要紧的问题。近来谈社会问题的人如陈仲甫、俞颂华诸君忽然觉悟到宗教的必要。本来人的情志方面就是这宗教与美术两样东西，而从来宗教的力量大于美术，不着重这面则已，但着重这面总容易倾在宗教而觉美术不济事。实亦从来未有舍开宗教利用美术而作到非常伟大功效如一个大宗教者，有之，就是孔子的礼乐。以后世界是要以礼乐换过法律的，全符合了孔家宗旨而后已。因为舍掉礼乐绝无第二个办法，宗教初不相宜，寻常这些美术也不中用。宗教所培养的心理并不适合我们作这生活之所须，而况宗教在这期文化中将为从来未有之衰微，其详如后段讲精神生活所说。脱开宗教气息的美术较为合宜，但如果没有一整统的哲学来运用他而作成一套整的东西，则不但不济事，且也许就不合宜。这不是随便藉着一种事物（宗教或美术）提起了感情，沉下去计较，可以行的；这样也许很危险，都不一定。最微渺复杂难知的莫过于人的心理，没有澈见人性的学问不能措置到好处。礼乐的制作恐怕是天下第一难事。只有孔子在这上边用过一番心，是个先觉。世界上只有两个先觉：佛是走逆着去解脱本能路的先觉；孔子是走顺着调理本能路的先觉。以后局面不能不走以理智调理本能的路，已经是铁案如山，那就不得不请教这先觉的孔子。我虽不敢说以后就整盘的把孔子的礼乐搬出来用，却大体旨趣就是那个样子，你想避开也不成的。还有我们说过在这时期男女恋爱是顶大问题，并且是顶烦难没法对付的，如果不是礼乐把心理调理到恰好，那直不得了；余如后说。

（三）精神生活一面　我们已说过在这时，人类便从物质的不满足时代转到精神不安宁的时代，而尤其是男女恋爱问题容易引起情志的动摇，当然就很富于走入宗教的动机。在人类情感未得充达时节，精神的不宁也就不著；在男女问题缺乏高等情意的时节也不致动摇到根本；但此际情感必得充达和男女问题必进于高等情意都是很明的，那么，予人生以勖慰的宗教便应兴起。但是不能。这些动机和问题大半还不是非成功宗教不可的——另有非成功宗教不可的动机与问题；并且顺成宗教的缘法不具，逆阻宗教的形势绝重。宗教就是人类的出世倾向之表现，从这种倾向要将求超绝与神秘。神秘是这时必很时尚的——我指那一种趣味，因为是时尚直觉的时代。但超绝则绝对说不通，而且感情上也十分排距；因为知识发展的步骤还不到，感情解放活动之初亦正违乎这种意向。宗教的根本要件全在超越现前之一点是既经说过的,所以我敢断言一切所有的宗教不论高低都要失势,有甚于今;宗教这条路定然还走不通。但是宗教既走不通,将走那条路呢?这些动机将发展成什么东西,或这些问题将由怎样而得应付?这只有辟出一条特殊的路来:同宗教一般的具奠定人生勖慰情志的大力,却无藉乎超绝观念,而成功一种不含出世倾向的宗教;同哲学一般的解决疑难,却不仅为知的一边事,而成功一种不单是予人以新观念并实予人以新生命的哲学。这便是什么路?这便是孔子的路,而倭铿、泰戈尔一流亦概属之。这时艺术的盛兴自为一定之事,是我们可以推想的;礼乐的复兴也是我们已经推定的;虽然这也都能安顿了大部分的人生,但吃紧的还仗着这一路的哲学作主脑。孔子那求仁的学问将为大家所讲究,中国的宝藏将于是宣露。而这一路哲学之兴,收拾了一般人心,宗教将益浸微,要成了从来所未有的大衰歇。说到这里,又恰与中国的旧样子相合;世界上宗教最微弱的地方就是中国,最淡于宗教的人是中国人,而此时宗教最式微,此时人最淡于宗教;中国偶有宗教多出于低等动机,其高等动机不成功宗教而别走一路,而此时便是这样别走一路,其路还即是中国走过的那路;中国的哲学几以研究人生占他的全部,而此时的哲学亦大有此形势;诸如此类,不必细数。除了科学的研究此时不致衰替为与中国不同外,以及哲学艺术当然以进化之久总有胜过中国之点外,那时这精神生活一面大致是中国从来派头,必不容否认。

一般对未来文化的误看

以上对于世界文化大致推定是那个样子。以他对近世西洋文化而看,是确然截然为根本的改换。所改换过的全然就是中国的路子,无论如何不能否认。但是一般人的议论——其实是毫无准据的想象——异口同声说世界未来文化必是融合了东西两方文化而产生的;两方文化各有所偏,而此则得其调和适中的。这全因为他们心思里有根本两谬点,试为剖说:

一、他们只去看文化的呆面目而不留意其活形势——根本精神,不晓得一派文化之所以为一派文化者固在此而不在彼;由有此谬误,就想着未来文化的成份总于这两方文化各有所取,所以说是二者融合产生的了。其实这一派根本精神和那一派根本精神何从融合起呢?未来文化只可斩截的改换,而照现在形势推去,亦实将斩截的改换,所改换的又确为独属于中国一派;这不但你不信,就如我在未加推勘时亦万万不信。

二、他们感于两方文化各有各的弊害,都不很合用;就从他心里的愿望,想着得一个尽善恰好的,从此便可以长久适用他。不晓得一文化原是一态度或一方向;态度和方向没有不偏的,就都有其好的地方,都有其不好地方;无所谓那个文化就是好的文化,合用的文化,那个文化就是不好的文化,不合用的文化。由有此谬误,就想着未来文化总当要调和两偏而得其适中,成一个新的好文化了。其实一态度其初都好,沿着走下来才见出弊害,或遇到他不合用的时际,就得变过一态度方行;而又沿着走下去,还得要再变一态度。想要这次把他调和适中,弄到恰好,那安得而有此事呢?未来文化只可明确的为一个态度,而从现在形势推去,亦实将明确的换过一个态度,所换过的又确乎偏为从前中国人的那一个态度;此诚无论什么人所想不到的。

世界文化三期重现说

　　质而言之,世界未来文化就是中国文化的复兴,有似希腊文化在近世的复兴那样。人类生活只有三大根本态度,如我在第三章中所说:由三大根本态度演为各别不同的三大系文化,世界的三大系文化实出于此。论起来,这三态度都因人类生活中的三大项问题而各有其必要与不适用,如我前面历段所说,最妙是随问题的转移而变其态度——问题问到那里,就持那种态度;却人类自己在未尝试经验过时,无从看得这般清楚而警醒自己留心这个分际。于是古希腊人、古中国人、古印度人,各以其种种关系因缘凑合不觉就单自走上了一路，以其聪明才力成功三大派的文明——迥然不同的三样成绩。这自其成绩论，无所谓谁家的好坏，都是对人类有很伟大的贡献。却自其态度论，则有个合宜不合宜；希腊人态度要对些，因为人类原处在第一项问题之下；中国人态度和印度人态度就嫌拿出的太早了些，因为问题还不到。不过希腊人也并非看清必要而为适当之应付，所以西洋中世纪折入第三路一千多年。到文艺复兴乃始拣择批评的重新去走第一路，把希腊人的态度又拿出来。他这一次当真来走这条路，便逼直的走下去不放手，于是人类文化上所应有的成功如征服自然、科学、德谟克拉西都由此成就出来，即所谓近世的西洋文化。西洋文化的胜利，只在其适应人类目前的问题，而中国文化印度文化在今日的失败，也非其本身有什么好坏可言，不过就在不合时宜罢了。人类文化之初，都不能不走第一路，中国人自也这样，却他不待把这条路走完，便中途拐弯到第二路上来；把以后方要走到的提前走了，成为人类文化的早熟。但是明明还处在第一问题未了之下，第一路不能不走，那里能容你顺当去走第二路？所以就只能委委曲曲表出一种暧昧不明的文化——不如西洋化那样鲜明；并且耽误了第一路的路程，在第一问题之下的世界现出很大的失败。不料虽然在以前为不合时宜而此刻则机运到来。盖第一路走到今日，病痛百出，今世人都想抛弃他，而走这第二路，大有往者中世纪人要抛弃他所走的路而走第一路的神情。尤其是第一路走完，第二问题移进，不合时宜的中国态度遂达其真必要之会，于是照样也拣择批评的重新把中国人态度拿出来。印度文化也是所谓人类文化的早熟；他是不待第一路第二路走完而径直拐到第三路上去的。他的行径过于奇怪，所以其文化之价值始终不能为世人所认识；（无识的人之恭维不算数）既看不出有什么好，却又不敢菲薄。一种文化都没有价值，除非到了他的必要时；即有价值也不为人所认识，除非晓得了他所以必要的问题。他的问题是第三问题，前曾略说。而最近未来文化之兴，实足以引进了第三问题，所以中国化复兴之后将继之以印度化复兴。于是古文明之希腊、中国、印度三派竟于三期间次第重现一遭。我并非有意把他们弄得这般整齐好玩，无奈人类生活中的问题实有这么三层次，其文化的路径就有这么三转折，而古人又恰好把这三路都已各别走过，所以事实上没法要他不重现一遭。吾自有见而为此说，今人或未必见谅，然吾亦岂求谅于今人者。

在最近未来第二态度复兴；以后顺着走下去，怎样便引进了第三问题，这还要说一两句。我们已经看清现在将以直觉的情趣解救理智的严酷，乃至处处可以见出理智与直觉的消长，都是不得不然的。这样，就从理智的计虑移入直觉的真情，未来人心理上实在比现在人逼紧了一步，如果没有问题则已，如有问题，那么，这个问题就对他压迫的非常之紧。从孔家的路子更是引人到真实的心理，那么，就是紧辏。当初藉以解救痛苦的是他，后来贻人以痛苦的亦即是他；前人之于理智，后人之于直觉，都是这样。在人类是时时那里自救，也果然得救，却是皆适以自杀，第三问题是天天接触今人的眼睑而今人若无所见的，到那情感益臻真实之后，就成了满怀惟一问题。而这问题本是不得解决的，一边非要求不可，一边绝对不予满足，弄得左右无丝毫回旋余地！此其痛苦为何如？第三期的文化也就于是产生；所谓印度人的路是也。从孔子的路原是扫空一切问题的，因为一切问题总皆私欲；却是出乎真情实感的则不能。出乎这真情实感的问题在今日也能扫空，却是在那将来则不能。像这类出乎真情实感的第三问题在今日则随感而应，过而不留，很可以不成为问题；如果执着不舍必是私欲，绝非天理之自然。在将来那时别无可成为问题的，不必你去认定一个问题而念念不忘，他早已自然而然的把这一个问题摆在你的眼前，所以就没有法子扫空了。关于第三期文化的开发，可说的话还很多；但我不必多说了，就此为止。本来印度人的那种特别生活差不多是一种贵族的生活，非可遍及于平民，只能让社会上少数居优越地位，生计有安顿的人，把他心思才力用在这个上边。唯有在以后的世界大家的生计都有安顿，才得容人人来作，于自己于社会均没妨碍。这也是印度化在人类以前文化中为不自然的，而要在某文化步段以后才顺理之证。

我们现在应持的态度

我们推测的世界未来文化既如上说，那么我们中国人现在应

第五章 世界未来之文化与我们今日应持的态度

持的态度是怎样才对呢？对于这三态度何取何舍呢？我可以说：

第一，要排斥印度的态度，丝毫不能容留；

第二，对于西方文化是全盘承受，而根本改过，就是对其态度要改一改；

第三，批评的把中国原来态度重新拿出来。

这三条是我这些年来研究这个问题之最后结论，几经审慎而后决定，并非偶然的感想；必须把我以上一章一章通通看过记清，然后听我以下的说明，才得明白。或请大家试取前所录李超女士追悼会演说词，和民国八年出版的《唯识述义》序文里一段，与现在这三条参照对看，也可寻出我用意之深密而且决之于心者已久。《唯识述义》序文一段录后：

"印度民族所以到印度民族那个地步的是印度化的结果，你曾留意吗？如上海刘仁航先生同好多的佛学家，都说佛化大兴可以救济现在的人心，可以使中国太平不乱。我敢告诉大家，假使佛化大兴，中国之乱便无已；且慢胡讲者，且细细商量商量看！"

现在我们要去说明这结论，不外指点一向致误所由，和所受病痛，眼前需要，和四外情势，并略批评旁人的意见，则我的用意也就都透出了。照我们历次所说,我们东方文化其本身都没有什么是非好坏可说,或什么不及西方之处;所有的不好不对,所有的不及人家之点,就在步骤凌乱,成熟太早,不合时宜。并非这态度不对,是这态度拿出太早不对,这是我们惟一致误所由。我们不待抵抗得天行,就不去走征服自然的路,所以至今还每要见厄与自然。我们不待有我就去讲无我。不待个性申展就去讲屈己让人,所以至今也未曾得从种种威权底下解放出来。我们不待理智条达,就去崇尚那非论理的精神,就专好用直觉,所以至今思想也不得清明,学术也都无眉目。并且从这种态度就根本停顿了进步,自其文化开发之初到他数千年之后,也没有什么两样。他再也不能回头补走第一路,也不能往下去走第三路;假使没有外力进门,环境不变,他会要长此终古!譬如西洋人那样,他可以沿着第一路走去,自然就转入第二路;再走去,转入第三路;即无中国文明或印度文明的输入,他自己也能开辟他们出来。若中国则绝不能,因为他态度殆无由生变动,别样文化即无由发生也。从此简直就没有办法;不痛不痒真是一个无可指名的大病。及至变局骤至,就大受其苦,剧痛起来。他处在第一问题之下的世界,而于第一路没有走得几步,凡所应成就者都没有成就出来;一旦世界交通,和旁人接触,那得不相形见绌?而况碰到的西洋人偏是个专走第一路大有成就的,自然更禁不起他的威棱,只有节节失败,忍辱茹痛,听其蹂躏,仅得不死。国际上受这种种欺凌已经痛苦不堪,而尤其危险的,西洋人从这条路上大获成功的是物质的财,

第五章 世界未来之文化与我们今日应持的态度

他若挟着他大资本和他经济的手段，从经济上永远制服了中国人，为他服役，不能翻身，都不一定。至于自己眼前身受的国内军阀之踩躏，生命财产无半点保障，遑论什么自由；生计更穷得要死，试去一看下层社会简直地狱不如；而水旱频仍，天灾一来，全没对付，甘受其虐；这是顶惨切的三端，其余种种太多不须细数。然试就所有这些病痛而推原其故，何莫非的的明明自己文化所贻害；只缘一步走错，弄到这般天地！还有一般无识的人硬要抵赖不认，说不是自己文化不好，只被后人弄糟了，而叹惜致恨于古圣人的道理未得畅行其道。其实一民族之有今日结果的情景，全由他自己以往文化使然：西洋人之有今日全由于他的文化，印度人之有今日全由于他的文化，中国人之有今日全由于我们自己的文化，而莫从抵赖；也正为古圣人的道理行得几分，所以才致这样，倒不必恨惜。但我们绝不后悔绝无怨尤；以往的事不用回顾；我们只爽爽快快打主意现在怎样再往下走就是了。

我们致误之由和所受痛苦略如上说，现在应持何态度差不多已可推见，然还须把眼前我们之所需要和四外情势说一说。我们需要的很多，用不着一样一样去数，但怎样能让个人权利稳固社会秩序安宁，是比无论什么都急需的。这不但比无论什么都可宝贵，并且一切我们所需的，假使能得到时，一定要从此而后可得。我们非如此不能巩固国基，在国际上成一个国家；我们非如此不能让社会上一切事业得以顺着进行。若此，那么将从如何态度使我们可以作到，不既可想了吗？再看外面情势，西洋人也从他的文化而受莫大之痛苦,若近若远,将有影响于世界的大变革而开辟了第二路文化。从前我们有亡国灭种的忧虑,此刻似乎情势不是那样,而旧时富强的思想也可不作。那么,如何要鉴于西洋化弊害而知所戒,并预备促进世界第二路文化之实现,就是我们决定应持态度所宜加意的了。以下我们要略批评现在许多的人意向是否同我们现在所审度的相适合。

现在普通谈话有所谓新派旧派之称:新派差不多就是倡导西洋化的;旧派差不多就是反对这种倡导的——因他很少积极有所倡导;但我想着现在社会上还有隐然成一势力的佛化派。我们先看新派何如?新派所倡导的总不外乎陈仲甫先生所谓"塞恩斯"与"德谟克拉西"和胡适之先生所谓"批评的精神"(似见胡先生有此文,但记不清);这我们都赞成。但我觉得若只这样都没给人以根本人生态度;无根的水不能成河,枝节的作法,未免不切。所以蒋梦麟先生《改变人生态度》一文,极动我眼目;却是我不敢无批评无条件的赞成。又《新青年》前几卷原也有几篇倡导一种人生的文章,陈仲甫先生并有其《人生真义》一文;又倡导塞恩斯、德谟克拉西、批评的精神之结果也会要随着引出一种人生。但我对此都不敢无条件赞成。因为那西洋人从来的人生态度到现在已经见出好多弊病,受了严重的批评,而他们还略不知拣择的要原盘拿过来。虽然这种态度于今日的西洋人为更益其痛苦,而于从来的中国人则适可以救其偏,却是必要修正过才好。况且为预备及促进世界第二路文化之开辟,也要把从来的西洋态度变化变化才行。这个修正的变化的西洋态度待我后面去说。

旧派只是新派的一种反动；他并没有倡导旧化。陈仲甫先生是攻击旧文化的领袖；他的文章，有好多人看了大怒大骂，有些人写信和他争论。但是怒骂的止于怒骂，争论的止于争论，他们只是心理有一种反感而不服，并没有一种很高兴去倡导旧化的积极冲动。尤其是他们自己思想的内容异常空乏，并不曾认识了旧化的根本精神所在，怎样禁得起陈先生那明晰的头脑，锐利的笔锋，而陈先生自然就横扫直摧，所向无敌了。记得陈先生在《每周评论》上作《孔教研究》曾一再发问：

"既然承认孔教在法律上、政治上、经济上都和现代社会人心不合；不知道我们还要尊崇孔教的理由在哪里？

除了君臣父子夫妇之道及其他关于一般道德之说明，孔子的精神真相真意究竟是什么？"

他原文大意，是说：孔子的话不外一种就当时社会打算而说的，和一种泛常讲道德的话；前一种只适用于当时社会，不合于现代社会，既不必提；而后一种如教人信实、教人仁爱、教人勤俭之类，则无论那地方的道德家谁都会说，何必孔子？于此之外孔子的真精神，特别价值究竟在那点？请你们替孔教抱不平的说给我听一听。这样锋利逼问，只问的旧派先生张口结舌——他实在说不上来。前年北京大学学生出版一种《新潮》，一种《国故》，仿佛代表新旧两派；那《新潮》却能表出一种西方精神，而那《国故》只堆积一些陈旧骨董而已。其实真的国故便是中国故化的那一种精神——故人生态度？那些死板板烂货也配和人家对垒吗？到现在谈及中国旧化便羞于出口，孔子的道理成了不敢见人的东西，只为旧派无人，何消说得！因为旧派并没有倡导旧化，我自无从表示赞成；而他们的反对新化，我只能表示不赞成，他们的反对新化并不彻底：他们也觉得社会一面不能不改革，现在的制度也只好承认，学术一面太缺欠，西洋科学似乎是好的；却总像是要德谟克拉西精神科学精神为折半的通融。莫处处都一贯到底。其实这两种精神完全是对的；只能为无批评无条件的承认；即我所谓对西方化要"全盘承受"。怎样引进这两种精神实在是当今所急的；否则，我们将永此不配谈人格，我们将永此不配谈学术。你只要细审从来所受病痛是怎样，就知道我这话非激。所以我尝叹这两年杜威、罗素先到中国来，而柏格森、倭铿不曾来，是我们学术思想界的大幸；如果杜威、罗素不曾来，而柏格森、倭铿先来了，你试想于自己从来的痼疾对症否？

在今日欧化蒙罩的中国，中国式的思想虽寂无声响，而印度产的思想却居然可以出头露面。现在除掉西洋化是一种风尚之外，佛化也是范围较小的一种风尚；并且实际上好多人都已倾向于第三路的人生。所谓倾向第三路人生的就是指着不注意图谋此世界的生活而意别有所注的人而说；如奉行吃斋、念佛、哔经、参禅、打坐等生活的人和扶乩、拜神、炼丹、修仙等样人，不论他为佛教徒,或佛教以外的信者,或类此者,都统括在内。十年来这样态度的人日有增加,滔滔皆是:大约连年变乱和生计太促,人不能乐其生,是最有力的外缘,而数百年来固有人生思想久已空乏,何堪近年复为西洋潮流之所残破,旧基骤失,新基不立,惶惑烦闷,实为其主因。至于真正是发大心的佛教徒,确乎也很有其人,但百不得一。我对于这种态度——无论其为佛教的发大心或萌乎其他鄙念——绝对不敢赞成;这是我全书推论到现在应有的结论。我先有几句声明,再申论我的意思。我要声明,我现在所说的话是替大家设想,不是离开大家而为单独的某一个人设想。一个人可以有为顾虑大家而牺牲他所愿意的生活之好意,但他却非负有此义务,他不管大家而从其自己所愿是不能非议的。所以我为某一个人打算也许赞成他作佛家的生活亦未可定。如果划一定格而责人以必作这样人生,无论如何是一个不应该。以下我略说如何替大家设想即绝对不赞成第三态度之几个意思:

一、第三态度的提出,此刻还早的很,是极显明的。而我们以前只为一步走错,以致贻误到那个天地,(试回头看上文)此刻难道还要一误再误不知鉴戒吗?你一个人去走,我不能管;但如你以此倡导于社会,那我便不能不反对。

二、我们因未走第一路便走第二路而受的病痛,从第三态度将有所补救呢,还是要病上加病?我们没有抵抗天行的能力,甘受水旱天灾之虐,是将从学佛而得补救,还是将从学佛而益荒事功？我们学术思想的不清明，是将从学佛而得药治，还是将从学佛而益没有头绪？国际所受的欺凌，国内武人的横暴，以及生计的穷促等等我都不必再数。一言总括，这都是因不象西洋那样持向前图谋此世界生活之态度而吃的亏，你若再倡导印度那样不注意图谋此世界生活之态度，岂非要更把这般人害到底？

三、我们眼前之所急需的是宁息国内的纷乱，让我们的生命财产和其他个人权利稳固些；但这将从何种态度而得作到？有一般人——如刘仁航先生等——就以为大家不要争权夺利就平息了纷乱，而从佛教给人一服清凉散，就不复争权夺利，可以太平。这实在是最错误的见解，与事理真象适得其反。我们现在所用的政治制度是采自西洋，而西洋则自其人之向前争求态度而得生产的，但我们大多数国民还依然是数千年来旧态度，对于政治不闻不问，对于个人权利绝不要求，与这种制度根本不适合；所以才为少数人互竞的掠取把持，政局就翻覆不已，变乱遂以相寻。故今日之所患，不是争权夺利，而是大家太不争权夺利；只有大多数国民群起而与少数人相争，而后可以奠定这种政治制度，可以宁息累年纷乱，可以护持个人生命财产一切权利，如果再低头忍受，始终打着逃反避乱的主意，那么就永世不得安宁。在此处只有赶紧参取西洋态度，那屈己让人的态度方且不合用，何况一味教人息止向前争求态度的佛教？我在《唯识述义》序文警告大家:"假使佛化大兴,中国之乱便无已",就是为此而发。我希望倡导佛教的人可怜可怜湖南湖北遭兵乱的人民,莫再引大家到第三态度,延长了中国人这种水深火热的况味!

四、怎样促进世界最近未来文化的开辟,是看过四外情势而知其必要的;但这是第一路文化后应有的文章,也是唯他所能有的文章;照中国原样走去,无论如何所不能有的,何况走印度的第三路?第一路到现在并未走完,然单从他原路亦不能产出;这只能从变化过的第一态度或适宜的第二态度而得辟创;其余任何态度都不能。那么,我们当然反对第三态度的倡导。

我并不以人类生活有什么好,而一定要中国人去作;我并不以人类文化有什么价值,而一定要中国人把他成就出来;我只是看着中国现在这样子的世界,而替中国人设想如此。我很晓得人类是无论如何不能得救的,除非他自己解破了根本二执——我执、法执。却是我没有法子教他从此而得救,除非我反对大家此刻的倡导。因为你此刻拿这个去倡导,他绝不领受。人类总是往前奔的,你扯他也扯不回来,非让他自己把生活的路走完,碰到第三问题的硬钉子上,他不死心的。并且他如果此刻领受,也一定什九是不很好的领受——动机不很好。此刻社会上归依佛教的人,其归依的动机很少是无可批评的,其大多数全都是私劣念头。藉着人心理之弱点而收罗信徒简直成为彰明的事。最普通的是乘着世界不好的机会,引逗人出世思想;因人救死不赡,求生不得，而要他解脱生死；其下于此者，且不必说。这便是社会上许多恶劣宗教团体的活动也跟着佛教而并盛的一个缘故。再则，他此刻也绝不能领受。当此竞食的时代，除非生计有安顿的人，一般都是忙他的工作，要用工夫到这个，是事实所不能。他既绝不领受，又绝不能领受，又不会为好动机的领受，那么几个是从此而得救的呢？还有那许多人就是该死吗？既不能把人渡到彼岸，却白白害得他这边生活更糟乱，这是何苦？不但祸害人而且糟蹋佛教。佛教是要在生活美满而后才有他的动机，象这样求生不得，就来解脱生死，那么求生可得，就用他不着了。然在此刻倡导佛教，其结果大都是此一路，只是把佛教弄到鄙劣糊涂为止。我们非把人类送过这第二路生活的一关，不能使他从佛教而得救，不能使佛教得见其真；这是我的本意。

孔与佛恰好相反：一个是专谈现世生活，不谈现实生活以外的事；一个是专谈现世生活以外的事，不谈现世生活。这样，就致佛教在现代很没有多大活动的可能，在想把佛教抬出来活动的人，便不得不谋变更其原来面目。似乎记得太虚和尚在《海潮音》一文中要藉着"人天乘"的一句话为题目，替佛教扩张他的范围到现世生活里来。又仿佛刘仁航和其他几位也都有类乎此的话头。而梁任公先生则因未曾认清佛教原来怎么一回事的缘故，就说出"禅宗可以称得起为世间的佛教应用的佛教"的话。（见《欧游想影录》）他并因此而总想着拿佛教到世间来应用；以如何可以把贵族气味的佛教改造成平民化，让大家人人都可以受用的问题,访问于我。其实这个改造是作不到的事,如果作到也必非复佛教。今年我在上海见着章太炎先生,就以这个问题探他的意见。他说,这恐怕很难;或者不立语言文字的禅宗可以普及到不识字的粗人,但普及后,还是不是佛教,就不敢说罢了。他还有一些话,论佛教在现时的宜否,但只有以上两句是可取的。总而言之,佛教是根本不能拉到现世来用的;若因为要拉他来用而改换他的本来面目,则又何苦如此糟蹋佛教?我反对佛教的倡导,并反对佛教的改造。

我提出的态度

于是我将说出我要提出的态度。我要提出的态度便是孔子之所谓"刚"。刚之一义也可以统括了孔子全部哲学,原很难于短时间说得清。但我们可以就我们所需说之一点,而以极浅之话表达他。大约"刚"就是里面力气极充实的一种活动。孔子说"吾未见刚者"。"刚"原是很难作到的。我们似乎不应当拿一个很难作到的态度提出给一般人;因为你要使这个态度普遍的为大家所循由,就只能非常粗浅,极其容易,不须加持循之力而不觉由之者,才得成功。但我此处所说的刚,实在兼括了艰深与浅易两极端而说。刚也是一路向,于此路向可以入的浅,可以入的深;所以他也可以是一非常粗浅极其简易的。我们自然以粗浅简易的示人，而导他于这方向，如他有高的可能那么也可自进于高。我今所要求的，不过是要大家往前动作，而此动作最好要发于直接的情感，而非出自欲望的计虑。孔子说："枨也欲，焉得刚"，大约欲和刚都象是很勇的往前活动；却是一则内里充实有力，而一则全是假的——不充实，假有力；一则其动为自内里发出，一则其动为向外逐去。孔子说的"刚毅木讷近仁"全露出一个人意志高强，情感充实的样子；这样人的动作大约便都是直接发于情感的。我们此刻无论为眼前急需的护持生命财产个人权利的安全而定乱入治，或促进未来世界文化之开辟而得合理生活，都非参取第一态度，大家奋往向前不可，但又如果不根本的把他含融到第二态度的人生里面，将不能防止他的危险，将不能避免他的错误，将不能适合于今世第一和第二路的过渡时代。我们最好是感觉着这局面的不可安而奋发；莫为要从前面有所取得而奔去。我在李超女士追悼会即已指给大家这个态度，说："要求自由，不是计算自由有多大好处便宜而要求，是感觉着不自由的不可安而要求的。"但须如此，即合了我所说刚的态度；刚的动只是真实的感发而已。我意不过提倡一种奋往向前的风气，而同时排斥那向外逐物的颓流。我在那篇里又说："那提倡欲望，虽然也能使人往前动作，但我不赞成；"现在还不外那一点意思。施今墨先生对我说的"只要动就好"，现在有识的人多能见到此；但我们将如何使人动？前些年大家的倡导，似乎都偏欲望的动，现今稍稍变其方向到情感的动这面来，但这只不过随着社会运动而来的风气，和跟着罗素创造冲动占有冲动而来的滥调;并没有两面看清而知所拣择,所以杂乱纷歧,含糊不明,见不出一点方向,更不及在根本上知所从事。这两年来种种运动,愈动而人愈疲顿,愈动而人愈厌苦,弄到此刻衰竭欲绝,谁也不高兴再动,谁也没有法子再动,都只为胡乱由外面引逗欲望,激励情感,为一时的兴奋,而内里实际人人所有只欲望派的人生念头,根本原就不弄得衰竭烦恼不止。动不是容易的,适宜的动更不是容易的。现在只有先根本启发一种人生,全超脱了个人的为我,物质的歆慕,处处的算帐,有所为的而为,直从里面发出来活气——罗素所谓创造冲动——含融了向前的态度,随感而应,方有所谓情感的动作,情感的动作只能于此得之。只有这样向前的动作才真有力量,才继续有活气,不会沮丧,不生厌苦,并且从他自己的活动上得了他的乐趣。只有这样向前的动作可以弥补了中国人夙来缺短,解救了中国人现在的痛苦,又避免了西洋的弊害,应付了世界的需要,完全适合我们从上以来研究三文化之所审度。这就是我所谓刚的态度,我所谓适宜的第二路人生。本来中国人从前就是走这条路,却是一向总偏阴柔坤静一边,近于老子,而不是孔子阳刚乾动的态度;若如孔子之刚的态度,便为适宜的第二路人生。

今日应再创讲学之风

明白的说,照我意思是要如宋明人那样再创讲学之风,以孔颜的人生为现在的青年解决他烦闷的人生问题,一个个替他开出一条路来去走。一个人必确定了他的人生才得往前走动,多数人也是这样;只有昭苏了中国人的人生态度,才能把生机剥尽死气沉沉的中国人复活过来,从里面发出动作,才是真动。中国不复活则已,中国而复活,只能于此得之;这是惟一无二的路。有人以清代学术比作中国的文艺复兴,其实文艺复兴的真意义在其人生态度的复兴,清学有什么中国人生态度复兴的可说?有人以五四而来的新文化运动为中国的文艺复兴;其实这新运动只是西洋化在中国的兴起,怎能算得中国的文艺复兴?若真中国的文艺复兴,应当是中国自己人生态度的复兴;那只有如我现在所说可以当得起。

蒋百里先生对我说,他觉得新思潮新风气并不难开,中国数十年来已经是一开再开,一个新的去,一个新的又来,来了很快的便已到处传播,却总是在笔头口头转来转去,一些名词变换变换,总没有什么实际干涉,真的影响出来;如果始终这样子,将永无办法;他的意思似乎需要一种似宗教非宗教像倭铿所倡的那种东西,把人引入真实生活上来才行。这话自是不错,其实用不着他求,只就再创讲学之风而已。现在只有踏实的奠定一种人生,才可以真吸收融取了科学和德谟克拉西两精神下的种种学术种种思潮而有个结果;否则,我敢说新文化是没有结果的。至于我心目中所谓讲学,自也有好多与从前不同处;最好不要成为少数人的高深学业,应当多致力于普及而不力求提高。我们可以把孔子的路放得极宽泛、极通常,简直去容纳不合孔子之点都不要紧。孔子有一句"极高明而道中庸"的话,我想拿来替我自己解释。我们只去领导大家走一种相当的态度而已;虽然遇到天分高的人不是浅薄东西所应付得了,然可以"极高明"而不可以"道高明"。我是先自己有一套思想再来看孔家诸经的;看了孔经,先有自己意见再来看宋明人书的;始终拿自己思想作主。由我看去,泰州王氏一路独可注意;黄梨洲所谓"其人多能赤手以搏龙蛇",而东崖之门有许多樵夫、陶匠、田夫,似亦能化及平民者。但孔子的东西不是一种思想,而是一种生活;我于这种生活还隔膜,容我尝试得少分,再来说话。

世界的态度

其实我提出的这态度并不新鲜特别,巧妙希罕,不过就是现在世界上人当此世界文化过渡时代所要持的态度。我所谓情感的动,不但于中国人为恰好,于世界上人也恰好,因为我本是就着大家将转上去的路指说出而已。

补　　遗

（照陈政所记稿本录出）

　　有点意思要在此补说。这便是我常以劝年老的先生们对于旧的很有感情，对于旧的将要崩坏很感不安，所说的话。

　　我相信凡是人都是会自己去走对的路的，所有的不对都在"我一定要怎么样怎么样"。这就是说，有些人想借某种权力去压下别的意思，推行自己的意见；只信任自己，不信任大家。我以为我们有什么意思尽管可以陈述；但不应该强众从我。因为大家本来都是自己能走对的路，如果真要靠我一人去纠正大家，即是已足表明此事之无甚希望。不信任人，是最不对的；人在直觉上都自然会找到对上去。所以知识上人格上的错处坏处，都是一时的，结果是终久要对的。用强力干涉，固然错误，忧愁这世界要愈弄愈坏，也是错误。我信人都是好的，没有坏的；最好是任听大家自己去走，自然走对。因此我全无悲观，总觉得无论如何都对。我从来未曾反对过谁的说话。同我极不对的话，都任凭去说，说了有好处的，因为经过了这一步，便可以顺次去走下一步。人都是要求善求真的，并且他都有求得到善和真的可能。这话看似平常，实甚重要。许多老先生们看着现在的局面觉很可悲，就是不信人类是这样的，实在也就是不信自己了。佛学家多说，任人去走他的路，一定不对；应该教人走佛的路。我觉得人是自然会走到佛的路上去的，不必教他；如其不然，宁愿舍佛就人。还有许多宗教家也都如他们那样说；又有些所谓道德家要讲禁恶禁欲等等都是不对的。北大已故教授杨昌济引过斯宾塞的话，说社会较好于个人，亦即此意。这是因东西文化问题附说的话。

还有翻过来批评自己的话。我觉得我所说的只不过是一篇话罢了。如果真要讨论孔子、印度，那些东西还需要几种基础的科学，我们这所说的，在学术界上还算是拿不出去。心理学我希望大家很要注意；因为最好是什么话都要有来路。

自　　序

这是我今年八月在山东济南省教育会会场的讲演,经罗君莘田替我纪录出来,又参酌去年在北京大学讲时陈君仲瑜的纪录而编成的。现在拿它出版,我特说几句话在后面。

在别人总以为我是好谈学问,总以为我是在这里著书立说,其实在我并不好谈学问,并没在这里著书立说,我只是说我想要说的话。我这个人本来很笨,很呆,对于事情总爱靠实,总好认真,就从这样沾滞的脾气而有这篇东西出来。我自从会用心思的年龄起,就爱寻求一条准道理,最怕听"无可无不可"这句话,所以对于事事都自己有一点主见,而自己的生活行事都牢牢的把定着一条线去走。因为这样,我虽不讲学问,却是眼睛看到的,耳朵听到的,都被我收来,加过一番心思,成了自己的思想。自己愈认真,从外面收来的东西就愈多,思想就一步一步的变,愈收愈多,愈来愈变,不能自休,就成功今日这样子。我自始不晓得什么叫哲学而要去讲他,是待我这样做过后,旁人告诉我说,你讲的这是哲学,然后我才晓得。我的思想的变迁,我很愿意说出来给大家听,不过此次来不及,打算到明年三十岁作一篇"三十自述"再去说。此刻先把变迁到现在的一步发表出来,就是这本书。我要做我自己的生活,我自己的性情不许我没有为我生活作主的思想;有了思想,就喜欢对人家讲;寻得一个生活,就愿意也把他贡献给别人！这便是我不要谈学问而结果谈到学问,我不是著书立说而是说我想要说的话的缘故。大家如果拿学问家的著述来看我,那就错了,因我实不配谈学问;大家如果肯虚心领取我的诚意,就请撇开一切,单就自己所要作的生活下一番酌量。

还有,此刻我自己的态度要就此宣布一下。我从二十岁以后,思想折入佛家一路,一直走下去,万牛莫挽,但现在则已变。这个变是今年三四月间的事,我从那时决定搁置向来要作佛家生活的念头,而来作孔家的生活。何以有此变？也要待"三十自述"里才说得清。此刻先说明所以致变之一端。现在这书里反对大家作佛家生活。主张大家作孔家生活的结论,原是三四年来早经决定,却是我自己生活的改变,只是今年的事,所以我自己不认作思想改变,因为实在是前后一样的,只不过掉换过一个生活。我以前虽反对大家作佛家生活,却是自己还要作佛家生活,因为我反对佛家生活,是我研究东西文化问题替中国人设想应有的结论,而我始终认只有佛家生活是对的,只有佛家生活是我心里愿意作的,我不愿意舍掉他而屈从大家去作旁的生活。到现在我决然舍掉从来的心愿了。我不容我看着周围种种情形而不顾。——周围种种情形都是叫我不要作佛家生活的。一出房门,看见街上的情形,会到朋友,听见各处的情形,在在触动了我研究文化问题的结论,让我不能不愤然的反对佛家生活的流行,而联想到我自己,又总没有遇到一个人同意于我的见解,即或有,也没有如我这样的真知灼见,所以反对佛教推行这件事,只有我自己来作。这是迫得我舍掉自己要做的佛家生活的缘故。我又看着西洋人可怜,他们当此物质的疲敝,要想得精神的恢复,而他们所谓精神又不过是希伯来那点东西,左冲右突,不出此圈,真是所谓未闻大道,我不应当导他们于孔子这一条路来吗！我又看见中国人蹈袭西方的浅薄,或乱七八糟,弄那不对的佛学,粗恶的同善社,以及到处流行种种怪秘的东西,东觅西求,都可见其人生的无着落,我不应当导他们于至好至美的孔子路上来吗！无论西洋人从来生活的猥琐狭劣,东方人的荒谬糊涂,都一言以蔽之,可以说他们都未曾尝过人生的真味,我不应当把我看到的孔子人生贡献给他们吗！然而西洋人无从寻得孔子,是不必论的;乃至今天的中国,西学有人提倡,佛学有人提倡,只有谈到孔子羞涩不能出口,也是一样无从为人晓得。孔子之真若非我出头倡导,可有那个出头？这是迫得我自己来做孔家生活的缘故。

我在这书里因为要说出我自己的意思,不得不批评旁人的话,虽于师友,无所避忌。我虽批评旁人的话,却是除康南海外,其余的人我都极尊重。并且希望指摘我的错误,如我指摘别人那样,因为我自己晓得没有学问,无论那样都没有深的研究,而要想说话,不能不谈到两句,所以最好是替我指摘出来,免得辗转讹误。我没出国门一步,西文又不好,我只能从我所仅有的求学机会而竭尽了我的能力,对于这个大问题,我所可贡献于世者止此,此外则将希望于大家了。

又我在这书里,关于佛教所说的话,自知偏于一边而有一边没有说。又我好说唯识,而于唯识实未深澈,并且自出意见,改动旧说。所以在我未十分信得过自己的时候,我请大家若求真佛教、真唯识,不必以我的话为准据,最好去问南京的欧阳竟无先生。我只承认欧阳先生的佛教是佛教,欧阳先生的佛学是佛学,别的人我都不承认,还有欧阳先生的弟子吕秋逸先生,欧阳先生的朋友梅撷芸先生也都比我可靠。我并不全信他们的话,但我觉得大家此刻则宁信他们莫信我,这是我要声明的。

古人作书都把序放在书后,我并不要仿照古人,但我因为这些话要在看过全书后才看得明白,所以也把序放在书后。

中华民国十年十月二十二日　漱冥口说　陈政记

著者告白一

兹列次漱溟所作及所欲作各书于下,并注明出版情形,告白读者诸君知道,也好拿来互资参证;如是,我的意思庶可多得大家的谅解:

一 东西文化及其哲学 此次一面在北京印刷,一面托上海商务印书馆付印,以后当由彼出版发行;唯初版仓卒发表颇多缺憾,再版当有增订。

二 唯识述义 前曾有第一册出版,托各书坊代售;唯以后续作将改正名称,因为其间要有好多只算我的意见,非是唯识家原有的说话,不当用述义为名,滥以己意冒充是古人之意。此大约亦托由商务印书馆出版。

三 孔家哲学 尚在预备,一时不能出版。以上三部书是我数年来早打算作的,凡我的思想概具于是,拟汇订为"梁氏三种";此外将不再作什么书,即有,亦不大相干的。

四 印度哲学概论 前在商务印书馆出版,里边有几处不妥,总未暇改订,现已停止不印,当俟改订后再印行。

五 漱冥卅前文录 这是我自二十四岁到三十岁所作单篇

文字的汇印本,打算到明年三十岁时出版;因为从前作的如《究元决疑论》等篇很有人要看而寻不到,就是得到,那内容好多错误,也易误人,所以要自己批注明白,再印给大家看。

我实在是从没想要有什么著述,而卒有这些个书出版和一些将出未出的书,回头一想,自己真也莫名其妙,并且觉得这是我没出息的一个表征!我很愿意我拿我的人同大家相见,不愿意只拿我的书同大家相见!

著者告白二

我在本书结论里认定我们现在应当再创宋明讲学之风，我想就从我来试作。我不过初有志于学，不敢说什么讲学，但我想或者这样得些朋友于人于己都很有益的。又我想最好是让社会上人人都有求学的机会，不要单限于什么学校什么年级的学生，象这两年来就有好许多人常来通信或过访于我，我虽信无不答，访无不见，但总不如明白开放的接纳所有不耻下问的朋友而相与共学。因此我今日告白大家知道：凡我所知所能都愿贡献给人，如来共学，我即尽力帮忙；不拘程度年岁，亦不分科目，不订年限；大家对我自由纳费，不规定数目，即不纳亦无不可；先以北京崇文门缨子胡同我寓所为通信处，如果人渐多再另觅讲习集会地方。

1921，双十节，漱冥

1980年著者跋记

　　1920年我初次以东西文化及其哲学为题，在北京大学作课外讲演，由同学陈仲瑜（政）任笔录。次年1921年暑假应山东教育界暑期讲演会之聘再次以同题为公开讲演（地点在济南第一中学校，其时校长为完颜祥卿、教务主任为范予遂），则由同学罗莘田（常培）任笔录，随讲随记随时付印刷，但记录印刷不逮口讲之速。暑假期满，莘田应南开中学之聘，不能终其事，故尔此书末一章实由我自己执笔写出者。

　　现者黄河清同志以此抄本见示，回首往事忽忽不觉六十年于兹矣。自愧当年识见浅稚，于儒家孔门之学妄尔撷拾"本能"、"直觉"等等近代西方所用名词术语以为阐说，实属根本地严重错误，不可不于此注明。

　　附此注明者：我于1917年承蔡先生（元培）邀入北大任哲学系讲席，而熟识如仲瑜则德文系学生，如莘田则为国文系学生，却均不在哲学系。我与诸同学年齿皆相若，彼此友好，固所谓教学相长也。

1980年7月　梁漱溟

附录一 《东西文化及其哲学》导言

自序——这个问题的现状——这个问题的真际——这个问题的解决将在何人

自　　序

我这个人生性孤拙，原不能在现在的学问界去讲学问——现在的学问界，不同东方式的学者可以闭户自精、闭户著书的，但我心里又不自觉的总爱关心种种问题，萦回胸抱的思求他。自己很不愿意轻率发言，而终久闷不住，不自禁的慨然有作——这也可以算西方式，因为西方式的学者略有所见，就自鸣一说，不尚深稳的。就现前这事而说，标出来的这个《东西文化及其哲学》的问题，可谓绝重大的问题，而我并未曾读过专讲文化的书。近来欧美人日本人对这问题的论文著作听说书报杂志上很多，亦未去搜取，偶然遇见一二，恐尚不足百分之一。至于谈到西方哲学界的趋势，我也未能搜罗什么新出的书，见闻真是陋的很，论理哪有我发议论的地方！但我对这个问题却实在萦回已久。大家未注意的时候,我早看到这个问题逼到眼前,直到现在当真逼来,急待取决,大家还是不顾,或敷衍搪塞过去便了。据我所见,欧美人、日本人、中国人论到这个问题的无一人能下解决,简直说无人真了解"如何是西方化"、"如何是东方化"(本文有时以文化包哲学说,有时单提出说,此处包着说)。即我所未见的,我也敢下一个非常的武断。欧美人其号称通东方学的尚在隔膜的很,大约限于机会,不见得能了解东方化,所以不能下解决。日本人虽然是东方人,但据所已知的而推他,一样的不了解东方化,虽或颇领纳西方化,但亦只片面的了解,因此也不见得可以解决这个问题。至于中国人在两文化的争战中,大多数都尚不了解西方化,少数了解的也只片面,又都于东方化主脑的佛化孔化虽是自家故物,也还不了解,无人能下解决似乎可以放言的。问题如此的重大迫切,而应付问题的人都如此不济事,我这不能在现在学问界里发言的人且姑妄言之了。

这个问题的现状

这个问题自是世界的问题,欧美人、日本人、中国人都当研究解决的。而直逼得刀临头顶,火灼肌肤,呼吸之间就要身丧命倾的,却独在中国人。因为现在并不是两文化对垒的激战,实实在在是东方化存亡的问题。现在的世界东方化不是已经临到绝地了么？形势如此，是用不着讳言的。请放眼一看，世界上哪一块不是西方化的领土！凡秉用东方化的国民，若日本、暹罗、印度、安南、缅甸、高丽之类，不是改从西方化，便为西方化所强据。改了可以图存，不改立就覆亡。东方化的惟一根据地的中国数十年来为这种大潮流所冲动，一天比一天紧迫，到现在已经撞进门来，而这为东方化浸润最深的国民，不同凡众，要他领纳西方化大是不易。逼得急了，只肯截取一二，总不肯整个的承受。起初的时候，惊于火炮铁甲之利，声光化电之妙，想着不得不学他的。大约咸丰末同治初以迄光绪二十几年，都是这个思想。大家试去检看那个时候的名臣奏议、通人著述、书院文课、试场闱墨及一切号为时务书的无非是此。所以曾文正李文忠的大施设就是上海制造局、马尾的船厂、北洋的海军，以为西洋所长、中国所短不过这些东西而已，但把他学来便了。曾不晓得这些东西有他的来历（西方化），不是可以截蔓摘果就挪到自己家里来的，而实与自家遗传的教化（东方化）大有冲突之点，轻轻一改，已经失了故步。到甲午海军覆没，始又种下观念变更的动机。慢慢觉悟得问题所争尚不在此，把眼光挪到学术、教育、种种实业与政治制度上去，而尤归本政治制度之改革，较前可以算得一大进步。大约光绪二十年以后到宣统末年民国初年都是这个思想。所以当时最盛的就是兴学论、立宪论与革命论，而所有的大成绩无过于废科举、办学堂、日本留学、师范法政之盈千累万，宣诏预备立宪，设资政院、谘议局，二十二省代表请开国会与辛亥革命成功。在大家心目中都以为但能如其所求，便不难接武日本、抗跻欧美，曾不留意这种制度（代议制度、民主制度）是什么样精神产生的，与这东方化夙养的国民是何等的凿枘不入。并且不待远求，就是他们那立宪家、革命家的头脑，试去解剖他，仍旧什九东方式，并未领会到西方化是什么东西（这种实例极多，容后细论）。八年以来闹得天翻地覆，乃看出这种活剥生吞的改革的无功又且贻祸，而后晓得既不是什么坚甲利兵的问题，也不是什么政治制度的问题，实实在在是两文化根本不同的问题，方始有人注意到改革思想，把西方化为根本的引入。这是最近一二年的新倾向。差不多六十年功夫才渐渐寻到这个根本上来，把六十年支支节节的问题一齐揭过，直向咽喉处着刀，逼问到东方化的应存应废。若以往事相例，六十年间西方化对于东方化已经是节节进逼、节节斩伐，到现在岂不是就要绝其根株了么？这种形势明明逼来，我们真无从闪避，要赶快谋应付之方。

一、倘然东方化与西方化果真不并立又无可通，到今日是要绝根株了，那我们须要自觉的如何彻底的改革，赶快应付上去，不要与东方化同归于尽。

二、倘然东方化为西方化的压迫不必虑，东方化却要翻身的，那与今日的局面如何求其通，也须有真实的解决，积极的作去，不要作梦发呆卒致倾覆。

三、倘然东方化与西方化果有调和融通之道，那也一定不是现在这种"参用西法"可以算数的，须要赶快有个清楚明白的解决，好打开一条活路。

总而言之，这种险恶的形势想要模模糊糊混过去，是断乎不行。乃不料逼到眼前的难关，大家竟自无人看见；偶然有人谈到，总模模糊糊过去便了。上边的三条道曾无人敢下决断，决断的中理不中理更无从说起了。古语说的"盲人骑瞎马，夜半临深池"，真有那种情景。就论到什么知识阶级，也大多数都是身在两文化的交战中，而心目中全无这个问题，或是若有若无，置之不问。这种人知觉太钝，所以无从感触。其次便是能感觉西方化的压迫而表示反对的，这所谓旧派，为数也不少，甚至于为东方化盲目的积极发挥的也有，便很希见。这统是数千年旧化的潜势力，他们并非能看到这东西化的问题，而去作解答，不过一种反射运动罢了。又其次便是能感觉西方化的美点而力谋推行的，这所谓新派，为数不多，自是被世界西方化的潮流所鼓动。这般人在我看去有似受了药力的兴奋，也并非看到这东西文化的问题，有一番解决而后出之的。本来六十年的革新家都是不了解两文化就作主张的，他那动作好似机械的，没有自觉的，直到现在也未能有胜于前，而那旧派自然更是盲动。两派乱撞起来，互相激宕，上哪里去觅解决！数十年来混战不已，才弄得水深火热，糜烂不堪，非等到由盲动入了自觉，留意到东西文化问题不能少解。非等到东西文化问题有个解决，豁开一条道路，不能有向上的生机。独叹无人留意到此，可为奈何！我所看见的只有我朋友李守常对于这个题目曾略用一番心，就是他所作的《东西文明根本之异点》。现在我把他附在我的书后。他也是论而不断,不过猜度着将来结果必然是两文化的调和。至于两文化如何调和,他不能说。似乎事业太大,俟诸未来的样子。对于今日中国的国民,只勉励大家竭力容受西洋动的文明以救济静的文明之穷。如此看来,他仍旧不认得题目,他把逼到眼前的题目看作未来的事业,而应付这险恶形势的仍旧是空空洞洞的一句泛常话。以外研究这个问题的论文似乎还没有,或者我耳目不周也未可知。我想我们要处理我们的生活,解决现实的问题,知识阶级去研究而解决的,固然不能立时指导国民的趋向,但是知识阶级对于问题若没有个解决,那国民一定是无所措手足而乱投手足了!那就危险得很。李君于此说得颇好:

> 苟不将静止的精神根本的扫荡,或将物质的生活一切屏绝,长此沉延在此矛盾现象中以为生活,其结果必蹈于自杀。盖以半死不活之人驾飞行艇,使发昏带醉之徒御摩托车,人固死于艇车之下,艇车亦毁于其人之手。以英雄政治、贤人政治之理想施行民主政治,以肃静无哗、唯诺一致之心理希望代议政治,以万世一系、一成不变之观念运用自由宪法,其国之政治固以杌陧不宁,此种政治之妙用亦必毁于若而国中。总之,守静的态度、持静的观念以临动的生活,必至人身与器物、国家与制度都归于粉碎,世间最可怖之事莫过于斯矣。

我们作东方化的生活好几千年了,现在引进许多的西方的生活样法,却又于东方化没个解决,简直无处措手,而生活这件事又不是可以暂搁一旁的,便胡乱的生活去,听着"都归粉碎"！这并非故作危词,你看现在立宪制度在哪里？中国国家有命几何？所以我说这个问题于中国国民最急迫,呼吸之间就要身丧命倾的。

这个问题的真际

现在的世界东方化不是已经临到绝地了么？形势如此,是用不着讳言的,却无人爽爽快快的说这句话。即如李君说东洋文明的短处大约有数端,头一端便是"厌世的人生观不适于宇宙进化之理",已把印度化一笔勾销。又说须要把静止的精神根本扫荡,而李君所以诠释东方文明的就是"静的文明"四字,那么与根本扫荡东方文明何异？李君却还要说"东西文明互有短长,不宜妄为轩轾",岂不太客套了么？现在的新思想虽不像李君这样的谦和,也都不吐露东方化就要灭绝的一句话。然而你看他的议论,那一点不是东方化要灭绝的意向呢？这种意向是他比从前的时务家维新家的长处。从前维新家的头脑是中西合璧的,是矛盾不通的,东方化就容留下了。现在新思想家很能领会西方化——这也因为问题渐渐问到文化的原故——他的主张要一贯的,要彻底的,哪里能容东方化呢？所以西化输入多少年都没人主张孔化的应废。到陈君独秀才大声的说道：

> 倘吾人以中国之法、孔子之道足以组织吾之国家,支配吾之社会,使适于今日世界之生存,则凡十余年来之变法维新、流血革命、设国会、改法律及一切新政治、新教育无一非多事,应悉废罢。万一欲建设新国家、新社会,则对于此新国家、新社会不可相容之孔教,不可不有彻底之觉悟,勇猛之决心,否则不塞不流,不止不行。

东方化的两大文化,一是印度化,一是中国化,此外无可数的。试问印度化是可以在现在的世界行得去的么?中国化是可以推行于现在世界的么?倘若这两种东西定绝于世界,那东方化不是绝了是什么!或说东方化的政治制度及社会一面的种种东西同其物质生活,今世已不能适用,是要废绝的,至于讲到精神一面是他的长处,不致同废。这个话是大多数人心里有的。我要反问一句:现在不是已经由物质生活政治制度的问题看到根本的文化问题了么?现在的争点不是在根本的思想么?更明白的说,不就是哲学的问题么?现在不是要改革思想,更新哲学么?怎么反倒说他讲到精神生活一面又可以不废呢?并且我们试看现在的哲学界的形势,印度化的根本的印度哲学、中国化的根本的中国哲学,能挤上去争个地位么?恐怕没有余地以着此君呢!胡君适之的《中国哲学史大纲》上说:

> 世界上的哲学大概可分为东西两支。东支又分印度、中

国两系。西支也分希腊、犹太两系。初起的时候,这四系都可算独立发生的。到汉以后犹太系加入希腊系,成了欧洲中古的哲学。印度系加入中国系,成了中国中古的哲学。到了近代印度系的势力渐衰,儒家复起,遂产生了中国近世的哲学,历宋、元、明、清直到如今。欧洲思想渐渐脱离犹太系的势力,遂产生了欧洲的近古哲学。到了今日这两大支的哲学互相接触互相影响,五十年后一百年后或竟能发生一种世界的哲学也未可知。

胡君这个话说的何等堂皇,与李君的"东西文明未可轩轾"正是一样的好听。然而我们去翻他书后边所讲的中国哲学如老子的、孔子的、墨子的、庄子的……倘然象他所讲的那个样子,除了供现代的大哲把玩解闷以外,可有这"两大支哲学互相接触互相影响发生一种世界哲学"的值价、身价、势力么?胡君的中世史、近世史还未编出,他于印度系哲学、宋明哲学怎样讲法我们固然不得而知,然而他的论调我略闻一二的,从他的论调推去,几乎要疑这互相影响发生世界哲学的话是故相揶揄呢!大家都说现在的新思想家于固有的文化太不留余地,其实我看是格外优容了。还有一层,大家要注意特别看清楚,比上边所说的话都要紧的,就是东方化东方哲学是一成不变的,历久如一的,所有几千年后的文化还是几千年前的文化,所有几千年后的哲学还是几千年前的哲学。一切今人所有都是古人之遗,一切后人所作都是古人之余。

你要问我东方化,我举出答你的不但不是十九、二十世纪的东西,并不是十六、七、八世纪的东西,实实是西历纪元以前的东西,如于印度举佛陀,于中国举孔子,离开这古化别无东方化。然则东方化就是个古化。西方化便不然。思想逐日的翻新、文化随世辟创,你要问我西方化,我不但不能拿千年来的东西作答,并不能拿十八、九世纪的东西作答,直须把去年今年的东西告诉你才可,离了这今化不算西方化。然则西方化就是个今化。如此说来,东西文化实在就是古今文化,不能看作一东一西平列的。如果你说东方化在今日的世界还是不废的,那就是承认古化能行于今,能行于未来。因为今日的世界已经孕藏着未来的世界,天天往未来那边去发长,古化倘然能行于今,那就是不违逆这种发长的方向或叫作潮流。现在既不违逆这种发长的方向,自然未来是行得通的了。但是你能承认古化能行于今行于未来么? 你倘然是不承认的或是不敢承认,那你就可以直截了当断言东方化的必废必绝,不用吞吞吐吐模模糊糊。

我上边全都是说从世界大势看去东方化是要废绝的。那么我这东西文化问题就此已经解决了么? 还没有。我不过指示大家,请大家认明这个问题的真际。所谓东西文化问题的不是讨论什么东西文化的异同优劣,是问在这西方化的世界已经临到绝地的东方化究竟废绝不废绝呢? 但是所谓不废绝,不是象现在的东方化在西方化的太阳没有晒到的幽暗所在去偷生可以算作不废绝的,须要从临绝处开生机从新发展方可。所以这东方化废绝不废绝问题的真际就是问东方化能复兴不能复兴。能象西方化发展到世界上去不能,一种文化总有他那一种的思想作前驱,才见诸事实。东方化不知道能复兴不能,如果能复兴,自然得要东方哲学去复兴他。然则这东西文化问题推得后来就要问东方哲学能复兴不能?大家须要把问题看真切,不要乱发无当的议论。

这个问题解决将在何人

其次有些相连的事我也附说几句在此。就是李君的文内叙及美德加父的演说说:"中国于人类进步已尝有伟大之贡献,……今犹能卷土重来以为第二次之大贡献于世界之进步乎?世间固尚未有一国民能于世界之进步为第二次伟大之贡献者。"又加潘特《文明之起源及其救济》的文中说:"指陈曾经极盛时代民族中文明疾病之路径,谓此等文明之疾病大抵皆有其相同之预兆时期,浸假而达于最高之度,浸假而贻其民族以永世削弱之运焉,世界史中尚未见有回春复活之民族重为世界之强国也。"李君对以极承认中国民族今后之问题实为复活与否之问题,而"深信中国民族可以复活,可以于世界的文明为第二次之大贡献"。记得黄君郛著的《欧战之教训与中国之将来》说:"世界文明发达最早者莫如吾国。今日世界列强既公认文明为一种势力之代表,则最初势力之出动实为吾国。唯当时航海之术未昌,故其出动方向不向东而向西。自张骞、班超通西域,吾国秦汉以前之文明遂越帕米尔高原以西,造纸术、印刷术、指南针均于该时流入欧洲。自成吉思汗席卷欧陆,吾国秦汉以后之文明如火药如鸟枪等利器又流入欧洲。欧洲历史最初有希腊雅典之富强,其次有罗马之强盛,再其次则有西班牙常胜军之出现,盖其力皆逐步西进也。同时此势力延及西北以促荷兰之海外发展,而拿门豆人种亦于此时越海以达英伦。其后英国以新旧教徒之冲突,新教徒不胜旧教徒之压迫相率渡大西洋,上陆于北美之鲍斯顿而自辟新天地。至糖茶两税之问题起,于是华盛顿遂抗英而独立。然其初不过密西西批河以东十三洲而已,嗣后逐渐西进,不数十年竟达太平洋岸之旧金山。复又合并檀香山,占领菲律宾。在此时期中更派配鲁提督(按事在 1854 年。又朝鲜之开放亦出于美人,事在 1882 年)率舰炮击浦贺港以求开国通商,而日本锁国政策之迷梦为其唤醒。从此发愤图雄,三十年维新之功,国力逐渐膨胀。欲西进以窥朝鲜,酿成甲午中日之役。其时吾国午睡正酣,受此一挫遂亦力求自振,禁缠足,戒鸦片,废八股,编练新军,考察宪政。今虽风雨飘摇国基未固,而数千年前出动之一势力已绕地球而归还故乡。第一周之运动已终,第二周之运动必然开始。果尔,则吾国中兴之运其至矣。……盖战后之中国非中兴即绝灭二途而已矣。"新近美国杜威博士在北京的演说也说:"现在东方旧文化带些新文化回到老家,所以二十世纪可以算是文化绕地球旅行一周的时候。现在文化的新问题不是往前走去环绕地球的问题,是东西文化怎样互相接近、怎样互相影响的问题。"李君文后翻译的日本北聆吉教授所作《论东西文化之融合》也说东西文化融和之必要,而以为具备成就这桩事业资格的,在欧为德国国民,在亚为日本国民。他说:"世间固有之文化,大抵因其民族之特质与其被置之境遇多少皆有所偏局。必有民族焉,于是等文化不认其中之一为绝对,而悉摄容之与以一定之位置与关系,始具产生新文化之资格。若尔民族于欧则有德意志,于亚则有日本。德人之天才不在能别创新文化之要素,而在能综合从来一切之文化的要素,日本人之天才亦正在此处。"这几家的话里边约有几个问题:

一、现在是不是东西文化互相影响彼此融合的问题?

二、这桩文化融合的事业将成就于哪个民族?

三、今后的中国民族是不是复活的问题?

四、这中国民族的复活是否可望?

在第一个问题几家的意向都倾向在融合论。然而我细看他们对于东方化的讲法,我总寻不着他们以什么见地把东方化抬到与西方化互相影响彼此融合的地位与那融合之道在那里。我并且武断,假使我当面请问他们,他们除了几句空空洞洞的话外,也没得可说。所以现在是不是东西文化融合的问题未必这样容易的出口,这个问题属在本书的大问题内,此处且不必谈。第二个问题在大家的意向不一。有不专属望一个民族,以为在世界大众的,有以为在中国国民的,有以为在德国国民与日本国民的。这本来不必去研究,不过我臆度着应当在中国国民。并不是说什么天才独胜,大凡一个问题的解决总在那急须解决的人。因为一切事情都是应于要求才成的,不可不知这东西化的问题虽是世界的问题,我已经说过实在是专成了东方化兴亡的问题,直向着东方人逼讨个解决之道。西方并没有这样的需要,那么这桩事是应当成于东方人而不在西方了。东方人里边,为文化发源地的有中国人同印度人,此外便是善于摹取文化的日本人,其余大约无可数。现在的印度以东化国民受统治于西化国民,两化相接十分紧凑,应当生出一种解决。只是事实上有种种缺憾不能成功。头一样是印度化与西方化太相违远了,无法觅解决。第二样是佛化在印度差不多已绝,所余的印度化都没有很高价值。第三样是印度化没有孔化这样东西。第二、第三合说就是印度现在竟没有东方化可说,拿什么去解决?三样之中有一样便不能说到融合东西化,何况三样俱备呢?还有最重要的原因就是这个问题在印度国民差不多是不解决之解决,没有那迫切的要求了。一个民族因图他的生活才有文化,假使他这民族已受统治于一个别的民族,差不多"图他的生活"这桩事由别人代谋了,他自己的文化适不适全然不觉知得,那里还有应于要求而产生的文化呢?可惜我不及到印度去看看,我想他们一定是受西化的受西化,守旧化的守旧化,尽可自行其是,两不相干。所以至今不闻有于东西思想开一条道路的哲学出来,将来怕也是无望的。至于日本人,诚如北聆吉氏所说性质无所偏局,却有采用两方文化的才能。但是我们所为置疑的就是在此。他以东化国民采用西化而不感受两文化的冲突,不须待什么调和融通已经在那里两化并用,是不是天资浅薄于两文化都未领会到呢?不感受两文化冲突的痛苦,不须待什么调和融通已经两化并用,他还有所谓应于要求而解决的事业么?你看我们所谓被逼无路的他竟同局外人了呢!几十年没成就的而夸说后此可以成就,我不甚相信(此处对于日本的批评须参看后面论东方化处方更明白)。现在偏偏留得一个中国国民既没有象日本那样善于摹取别家文化,登了日进无疆之途,东西化问题竟成了不急之务,又不象印度那样统治于西化国民之下成了不解决之解决,却要他自己去应付这危险迫切的形势,去图他的生活。我想但使中国民族不至绝亡,他一定会对于这新化、故化有一番解决,有一番成就。又恰好这东方化的中坚,孔化是本地出产,佛化是为他独得。倘然东方化不值一钱固不必论,万一有些参酌之处,那材料不于中国而谁求。材料齐备,问题逼来,似乎应当有成,这是我的观察。至于果真有望与否却不敢断言。举目一看,东西文化接触多少年,到今日西方学术思想输入的几何?固有的东方学术思想发挥者何人?能不令人气短心灰!难道那上海书店里几本教科书也可以代表西学?那《国难杂志》同什么古文家的大札也可以算作东方思想么?真遗笑天下了!尤其可惊的我们所谓迫切的问题,中国国民并没有看到,然则所设想中国国民应有的要求,中国国民自己竟没有这样要求,除横冲直撞的新思想家就是不知死活的旧头脑,所谓应于要求的解决何从希望呢?这真是不能不令人伤叹的了。第三个问题今后的中国民族一定是复活不复活的问题,大家意思相同,没有可说的。第四个问题李君深信中国国民的复活,我却不知道他何所见而敢说这句话。据我看去加潘特的话所谓"永世削弱"有些难免。因为中国国民受东方化的病太深,简直不会营现代的生活,不能与日本相比(日本人居然会学着营现代的生活有他的原故,容我后边论东方化再讲)。你要教他会营现代的生活非切实有一番文化运动辟造文化不可。那要看大家努力不努力。工程很大,前途希望不得而知,我且尽我一点薄力罢了。

  这篇文字气味恶劣的很,简直要不得,当时自己不觉。去年暑假后开学那天,恰逢杜威博士有"我们大学应当为新化、故化作媒"的演说,听了欢喜,当日便匆匆抄与蔡先生入《大学月刊》。后来感于李守常先生几句话(赠四川某报之文,大意谓近来新文学里充满嫉忌、轻薄、恌慢、傲狠种种气味,实在危险。我此文用白话,因预拟三种书是相连的,唯识既要白话所以都用白话,其实我并非要作新文学的文字,且实在不会作,但李君的话我很感动),提醒我,连忙索回,决意毁稿另作。不料仍复在这里发表出来,真非我本意。这作于六、七月间,其中的意思在当时尚少有人说,文化运动四字当时自疑杜撰,今才六个月功夫竟成腐语滥套。总算社会的猛晋,可为欢喜。虽只是片面的发展(新化输入),似乎也非由此不能把故化真面目开发出来呢。

漱冥附记

附录二 我对人类心理认识前后转变不同*

人们总认为我是个学者,或说我是个哲学家,是国学家,是佛学家等等。其实我全不是。我一向拒绝承认这些。我从来无意讲学问,我只是爱用心思于某些问题上而已。我常常说我一生受两大问题的支配:一个是中国问题,再一个是人生问题。我一生几十年在这两大问题支配下而思想而活动——这就是我整整的一生。当我用心思于人生问题时,不知不觉走入哲学,实则曾没有想要去学哲学的。我的学问都是这样误打误撞出来的。对于心理学亦复如是。初非有意研究心理学,但卒于有了我的一套心理学。

我最早的心理学见解,是随着我早期的思想来的。我早期的思想,是受中国问题的刺激,在先父和父执彭翼仲先生的影响下而形成的。

先父和彭先生是距今六十年前的爱国维新主义者。在近百年,中国受到帝国主义的侵略,就激起许多有心人的维新运动。

---

* 著者注:1965 年 11 月 21 日为同人谈其概略。

在北京办小学，办报纸，彭先生实为首创。小学和报纸在一处，走一个大门。我就是那小学的学生，还曾随着大人们在大街上散发传单，抵制美货。——因那时美国排斥华工，虐待华工。

先父当时认为中国积弱，全为文人——读书人——所误。文人专讲虚文，不讲实学。他常说，会做文章的人，就是会说假话的人。诗词歌赋以至八股和古文等等，其中多是粉饰门面的假话，全无实用。而全国读书人都把全副精力用在其间，这是他最反对的。我所以没有读过旧经书，至今亦不会做韵文诗词即为此。先父因为崇尚实用，一切评价——包涵是非善恶——皆以有无实用为准。其极端便成了实利主义，与墨子思想相近。墨子主张"节葬"、"非乐"等等，实太狭隘。把是非善恶隶属于利害得失之下，亦即近代西洋——特别是英国——功利派的思想。我常常说我一生思想转变大致可分三期，其第一期恰是近代西洋这一路。从西洋功利派的人生思想，折返到印度的出世思想是第二期。从印度思想转归到中国儒家思想，便是第三期了。不待多言，此第一期——早期的思想来历就是如此。

随着功利主义的人生思想，自然带来了一种对人类心理的看法。那即是看人们的行动都是有意识的，都是趋利避害的，去苦就乐的。西洋经济学家从"欲望"出发以讲经济学，提倡"开明的利己心"，要皆本于此。以此眼光，抱此见解，去看世间人们的活动行事，确实也很说得通，解释得过去。既然处处通得过，于是就相信人类果真是这样的了。——此即我对人类心理最初的一种认识。

这种对人心的粗浅看法,自己慢慢发见很多疑问,终于被自己否定了。其实若不深究,世上不正有许多人都停留在此粗浅看法上吗?爱用心思的我,不停止地在观察、在思考,终于觉得它不合事实。事实不这样简单。人们许多行事虽表面上无不通过意识而来,——不通过意识的行动是例外,是病态,是精神不健全——但实际上大都为感情冲动所左右所支配,而置利害得失于不管不顾。当其通过意识之时,不过假借一番说词以自欺而欺人。是感情冲动支配意识,不是意识支配感情冲动。须知人类心理的根本重要所在,不在意识上,而宁在其隐藏于意识背后深处的。研究人类心理,正应当向人们不自觉,不自禁,不容已……那些地方去注意才行。西洋心理学家过去一向看重意识,几乎以意识概括人心,以为心理学就是意识之学。后来他们乃转而注意到"本能"、"冲动"、"潜意识"(或"下意识")、"无意识"种种,这实为学术上一大进步。我自己恰同样地亦经过这一转变。此即我在人类心理的认识上第一次的翻案。亦即对人类心理较为后来的一种认识,但还不是最后的。

这里应当说明一句话:第一期的人生思想与第一期的人类心理观固相关联,但如上所说的心理观之转入第二期,却与第二期人生思想没有关联,而是与第三期人生思想密切相关的。——下面讲明。

第一期功利思想以为明于利害即明于是非,那就是肯定欲望,而要人生顺着欲望走。第二期出世思想则是根本否定人生,而要人消除一切欲望,达于无欲之境。因为觉悟到人生所有种种之苦皆从欲望来,必须没有欲望,才没有苦。这在人生态度上虽然前后大相反,却同样从欲望来理解人类心理。不过前者以欲望为正当,后者以欲望为迷妄耳。其详,这里不谈。

虽说前后同样从欲望来理解人类心理,却对人类心理认识的变动已经隐伏于此时,渐渐识得人类之高过动物,虽在其理智胜过本能,本能总像是要通过意识这一道门才行。但理智之发达,不外发达了一种分别计算的能力,而核心动力固不在此。核心动力还在本能冲动上。所谓欲望不是别的,恰是从意识这道门出来的本能冲动。这样,就不再重视意识,而重视隐于意识背后的本能冲动。

刚好,当我深进一步认识到此的时候,看见欧美学者新出各书亦复有悟及此。英国哲学家罗素在第一次世界大战后所写的《社会改造原理》有余家菊译本,民国九年出版。他开宗明义第一章第一节就说他"从大战所获得的见解,就是什么是人类行为的源泉……"。他指出这源泉就在冲动(impulse)。战争就是毁灭,不论胜者败者对谁也没有好处。然而冲动起来,世界千千万万的人如疯似狂,甘遭毁灭,拦阻不住。他说以往人们总看欲望是行为的源泉,其实欲望不过是较开明的,亦即有意识的那一部分而已。他这里是把欲望和冲动分别而对待着说,其实欲望的核心仍然是冲动,只不过表面上文明一些。罗素把人们的冲动总分为两种。一种他名为"占有冲动",例如追求名利美色之类。另一种他名为"创造冲动"。这与占有相反。占有是要从外面有所取得。创造则是从自己这里的劲头、才能、力气要使用出去。科学家、艺术家往往为了发明创造而忘寝废食。革命家为了革命而舍生命。以至人们一切好的行为皆出于创造冲动。他认为资本主义社会鼓励人们的占有冲动,发展了人的占有冲动,而抑制着人的创造冲动,已经到了可怕的地步。资本主义社会之必须改造在此。改造的方向,或其如何改造的原理,就在让人们的创造冲动得以发挥发展而使占有冲动减退。

再如美国心理学家麦独孤所著《社会心理学绪论》一书,亦是一最好之例。他在自序中首先指出社会科学家在讲经济、政治、教育、伦理等等学问时,从来没有认真研究人类心理,而径直在他们各自的粗浅看法那种假设上,去讲经济,讲政治,讲教育,讲伦理等等。现在这种假设站不住了,那些学问亦将被推翻,从新来过。他的书就意在为社会科学试着先做些基础工作。他在这里说的粗浅看法,即指一般只留意人有意识那一面,亦就是欲望方面。而他则认为人类行为的动力在本能。本能好比钟表的发条。假如把发条抽去,钟表就不走了。人无本能亦将不会动。本能著见于动物生活中,原是生物进化、生存、竞争、发展而来的。本能在人,或者比动物还复杂,还多。每一种本能皆有与它相应的一种情绪。例如斗争,就是一种本能,与之相应的情绪就是忿怒。忿怒与斗争相关连。动物在觅食求偶之时,都免不了争夺。怒气盛,斗争强的自然胜利。这样就从优胜劣败,而将那不善斗的淘汰去,发展了斗争的本能。又其父母抚养幼子,亦是一种本能 parental instinct。与之相应的情绪,就是慈柔之情。富于这种本能的动物,自然在生存竞争中亦得到优胜传种而发达起来。诸如此类,各种本能皆在生物进化史上有其来历。

我从罗素与麦独孤两家的言论主张得到印证,增加了我的自信。特别是看到他们所认为顶新鲜的道理,我已经掌握而高兴。两家之外,可举之例还很多很多,如心理学界后起的"精神分析"学派,以佛洛伊德为首,特别强调下意识或云潜意识,极注意人的感情方面。还有许多学者提出"社会本能",这一说法,给予我思想上很大助力,其中如克鲁泡特金的《互助论》一书,从鸟兽虫豸生活中罗列其群居互助的许多事实,证明互助实为一种本能,人类社会之所由成正亦基于此。西洋旧说,人们所以结成社会是由自利心的算计要交相利才行。讲到伦理上的利他心,总说为自利心经过理性而推广出来的。所有这些总由只看到人有意识的一面,而没有认识到本能和感情的强有力。现在心理学上新见解出来,旧说悉成过去。虽东欧、西欧、北美各学者之为说不尽相同,着意所在种种不一,然其为西洋人的眼光从有意识一面转移到其另一面则无不同。

为何说我在心理学上所抱见解这一转变,却与我第三期宗尚儒家的思想相联呢?因为我发现孔子和墨子恰好不同。墨子所忽视的人类情感方面恰为孔子重视之所在;而墨子所斤斤较量的实利,恰为孔子所少谈。此其不同,正是代表着两家对人性认识之不同而来。近代西洋社会人生,是从其中古宗教禁欲主义之反动来的,可说是"欲望本位的文化"。其盛行的功利主义于墨子为近,于孔子则相远。同时,在儒书中,你既嗅不出一点欲望气味,亦看不见一毫宗教禁欲痕迹。这证明它既超出西洋近代,又超出西洋中古,不落于禁欲和欲望之任何一边。像前面说过的,我因觉悟到欲望给人生带来种种苦痛而倾心印度佛家的出世。但我一讽诵儒书,就感染一种冲和、恬淡、欣乐情味,顿然忘苦,亦忘欲望。当然亦就忘了出世,于是我看出来儒家正是从其认识人性而走顺着人性的路,总求其自然调畅,避免任何矫揉造作。这样,我就由倾心佛法一转而宗尚儒家了。距今四十五年前(1921年)《东西文化及其哲学》一书就是从这里写成出版的。书中贬低墨子而推崇孔子,是完全基于人类心理认识之深入的,同时,看清楚近代西洋和古中国和古印度三种不同的人生态度,实代表着人类文化发展的三阶段;断言:在世界最近未来,继欧美征服自然利用自然的近代西洋文化之后,将是中国文化的复兴。并指出其转折点即在社会经济从资本主义转入社会主义之时。所有这些见地主张从何而来?一句话:要无非认识了人类心理在社会发展前途上将必有的转变而已。

这话说起来很长,非此所及详。姑举其一点而言之。社会发展的前途,是要从阶级统治的国家,转到阶级消灭而国家消亡的。国家的消亡是什么呢?那即是代表强力统治的法律、法庭、警察、军队的消亡而已。简单说,那亦就是刑罚的废除。此时社会秩序的维持,人们协作共营生活的实现,全要靠社会成员之自觉自律,不再靠另外的强制力。教育势必成了首要之事。但教育只在思想意识一面吗?你必须从根本上调理好人的本能情感才行。质言之,必须以情感上的融和忘我取代了分别计较之心才行。那将莫妙于儒家倡导的礼乐了。未来的文化必将以礼乐代刑罚(或刑赏),是可以断言的。刑罚(或刑赏)不外利用人的计较利害得失心理来统御人。这一老套子在新社会不唯不中用,而且它会破坏和乐忘我的心理,破坏协作共营生活的。当时孔子并不晓得社会发展前途的需要,但他却深切认识人类心理而极不愿伤损人类那可贵的感情。

关于我在人类心理的认识上第一次翻案的话不再多谈。以下谈其第二次翻案,亦即是最后的认识。

我在《东西文化及其哲学》中曾说"世界上只有两个先觉:佛是走逆着去解脱本能路的先觉;孔是走顺着调理本能路的先觉"。这句话代表我当时(四十五年前)把一般心理学上说的本能当作人类的本性看待了。这是错误的。那本书在人生思想上归宗儒家,而在为儒家道理作说明时,援引了时下许多不同的心理学派所用术语,类如"本能"、"直觉"、"感情"、"冲动"、"下意识"等等,夹七夹八地来说话,实在不对。不但弄错了儒家对人类心理的认识,也混乱了外国那些学派。

这实在因我当时过分地看重了意识的那另一面,而陷于理智、本能的二分法之故。特别是误信了社会本能之说,在解释人类道德所从来上,同意于克鲁泡特金的说法,而不同意于罗素。罗素在其《社会改造原理》一书中把人类心理分成本能、理智、灵性(其原文为 spirit,译本以"灵性"一词译之)三方面,而说人类宗教和道德即基于灵性而来。克鲁泡特金在其《无政府主义者的道德观》一书中,却直截了当说人类的道德出于生来的一种感觉,如同嗅觉、味觉、触觉一样,绝似儒家孟子书中"口之于味""目之于色"的比喻。他因而主张"性善论"亦同孟子一样。于是我在旧著中就批评罗素于本能外抬出一个灵性,作为宗教上道德上无私的感情(原文为 impersonal feeling)之所本,未免有高不可攀的神秘味,实不如克鲁泡特金所说之平易近情,合理可信。(见《东西文化及其哲学》第183—185页)这恰恰错了,后来全推翻了。我对人类心理的最后认识,即在后来明白了一般心理学上所谓本能,不相当于人类本性;人类所具有"无私的感情",不属于本能范畴,承认了罗素的三分法确有所见,未可菲薄。

此盖为1921年《东西文化及其哲学》出版后,爱用心思的我,仍然不停地在观察,在思考,慢慢发觉把本能当作人类本性(或本心)极不妥当。事实上有许多说不通之处。像孟子所说"孩提之童无不知爱其亲敬其兄"的话,按之事实亦不尽合。任何学说都必根据事实,不能强迫事实俯就学理。原书错误甚多,特别在援引时下心理学的话来讲儒家的那些地方。为了纠正这些错误,1923—1924年的一学年在北京大学开讲"儒家思想"一课,只是口说,无讲义,由同学们笔记下来。外间有传抄油印本,未经我阅正。我自己打算把它分为两部分,写成两本书。一部分讲解儒书(主要是《论语》,附以《孟子》)的题名《孔学绎旨》,另一部分专讲人类心理的题名《人心与人生》,但两本书至今均未写成。《孔学绎旨》不想再写了。《人心与人生》则必定要写,四十年来未尝一日忘之,今年已开始着笔,约得出十之三,正在继续写。

以下略讲第二次翻案后,亦即现在最后认识的大意。达尔文的进化论泯除了人类与动物的鸿沟,有助于认识人类者甚大。人类生命的特征之认识,只有在其与动物生命根本相通,却又有分异处来认识,才得正确。从有形的机体构造来看,人与其他高等动物几乎百分之九十几相同,所差极其有限,此即证明在生命上根本相通。心理学上所说的本能,附于机体而见,是其生命活动浑整地表现于外者,原从机体内部生理机能之延展而来,不可分离。就动物说,其生命活动种种表现,总不外围绕着个体生存和种族蕃衍两大问题。这实从其机体内部生理上饮食消化、新陈代谢以及生殖等机能延展下来,而浑整地表现于外的就为本能了。生理学上的机能和心理学上的本能,一脉贯通,是一事,非两事。从机体到机能到本能,一贯地为生命解决其两大问题的工具,或方法手段。前面亦曾说过,本能是动物在生存竞争自然选择中发展起来的极有用的手段。人类生命从其与动物生命相通处说,这方面(从机体到本能),基本相类似,若问其分异何在呢? 那就是对照起来，只见其有所削弱而不是加强，有所减退而不是增进。例如鼻子嗅觉人不如狗，眼睛视力人不如鸟，脚力奔驰人不如马，爪牙劲强锐利人不如虎豹。机体的耐寒耐饥人亦远不如动物。在食色两大问题上的本能冲动亦显得从容缓和，不像是有利于争夺取胜的。总结一句话，相形比较之下，人在这方面简直是无能的。

然而世界终究是人的世界，不是动物的世界；那么，人之所以优胜究竟何在呢？这就在作为生命的工具、方法手段方面，他虽不见优长，却在运用工具方法手段的主体方面，亦即生命本身大大升高了。在机体构造上，各专一职的感官器官不见其增多，亦不见其强利，反而见其地位降低，让权于大脑中枢神经，大大发达了心思作用。他不再依靠天生来有限的工具手段，他却能以多方利用身外的一切东西，制出其无限的工具手段。这就是说，他在生物进化途程中走了另外一个方向。

生物进化本来有着几种不同方向的：首先植物和动物是两大不同方向；其次动物界中节肢动物和脊椎动物又是两大不同方向。不同的方向皆于其机体构造上见之。说人类走了"另外一个方向"，即是指的脊椎动物这一条路向。脊椎动物这一路，趋向于发达头脑，以人类大脑之出现而造其高峰。为什么说"另外"呢？对于生活方法依靠先天本能，生活上所需工具就生长在机体上，对那旧有方向而说，这是后起的新方向。从心理学上看，旧有的即是本能之路，后起的为理智之路。理智对于本能来说，恰是一种反本能的倾向。倾向是倾斜的,初起只见其稍微不同,慢慢越发展越见其背道而驰。节肢动物走的本能之路,以蜂蚁造其极。那些与人类相类近的许多高等动物,原属脊椎动物,其倾向即在理智。在它们身上露出了有别于本能的端绪,本能却依然为其生活之所依赖。必到人类,理智大开展,方取代了本能,而人类生活乃依赖学习。理智本能此消彼长,相反而不相离。在人类生命中,本能被大大削弱、冲淡、缓和、减退,却仍然有它的地位。此在食(个体生存)色(种族蕃衍)两大问题上不难见出。

从食色两大问题上不难见出本能仍然在人类身上有其势力。不过对照动物来看,在动物身上毕生如是,代代如是,机械性很大,好像刻板文章的本能,但在人类却像是柔软易变的素材,任凭塑造,任凭锻铸,甚至可以变为禁欲主义如某些宗教,还可以逆转生殖能力,向着生命本身的提高而发展,如中国道家"顺则生人,逆则成仙"的功夫。这些话我们不暇谈它,扼要点出其不同如下:

一、本能在动物是与生俱来的,为着解决两大问题而配备好的种种方法手段。动物之一生,仿佛陷入其中而出不来,于是其整个生命亦就随着而方法手段化,成为两大问题的工具,失掉了自己。本能在动物生活中,直然是当家作主的。

二、感情兴致与本能相应不离,虽有种种复杂变化,要不出乎好与恶之两大方向。此两异之方向,显然是为利害得失之有异而来,而其为得为失为利为害则一从两大问题上看。

三、由于反本能的理智大发展之结果，人类生命乃从动物式本能中解放出来，不再落于两大问题的工具地位，而开始有了自己。从而其感情兴致乃非一从两大问题的利害得失以为决定者。

四、方法手段总是有所为的。与动物式本能相应不离的感情，不能廓然一无所为，不是为了个体，便是为了种族的利害得失。因而无私的感情，动物没有，唯人有之。人类求真之心好善之心都是一种廓然无所为而为。例如核算数字，必求正确，算得不对，心难自昧。这就是一极有力的感情。这感情是无私的，不是为了什么。求真之心，好善之心，亦或总括称之为是非之心，当在大是大非之前，是不计利害得失的。必不能把求真好善当作营求生活的一种方法手段来看。

五、无私的感情发乎人心。人心是当人类生命从动物式本能解放出来，其本能退归工具地位而后得以透露的。唯此超居本能、理智之上而为之主的是人心，其他都不是。

说到这里，旧著错误便自显然。旧著笼统地讲所谓"本能"，动物本能人类本能混而不分，是第一错误。直以此混而不分的本能当作人心来认识，就错上加错了。

还有旧著误信欧美一些学者"社会本能"的说法，亦须待指明其如何是错误的。

人类夙有"社会性动物"之称，因其他任何高等动物都没有像人这样总是依赖着社会过活。虽然节肢动物的蜂和蚁，倒是过着社会生活，但它们不属高等动物。蜂蚁之成其社会出于本能，那是不错的。因为其社会内部组织秩序,早从其社会成员在机体构造上种种不同,而被规定下来。人类走着反本能之路,本能大见削弱,岂得相比。近代初期的西欧人士便倡为"民约论"之说,说社会国家之组成起源于契约,不免是发乎民主理想的臆说,于历史事实无征。但从有意识地结约之反面,一转而归因什么"社会本能",又岂有当?特别是顺沿着动物的本能来谈人类的本能,混而不分,把人类社会的成因归落到这混而不分的本能之上,错误太大,不容不辨。

人类特见优良之所在有二:一是其特见发达的心思作用,这是无形迹可见的一面;又一面是其随时随地而形式变化万千的社会。此二者乍看似乎是两件事,实则两事密切相关,直同一事。心思作用完全是人(个体)生活在社会中随着社会发展而发达起来的,直不妨说为社会生活的产物,而同时任何一形式的社会亦即建筑在其时其地人们心理作用之上。形式一成不变的蜂蚁社会,当然是由本能而来的,却怎能说形式发展变化不定的人类社会亦是出于本能呢?且以人类之优于社会生活归因于人类所短绌的本能,显然不近理,倒不如归因于其所优长的心思作用,亦即意识作用还来得近理些。然而以意识作用来说明人类社会起源之不对头,却又已说在前了。

如此,两无所可,便见出理智、本能两分法之穷,而不得不舍弃我初时所信的克鲁泡特金之说,转有取于我前所不取的罗素的三分法。罗素在理智本能之外,提出以无私感情为中心的灵性来，自是有所见。可惜他的三分像是平列的三分，则未妥。应当如我上面说的那样：无私的感情发乎人心；人心是当人类生命从动物式本能解放出来，其本能退归工具地位而后得以透露的。正不必别用"灵性"一词，直说是"人心"好了。说"人心"，既有统括着理智、本能在内，亦可别指其居于理智、本能之上而为之主的而说。这样，乃恰得其份。

对于人类心理有此认识之后，亦即认识得人类社会成因。人类社会之所由成，可从其社会生活的必要性和可能性两面来看。所谓必要性，首先是因其缺乏本能而儿童期极长，一般动物依本能为活者，一生下后（或在短期内）即有自营生活的能力。而依靠后天学习的人类，生下来完全是无能的，需要很长时期（十数年）在双亲长辈的抚育教导下，乃得成长起来。人不能离开社会而存活是其所以成社会。所谓可能性，指超脱于动物式本能的人心乃能不落于无意识地或有意识地各顾其私，而为人们共同生活提供了基础。在共同生活中，从人身说，彼此是分隔着的（我进食你不饱）；但在人心则是通而不隔的。不隔者，谓痛痒好恶彼此可以相喻且相关切也。这就是所谓"恕"。人世有公道实本于恕道。恕道、公道为社会生活之所攸赖。虽则"天下为公"，还是社会发展未来之远景，但此恕道公道从最早原始人群即必存于其间。乃至奴隶社会，在某一范围内，（譬如奴隶主之间）某种程度上亦必存在的。否则此不恕不公之奴隶社会亦将必不能成功。在范围上，在程度上，恕道公道是要随着历史不断发展的，直至未后共产社会的世界出现而大行其道。总结一句：蜂蚁社会的成因即在蜂若蚁之身；人类社会的成因却是在人心。

从上所谈，可知克鲁泡特金以道德为出于本能的不对。然而如麦独孤在其《社会心理学绪论》中对此类见解力加非难者亦复未是。他对那些抱持道德直觉或道德本能一类见解者致其诘难说：人们的行动原起于许多冲动，这些冲动乃从生物进化自然选择而发展出来，在进化中并没想到人们将来文明社会里应该怎样生活的，所以人们行动反乎道理是常情，合乎道理乃非其常。今天有待解说的，是为什么人们发乎冲动的行事亦竟然有时合乎理性？在生物进化中并没有发展出一种道德本能来呀？我们可以回答说：作为生活方法手段的那样道德本能确乎没有的。但从方法手段性质的本能（动物式本能）解放出来的人心，却不期而透露出给道德作根据的无私感情。理性不从增多一种能力来，却从有所减少而来，麦独孤固见不及此也。

1965 年 12 月 9 日写完

商务印书馆1999年版编后

《东西文化及其哲学》首次出版于1921年,距今已七十余年,在当时的东西文化论战中曾引起思想学术界的重视。自七八十年代起,随着海内外现代新儒学研究的兴起,此书再度受到人们的注意,并被视为现代新儒学的开山之作。现在以横排本重新问世,也主要是为适应人们了解和研究现代新儒学这一中国当代重要思潮的需要。

此书首次于1921年10月由北京财政部印刷局出版。1922年1月起改由上海商务印书馆出版,至1930年先后印行八版。1987年2月,商务印书馆为纪念建馆九十周年,又根据小字本影印出版一次。现在这个版本即以小字本为准,又将大字本中的两则著者告白补入,并勘正个别错字与标点。这个版本还收入了著者1980年所写的跋记;删去了已失时效的"时论汇编",约四万字;又增加了两篇附录。

关于这两篇附录,须稍加说明。附录一:《东西文化及其哲学》导言。此文写成于1919年夏,即著者1920年9月在北大首次就此问题作演讲之前一年,因此可以说这是著者论述此问题最早的一篇文字。附录二:《我对人类心理认识前后转变不同》。早在1926年本书第八版《自序》中,著者即表示"颇知自悔",其自悔处之一即是"盖当时于儒家的人类心理观实未曾认得清",而非阐明儒家的人类心理观,不能谈儒家人生思想。此后数十年,著者即对此问题不断思考和研究,而此文正是这一思考和研究历程的翔实的记述。当然,关于思考和研究的结果,那还须参阅著者晚年著作《人心与人生》一书,方能了解其全貌。

编　者

1994年11月15日